T0203221

El código de la cultura
Cuando las arañas tejen juntas pueden atar a un león

El código de la cultura
Cuando las arañas tejen juntas pueden atar a un león

El secreto de los equipos
más existosos del mundo

DANIEL COYLE

Traducción de Raúl García Campos

Los libros de Conecta están disponibles para promociones y compras
por parte de empresas, en condiciones especiales para grandes cantidades.
Existe también la posibilidad de crear ediciones especiales, incluidas ediciones con
cubierta personalizada y logotipos corporativos para determinadas ocasiones.

Para más información, póngase en contacto con:
ediciesespeciales@penguinrandomhouse.com

Título original: *The Culture Code*

Primera edición en Estados Unidos: julio de 2018
Tercera impresión: agosto de 2020

© 2018, Daniel Coyle
© 2018, Penguin Random House Grupo Editorial, S. A. U.
Travessera de Gràcia, 47-49. 08021 Barcelona
Todos los derechos reservados. Publicado por primera vez en Estados Unidos
por Bantam Books, un sello de Random House, una división de Penguin Random House LLC, Nueva York ©
2020, de la presente edición en castellano:
Penguin Random House Grupo Editorial USA, LLC.
8950 SW 74th Court, Suite 2010
Miami, FL 33156
© 2018, Raúl García Campos, por la traducción

Adaptación de la cubierta original de Simon M. Sullivan:
Penguin Random House Grupo Editorial

ISBN: 978-1-947783-72-0

Impreso en Estados Unidos – *Printed in USA*

Penguin
Random House
Grupo Editorial

Para Jen

CULTURA: del latín *cultus*, que significa «cultivar».

Índice

Introducción. Cuando dos más dos suman diez   13

Habilidad 1
LABRAR LA SEGURIDAD

1. Las manzanas sanas   21
2. El día de los mil millones en que no ocurrió nada   32
3. La Tregua de Navidad, el experimento de una hora
   y los misileros.   41
4. Cómo infundir el sentimiento de pertenencia.   59
5. Cómo planificar el sentimiento de pertenencia.   70
6. Ideas para entrar en acción   81

Habilidad 2
COMPARTIR LA VULNERABILIDAD

7. «Dime lo que quieres y te ayudaré».   97
8. El bucle de la vulnerabilidad   106
9. Los supercooperadores   116
10. Cómo fomentar la cooperación en los grupos pequeños   133
11. Cómo fomentar la cooperación en las personas   142
12. Ideas para entrar en acción   152

Habilidad 3
DEFINIR UN PROPÓSITO

13. Trescientas once palabras.   163
14. Los *hooligans* y los cirujanos   178
15. Cómo guiar hacia la excelencia   188
16. Cómo guiar hacia la creatividad.   201
17. Ideas para entrar en acción   212

Epílogo   221
Agradecimientos   227
Notas.   231
Índice alfabético   239

Introducción

Cuando dos más dos suman diez

Comencemos con una pregunta, tal vez la más vieja de todas: ¿por qué la suma total de algunos grupos es más que sus partes mientras que la de otros es menos?

Hace unos años, el diseñador e ingeniero Peter Skillman organizó un certamen para averiguarlo. A lo largo de varios meses, reunió a una serie de grupos de cuatro personas en Stanford, la Universidad de California, la Universidad de Tokio y varios lugares más. Desafió a los distintos grupos a que construyeran la estructura más alta posible con los siguientes elementos:

- veinte espaguetis sin cocinar
- un metro de cinta adhesiva transparente
- un metro de cuerda
- un malvavisco de tamaño normal

El certamen tenía una regla: el malvavisco debía ir en la cúspide. La parte fascinante del experimento, sin embargo, tenía que ver no tanto con la tarea en sí como con los participantes. Algunos de los equipos se componían de estudiantes de empresariales. Otros, de niños de preescolar.

Los primeros se pusieron manos a la obra de inmediato. Empezaron a debatir entre ellos y a trazar estrategias. Examinaron los materiales. Sopesaron todo tipo de planteamientos y formularon preguntas razonables y complejas. Propusieron diversas opciones y profundizaron en las ideas más factibles. Actuaron con profesionalidad, racionalidad e inteligencia. El proceso los llevó a la decisión de seguir una estrategia en particular. Se repartieron las tareas y comenzaron la construcción.

Los preescolares adoptaron un enfoque diferente. No trazaron ninguna estrategia. No analizaron nada ni compartieron experiencia alguna. No formularon preguntas, ni propusieron opciones ni profundizaron en ninguna idea. De hecho, apenas hablaron. Se mantuvieron muy cerca los unos de los otros. No interactuaron de manera fluida ni organizada. Se quitaban los materiales de las manos los unos a los otros con brusquedad y se ponían a construir, sin orden ni concierto. Cuando hablaban, lo hacían con breves irrupciones («¡Aquí! ¡No, aquí!»). La técnica podría describirse como *la aplicación de un montón de soluciones todas a la vez*.

Si hubiera que apostar al equipo ganador, no sería una elección complicada: apostaríamos por los estudiantes de empresariales, porque poseen la inteligencia, la habilidad y la experiencia necesarias para obtener un resultado óptimo. Así es como se suele concebir el comportamiento grupal. Inferimos que las personas diestras sumarán esfuerzos para trabajar con destreza, del mismo modo que damos por hecho que dos más dos suman cuatro.

Perderíamos la apuesta. En muchas de las pruebas, los preescolares levantaron construcciones de una media de sesenta y cinco centímetros de altura, mientras que las estructuras de los estudiantes de empresariales se quedaban en una media de menos de veinticinco centímetros.*

El resultado es difícil de aceptar porque se antoja imposible. Vemos a estudiantes de empresariales inteligentes y experimentados y nos cuesta imaginar que realizaran una labor conjunta tan mejorable. Vemos a los preescolares, tan poco refinados y duchos, y nos cuesta imaginar que su trabajo colaborativo sería el más fructífero. Pero este imposible, como todos los imposibles, ocurre porque nuestros instintos nos llevan a centrarnos en los detalles equivocados. Nos centramos en lo que vemos, en las habilidades individuales.

---

* Los equipos de preescolares también derrotaron a los equipos de abogados (que erigieron torres de una media de cuarenta centímetros de altura) y a los de directores generales (cincuenta y cinco centímetros).

Pero las habilidades individuales no son lo que cuenta. Lo importante es la interacción.

Aunque los estudiantes de empresariales parezcan colaborar, en realidad están sumidos en un proceso que los psicólogos llaman «gestión del estatus». Tratan de dilucidar cuál es su lugar en el conjunto. *¿Quién manda? ¿Estará bien visto si critico las ideas de Fulano? ¿Cuáles son las reglas?* Parecen interactuar de manera fluida, pero su comportamiento es ineficaz y está lleno de dudas y de una competencia sutil. En lugar de centrarse en la tarea, se pierden en la incertidumbre que les provocan los demás. Pierden tanto tiempo gestionando el estatus que al final se olvidan del verdadero problema (el malvavisco es relativamente pesado y los espaguetis son difíciles de fijar). En consecuencia, a menudo fracasan en los primeros intentos y el tiempo se les agota.

El comportamiento de los preescolares parece desorganizado en un primer momento. Pero cuando se les observa como unidad, se aprecia su dinamismo y su eficacia. No compiten por el estatus. Trabajan hombro con hombro y colaboran de forma activa. Obran con rapidez, detectan los problemas y ofrecen su ayuda. Experimentan, asumen riesgos y ven los resultados, lo cual los lleva a adoptar soluciones eficaces.

Los preescolares ganan no porque sean más listos, sino porque su forma de trabajar juntos es más inteligente. Actúan conforme a un sencillo y formidable método, gracias al cual un grupo de personas normales puede rendir por encima de la suma de sus partes.

Este libro explica cómo funciona dicho método.

La cultura de grupo es una de las mayores fuerzas que existen. Percibimos su presencia en los negocios de éxito, en los equipos que compiten en los campeonatos y en las familias prósperas, y notamos tanto su ausencia como cuando se ha vuelto tóxica. Podemos observar su impacto en el balance de cuentas. Una cultura fuerte aumenta los ingresos netos hasta un 765 % a lo largo de diez años, según un estudio realizado en Harvard con más de doscientas empresas. Aun así, el funcionamiento interno de la cultura sigue suponiendo un misterio. Todos queremos implantar una cultura fuerte en nuestras respectivas organizaciones, comunidades y familias. Sabemos que funciona. Pero no sabemos con exactitud cómo funciona.

Esto podría deberse al modo en que concebimos la cultura. Solemos considerarla un rasgo grupal, como el ADN. Las culturas sólidas y bien asentadas, como las de Google, Disney o los Navy SEAL, parecen tan singulares y características que podrían calificarse de inamovibles, como si de alguna manera estuvieran predestinadas a ser así. De acuerdo con este razonamiento, la cultura es una pertenencia determinada por el destino. Unos grupos son agraciados con una cultura sólida y otros no.

Este libro adopta un enfoque distinto. He pasado los últimos cuatro años visitando e investigando a ocho de los grupos de mayor éxito del mundo, entre ellos una unidad militar de operaciones especiales, una escuela de un área desfavorecida, un equipo profesional de baloncesto, un estudio cinematográfico, una compañía de comediantes y una banda de ladrones de joyas.* Llegué a la conclusión de que sus respectivas culturas nacían de un conjunto específico de habilidades. Estas, que aprovechan el potencial de nuestro cerebro social con el fin de generar interacciones idénticas a las que empleaban los preescolares para construir torres de espaguetis, conforman la estructura de este libro. La habilidad 1 —labrar la seguridad— profundiza en cómo las señales de vinculación establecen lazos de pertenencia y de identidad; la habilidad 2 —compartir la vulnerabilidad— explica cómo el hábito de afrontar riesgos comunes propicia la cooperación basada en la confianza; la habilidad 3 —definir un propósito— detalla cómo las narraciones implantan objetivos y valores comunes. Estas tres habilidades actúan en con-

---

* Para elegir estos grupos me basé en los siguientes requisitos: (1) llevaban al menos una década contándose entre el 1 % más destacado de su ámbito (cuando era posible); (2) habían alcanzado el éxito al integrar a personal de distintas procedencias; (3) su cultura era admirada tanto por los entendidos de sus respectivas industrias como por personas ajenas a ellas. A fin de no incurrir en una selección sesgada, también contemplé multitud de culturas que no tenían tanto éxito (véase el ejemplo de la página 51).

junto de forma paulatina, primero estableciendo la conexión del grupo y después canalizándola para llevarla a la práctica. Las distintas partes del libro vienen estructuradas a modo de *tour*: primero, averiguaremos cómo funciona cada una de las habilidades y, después, nos pondremos sobre el terreno para reunirnos con los grupos y los líderes que emplean estos métodos a diario. Cada sección concluye con una serie de propuestas concretas para aplicar estas habilidades en tu grupo.

En las páginas siguientes nos introduciremos en las culturas más triunfales del planeta e indagaremos en su filosofía. Examinaremos la maquinaria del cerebro y veremos cómo se gestan la confianza y el sentimiento de pertenencia. Por el camino, comprobaremos que la inteligencia está sobrevalorada, que mostrar falibilidad es crucial y que ser agradable no es ni de lejos tan importante como se podría pensar. Sobre todo, estudiaremos cómo los líderes de las culturas de primer nivel afrontan los retos que supone perseguir la excelencia en un mundo siempre cambiante. Aunque pueda parecer que una cultura de éxito se consigue por arte de magia, lo cierto es que no es así. La cultura es un conjunto de relaciones vivas con un objetivo común. No es algo que seas. Es algo que haces.

Habilidad 1
Labrar la seguridad

1

Las manzanas sanas

Te presento a Nick, un veinteañero moreno y bien parecido que está sentado cómodamente en una sala de juntas con las paredes revestidas de madera, en Seattle, junto con otras tres personas. En apariencia es un participante más de una reunión cualquiera. No obstante, las apariencias engañan. Los otros tres ocupantes de la sala no lo saben, pero el cometido de Nick es desbaratar el encuentro del grupo.

Nick es el elemento clave del experimento puesto en marcha por Will Felps, que estudia comportamiento organizativo en la Universidad de Gales del Sur, Australia. Felps ha traído a Nick para que encarne a tres personajes negativos: el mentecato, un tarado agresivo y desafiante; el holgazán, defensor del mínimo esfuerzo, y el aguafiestas, de carácter depresivo. Nick interpreta estos papeles en cuarenta grupos de cuatro personas a las que se les pide que tracen un plan de marketing para una empresa emergente. Felps lo introduce en los distintos grupos del mismo modo en que un biólogo inocularía un virus en un ser vivo, con el propósito de comprobar cómo responde el organismo. Felps lo llama «el experimento de la manzana podrida».

Nick es muy bueno en su papel de malo. En la mayoría de las ocasiones, su conducta reduce el aprovechamiento de la reunión entre un 30 % y un 40 %. Esta merma es invariable, ya haga de mentecato, de holgazán o de aguafiestas.

«Cuando Nick interpreta al aguafiestas, todos acuden a la reunión muy motivados. Él se mantiene callado, muestra cansancio y a veces incluso apoya la cabeza sobre la mesa —cuenta Felps—. Después, según avanza la reunión, todos empiezan a comportarse de la misma manera; se los nota más cansados, empiezan a quedarse callados y pierden la energía inicial. Al final los otros tres terminan por apoyar la cabeza igual que él, con los brazos cruzados.»

Cuando interpreta al holgazán se observa un patrón similar. «Enseguida el grupo se contagia de su pereza —dice Felps—. Despachan el proyecto en un santiamén y hacen un trabajo rudimentario. Lo interesante, sin embargo, es que, cuando después les preguntas al respecto, se muestran muy optimistas. Te dicen "Hemos hecho un gran trabajo, nos lo hemos pasado muy bien", pero no es cierto. Se han dejado convencer de que en realidad el proyecto no importa, de que no merece la pena dedicarle tiempo ni energías. Yo imaginaba que alguien terminaría recriminándole su conducta al holgazán o al aguafiestas, pero no fue así. Iban en plan "Bueno, si esto funciona así, pues todos a ser holgazanes y aguafiestas".»

A excepción de un caso.

«Era un grupo atípico —relata Felps—. Me fijé en ellos cuando Nick comentó que uno de los grupos le había parecido muy distinto. Este grupo trabajaba bien sin importar lo que él hiciera. Decía que esto se debía sobre todo a uno de sus miembros. Se notaba que el tipo llegaba incluso a exasperar a Nick, cuyos intentos de sembrar la negatividad no surtían el mismo efecto que en los otros grupos, porque aquel siempre encontraba el modo de ignorarlo y de animar a los demás a alcanzar su objetivo.»

A dicho miembro lo llamaremos Jonathan. Es un joven delgado, de cabello rizado y voz templada y constante, que siempre tiene una sonrisa en la cara. Pese a los esfuerzos de la manzana podrida, el grupo de Jonathan se mantiene atento y animado y consigue resultados de gran calidad. Lo más fascinante, a juicio de Felps, es que *a priori* Jonathan no parece hacer nada especial.

«En buena medida se trata de cosas básicas que en un primer momento pasan desapercibidas —apunta Felps—. Si Nick empezaba haciendo de mentecato, [Jonathan] se inclinaba hacia delante, recurría al lenguaje corporal y respondía con una sonrisa, pero nunca con desdén, sino de forma que extinguía el peligro y salvaba la situación. En principio no parece muy relevante. Pero si te fijas, hace que sucedan cosas formidables.»

Felps repasa una y otra vez el vídeo que recoge los movimientos de Jonathan y los analiza como si del servicio de un jugador de tenis o de los pasos de un bailarín se tratara. Siguen un patrón; Nick se comporta como un mentecato y Jonathan responde de inmediato con cordialidad, disipando la negatividad y haciendo cómoda una situación potencialmente tensa. Después, pasa a otra cosa y hace una pregunta sencilla con la que invita a participar a los demás, a quienes escucha con atención para, a continuación, responderles. El ambiente se aviva; los miembros se muestran activos y comparten ideas, con lo que se inicia un debate colaborativo que les permite alcanzar su objetivo con rapidez y sin interrupciones.

«Básicamente, [Jonathan] da vida a un entorno seguro y después se dirige a los demás para preguntarles "Eh, ¿qué opináis de esto?" —dice Felps—. A veces incluso le hace preguntas a Nick del tipo "¿Cómo harías eso?". Sobre todo, propicia un ambiente en plan "Eh, esta reunión es muy agradable e interesante, y tengo curiosidad por saber qué pensáis los demás". Es increíble que algo tan sencillo y sutil los mantuviera a todos interesados y activos.» Incluso Nick, casi en contra de su voluntad, terminó aportando algo al encuentro.

La historia de las manzanas sanas sorprende por dos motivos. En primer lugar, porque solemos creer que el rendimiento del grupo depende de capacidades mensurables, como la inteligencia, la destreza y la experiencia, y no de un patrón sutil compuesto de comportamientos sencillos. Sin embargo, en este caso, esos comportamientos sencillos marcan la diferencia.

En segundo lugar, porque Jonathan tiene éxito sin adoptar la conducta que a menudo asociamos a un líder fuerte. No asume el mando ni le dice a nadie lo que tiene que hacer. No traza estrategias, ni motiva a los demás ni expone su visión. Lo único que hace es crear las condiciones para que los demás puedan trabajar, lo que propicia un clima cuya característica clave salta a la vista: «Nos entendemos a la perfección». El grupo de Jonathan tiene éxito no porque sus miembros sean más listos, sino porque se sienten seguros.

Por lo general, no le damos demasiada importancia a la seguridad. La consideramos una especie de sistema climatológico emocional; sabemos que está ahí pero no nos parece relevante. Aun así, lo aquí expuesto nos permite contemplar una idea muy poderosa. La seguridad no es mera climatología emocional, sino más bien la cimentación de una cultura robusta. Lo que hay que preguntarse es «¿De dónde surge?» y «¿Cómo se propicia?».

Cuando les pides a los miembros de un grupo de gran éxito que describan la relación que los une, con frecuencia recurren a la misma palabra. Esta palabra no es «amigos», ni «equipo», ni «tribu», ni ningún otro término igualmente creíble. La palabra a la que recurren es «familia». Es más, a menudo describen de igual modo la sensación que despierta en ellos ese tipo de vínculo:*

«No sabría explicarlo, pero uno se siente bien. Aunque en realidad he intentado dejarlo en un par de ocasiones, sigo volviendo. No hay ninguna sensación parecida. Estos tíos son mis hermanos», asegura Christopher Baldwin, Sexto Equipo de los Navy SEAL.

«No es racional. Si uno se para a pensarlo, no se mete en estas cosas. Se hace un trabajo en equipo que trasciende al propio equipo y se solapa con la vida de la gente», afirma Joe Negron, de las escuelas subvencionadas KIPP (Knowledge Is Power Program, por sus siglas en inglés).

Nate Dern, de la compañía de comediantes Upright Citizens Brigade, dice: «Es un subidón saber que, si asumes un gran riesgo, esta gente estará ahí para ayudarte, pase lo que pase. Estamos enganchados a esa sensación».

«El grupo tiene que funcionar como una familia, porque eso hace posible asumir más riesgos, que los unos cuenten con la aprobación de los otros y también permitirse momentos de vulnerabilidad que serían impensables en un entorno tradicional», comenta Duane Bray, de la compañía de diseño IDEO.

Cuando me reuní con estos grupos, observé un patrón de inte-

---

* No es una casualidad que muchos grupos de éxito utilicen fórmulas de familiaridad. Los empleados de Pixar se hacen llamar «pixarianos» y los de Google, «googleros». Lo mismo ocurre con Zappos («zapponianos»), KIPP («kipperos») y otros.

racción diferente, que no se basaba en grandes cosas, sino en peque-ños momentos de conexión social. Dicha interacción se daba por igual, ya se tratara de una unidad militar, de un estudio cinemato-gráfico o de una escuela de alguna área desfavorecida. Elaboré la siguiente lista:

- Proximidad física, a menudo en círculos.
- Contacto visual muy frecuente.
- Contacto físico (apretones de manos, palmadas, abrazos).
- Constantes diálogos breves y animados, en lugar de discursos.
- Mezcla abundante: todo el mundo habla con todo el mundo.
- Pocas interrupciones.
- Multitud de preguntas.
- Escucha detenida y activa.
- Humor, risas.
- Detalles amables (decir «gracias», abrirle la puerta a otro, etc.).

Y otra cosa: descubrí que reunirme con estos grupos se convir-tió en algo parecido a una adicción. Prolongaba las estancias de documentación, ideaba excusas para quedarme un día o dos más, fantaseaba con la idea de cambiar de oficio para entrar a trabajar con ellos. La compañía de estos grupos tenía algo irresistible que me hacía desear una mayor conexión.

El término que utilizamos para describir este tipo de interacción es «química». Cuando se da con un grupo en el que fluye la quími-ca, se percibe al instante. Es una sensación paradójica y poderosa, una combinación de emoción y de inmensa comodidad, que brota de forma inexplicable en determinados grupos, pero no en otros. No hay forma de predecirla ni de controlarla.

¿O tal vez sí?

En la tercera planta de un reluciente edificio modernista de Cam-bridge, Massachusetts, un grupo de científicos tiene obsesión por comprender el funcionamiento de la química de grupos. El Labo-ratorio de Dinámica Humana del MIT es un humilde conjunto de oficinas rodeadas por una abundancia de talleres y despachos, en donde se puede encontrar, entre otras cosas, una cabina telefónica británica, un maniquí vestido con pantalones de papel de aluminio y lo que parece ser una montaña rusa en miniatura colgada del techo. El laboratorio lo dirige Alex (Sandy) Pentland, un profesor de informática de voz agradable, ojos brillantes y poblada barba entrecana que irradia la campechanía de un médico de pueblo. Pentland empezó estudiando fotografías de madrigueras de castores tomadas por satélite, estableciendo un método investigativo que, en realidad, nunca ha cambiado: el empleo de la tecnología para hallar patrones de comportamiento ocultos.

«Las señales de los humanos se asemejan a las de otros animales —dice Pentland cuando ocupamos la mesita de café de su acogedora oficina—. Se pueden medir los niveles de interés, quién es el alfa, quién es cooperativo, quién mimetiza, quién sincroniza. Disponemos de estos canales de comunicación y los empleamos sin pararnos a pensar en ello. Por ejemplo, si ahora me inclino hacia ti, podríamos empezar a imitarnos.»

Pentland acerca su cara a la mía, arquea sus pobladas cejas y ensancha los ojos. Me choca un poco cuando yo termino haciendo lo mismo, casi en contra de mi voluntad. Él sonríe con afabilidad y vuelve a reclinarse. «Solo funciona si estamos lo bastante cerca como para establecer un contacto físico.»

Pentland me presenta a Oren Lederman, un científico que, casualmente, analiza a un grupo inmerso en el reto de los espaguetis y el malvavisco. Recorremos el pasillo que lleva al despacho de Lederman para ver el vídeo. El grupo lo conforman tres ingenieros y un abogado, y su torre tiene muy buen aspecto. «El rendimiento de este grupo quizá sea mejor que el de los estudiantes de empresariales, pero no llega al nivel del de los preescolares —comenta Lederman—. No hablan tanto, lo cual ayuda.»

No es solo la opinión de Lederman, también es un hecho. Mientras conversamos, un río de datos relativos al rendimiento del grupo fluye por la pantalla del ordenador, incluidos el porcentaje de tiempo que los distintos miembros pasan hablando, el índice de firmeza de sus voces, la frecuencia con la que intervienen, la naturalidad con que se suceden los turnos, la cantidad de veces que se interrumpen unos a otros y la frecuencia con que el patrón vocal de uno se iguala al del resto. Lederman ha recabado todos estos datos por medio de un pequeño dispositivo de plástico rojo del tamaño de una tarjeta de crédito, el cual contiene un micrófono, un GPS y varios sensores más.

Este dispositivo recibe el nombre de «sociómetro». Recoge la información cinco veces por segundo y la envía de forma inalámbrica a un servidor, donde se integra en una serie de gráficos. Estos, añade Pentland, son solo la punta de un iceberg de datos. Si quieren, Lederman y Pentland pueden modificar los sociómetros para que capturen la proximidad y el porcentaje de tiempo que los distintos miembros pasan comunicándose cara a cara.

En general, es el tipo de datos complejos y obtenidos en tiempo real que podrían utilizarse para analizar tanto los resultados de unas elecciones presidenciales como el *swing* de un golfista. Sin embargo, en este caso el juego cambia por completo. El sociómetro interpreta la protolengua que las personas emplean para establecer una comunicación segura. Esta lengua se compone de indicadores de pertenencia.

Los indicadores de pertenencia hacen posible la comunicación segura en los grupos. Entre ellos se cuentan la proximidad, el contacto visual, la energía, la mímica, la sucesión de turnos, la atención, el lenguaje corporal, el tono de voz, la consistencia del énfasis y si todos los miembros hablan con los demás integrantes del grupo. Como ocurre con cualquier otro idioma, el uso de indicadores de pertenencia no se reduce a un momento aislado, sino que consiste más bien en un flujo constante de interacciones dentro de una relación social. Su función es responder a esas preguntas que nunca han dejado de aflorar en la mente humana: ¿Estamos a salvo aquí? ¿Qué futuro nos espera con esta gente? ¿Corremos algún peligro?

«La sociedad moderna es un fenómeno muy reciente —afirma Pentland—. Hemos pasado cientos de miles de años desarrollando la cohesión, porque los unos dependíamos en gran medida de los otros. Empezamos a usar señales mucho antes que el habla, y nuestro subconsciente permanece muy atento a cierto tipo de comportamientos.»

Los indicadores de pertenencia obedecen a tres características básicas:

1. Energía: se proyectan en el intercambio que está teniendo lugar.
2. Individualización: hacen sentir a la otra persona que es única y que se la valora.
3. Orientación futura: sugieren que la relación continuará.

Estos indicadores complementan un mensaje que puede resumirse en una única expresión: «Aquí estás a salvo». Su cometido es notificar a nuestro cerebro, siempre en guardia, que puede dejar de preocuparse por los posibles peligros y entrar en modo de conexión, estado que recibe el nombre de «seguridad psicológica».

«A los humanos se nos da bien interpretar estos indicadores; es increíble lo atentos que estamos a los fenómenos interpersonales —dice Amy Edmondson, que estudia seguridad psicológica en Harvard—. Una parte de nuestro cerebro siempre está preocupada por lo que los demás puedan pensar de nosotros, sobre todo quienes están por encima de nosotros. En lo que al cerebro respecta, si nuestro sistema social nos rechaza, podríamos morir. Dado que percibimos el peligro de una forma tan instintiva y automática, las organizaciones tienen que hacer cosas inauditas para impedir que salte esa alarma natural.»

La clave que hace posible la seguridad psicológica, recalcan Pentland y Edmondson, es reconocer lo obsesionado que está con ella nuestro subconsciente. No basta con un simple asomo de pertenencia, ni con una o dos señales. Estamos hechos para requerir montones de señales, una y otra vez. Por eso el sentimiento de pertenencia es fácil de destruir y difícil de construir. Esta dinámica evoca las palabras del político texano Sam Rayburn: «Cualquier palurdo puede quemar un granero, pero se necesita a un buen carpintero para levantarlo».

Así, cabe fijarse en el experimento de la manzana podrida. A

Nick le bastaba con mostrar unos pocos indicadores de ajenidad para echar por tierra la química de los distintos grupos. Su comportamiento era una señal muy potente («No estamos a salvo»), lo cual desbarataba de inmediato el rendimiento del grupo. Jonathan, por el contrario, mostraba en todo momento un comportamiento sutil que inspiraba seguridad. Conectaba con los demás de forma individual, escuchaba atentamente y subrayaba la importancia de la relación. Era un manantial de indicadores de pertenencia, y el grupo respondía en consecuencia.

Durante los últimos años, Pentland y su equipo han usado sociómetros para registrar la interacción de cientos de grupos, en pabellones de tratamiento posoperatorio, en centros de atención telefónica, en bancos, durante negociaciones de salarios y durante sesiones de propuesta de negocios. En todos esos estudios han observado el mismo patrón: se puede predecir el rendimiento si obviamos el contenido informativo del encuentro y nos centramos en unos pocos indicadores de pertenencia.

Por ejemplo, Pentland y Jared Curhan utilizaron sociómetros para analizar cuarenta y seis negociaciones simuladas entre parejas de estudiantes de empresariales, uno de los cuales hacía de empleado y otro de jefe. La tarea consistía en negociar las condiciones de un nuevo puesto, incluidos el sueldo, el coche de empresa, las vacaciones y el seguro médico. Pentland y Curhan observaron que los cinco primeros minutos de datos sociométricos predecían en buena medida el resultado de la negociación. Dicho de otro modo: los indicadores de pertenencia que se mostraban al comienzo de la interacción influían más que todo lo que se dijera después.

En otro experimento, se analizó una competición en la que unos empresarios exponían propuestas de negocio a un grupo de ejecutivos. Los participantes presentaban su plan al grupo y, después, este seleccionaba y clasificaba aquellos con mayor potencial, para recomendárselos a distintos «ángeles inversores». Pentland vio que los sociómetros (que solo registraban los indicadores del expositor y su público e ignoraban el contenido informativo) predecían las clasificaciones con una exactitud casi absoluta. O, lo que es lo mismo, la propuesta en sí no importaba tanto como los indicadores de quien exponía y de quien escuchaba. Cuando los ángeles inversores revisaban los planes en papel, fijándose solo en el contenido informativo y dejando a un lado las señales sociales, la valoración variaba de forma significativa.

«Los ejecutivos [que escuchaban las propuestas] creían estar evaluando los planes en base a distintos aspectos racionales, a saber: ¿Cuánto tiene la idea de original? ¿En qué medida encaja en el mercado actual? ¿Hasta qué punto está desarrollado el plan? —escribió Pentland—. Mientras escuchaban las propuestas, sin embargo, una parte de su cerebro se dedicaba a recabar otros datos cruciales, por ejemplo: ¿De verdad esta persona cree en la idea? ¿Muestra confianza cuando habla? ¿Piensa entregarse a fondo para que el negocio funcione? Y el segundo tipo de información (información que los ejecutivos estaban valorando sin darse cuenta) es lo que más influyó en ellos a la hora de decantarse por un plan de negocio.»

«Es un modo diferente de ver al ser humano —dice Pentland—. Los individuos no son, de hecho, individuos. Más bien son como los músicos de un cuarteto de jazz, cada uno de los cuales se entrega a un proceso inconsciente de acciones y reacciones para complementarse con el resto de la banda. No reparamos en el contenido informativo de los mensajes, sino en los patrones que muestran cómo se envía el mensaje. Esos patrones contienen multitud de señales que nos dicen cómo es la relación y qué ocurre de verdad bajo la superficie.»

En conjunto, los estudios de Pentland evidencian que el rendimiento de un equipo viene dado por cinco factores mensurables:

1. Los miembros del grupo hablan y escuchan en la misma proporción, y realizan intervenciones breves.
2. Los miembros mantienen un contacto visual frecuente y conversan y gesticulan con vehemencia.
3. Los miembros se comunican los unos con los otros directamente, en lugar de hacerlo solo con el jefe del equipo.
4. Los miembros mantienen conversaciones gestuales o paralelas dentro del equipo.

5. Los miembros se toman descansos periódicos, se alejan del equipo para explorar y regresan con información nueva que compartir con los demás.

Estos factores dejan al margen las habilidades y los atributos individuales que asociamos con los grupos de gran rendimiento y los sustituyen por comportamientos que, por lo general, ignoraríamos por parecernos demasiado elementales. Sin embargo, cuando se trata de predecir el rendimiento de un equipo, Pentland y sus colegas consideran que no hay nada más valioso.

«En algunos aspectos, la inteligencia colectiva no difiere mucho de la que se observa en los simios que habitan en la selva —sostiene Pentland—. Si [un simio] es enérgico, tal vez atraiga a otros con esa señal, y entonces puede que se unan para hacer cosas juntos. Así es como funciona la inteligencia de grupo, y eso es lo que la gente no termina de entender. Oír decir algo sin más rara vez provoca un cambio de comportamiento. Son solo palabras. Cuando vemos que alguien de nuestro grupo de iguales le da vueltas a una idea, nuestro comportamiento sí que cambia. Así es como se crea la inteligencia. Así es como se crea la cultura.»

«Son solo palabras.» No es nuestra forma habitual de pensar. Lo habitual es que creamos que las palabras importan; creemos que el rendimiento del grupo se corresponde con la inteligencia verbal de los distintos miembros y con su capacidad de concebir y comunicar ideas complejas. Pero es una suposición errónea. Las palabras no son más que ruido. El rendimiento del grupo depende de un tipo de comportamiento que expresa una idea poderosa y global: estamos seguros y conectados.

2

El día de los mil millones en que no ocurrió nada

A principios de 2000, algunas de las mentes más destacadas de América competían en una discreta carrera. La meta era crear un programa que vinculase las búsquedas de internet de los usuarios con publicidad personalizada, una tarea que se antojaba casi esotérica, pero que podía abrir un mercado multimillonario. La cuestión era qué empresa ganaría.

La clara favorita era Overture, una compañía bien financiada de Los Ángeles, encabezada por un empresario brillante llamado Bill Gross, pionero en el campo de la publicidad en internet. Había inventado el modelo publicitario de pago por clic, había escrito el código y hecho de Overture un negocio próspero que generaba beneficios de cientos de millones de dólares, así como una reciente oferta pública inicial valorada en mil millones de dólares. Dicho de otro modo: la carrera entre Overture y sus contendientes parecía muy desigual. El mercado había apostado mil millones de dólares por Overture por la misma razón por la que cualquiera habría apostado a que los estudiantes de empresariales vencerían a los preescolares en la competición de los espaguetis y el malvavisco: porque Overture contaba con la inteligencia, con la experiencia y con los recursos necesarios para ganar.

Pero Overture no ganó. El vencedor de la carrera resultó ser una joven y pequeña empresa llamada Google. Es más, se puede ubicar el momento exacto en que la carrera se decidió a su favor. El 24 de mayo de 2002, en la cocina de la sede de Google, sita en el 2400 de Bayshore Parkway, en Mountain View, California, el fundador de la empresa, Larry Page, clavó una nota en la pared. El mensaje era muy conciso:

ESTOS ANUNCIOS SON UN ASCO

En el mundo tradicional de los negocios no se consideraba normal dejar notas así en la cocina de la empresa. Pero Page no era un empresario al uso. Para empezar, tenía aspecto de estudiante, con unos ojos grandes y curiosos, el pelo cortado en forma de tazón y una tendencia a hablar a ráfagas, como una metralleta. Su mejor técnica de liderazgo, si podía considerarse una técnica, consistía en mantener debates prolongados, enérgicos y sin reglas sobre cómo elaborar los mejores planes, productos e ideas. Trabajar en Google implicaba meterse en una brutal e incesante pelea de lucha libre, en la que ningún contendiente estaba por encima de otro.

Este enfoque se extendía a los fragosos partidos de hockey callejero que se hacían en el aparcamiento con todos los empleados («Nadie se echaba atrás cuando debía enfrentarse a los fundadores para llevarse la pelota», rememoraba uno de los jugadores) y a los foros de los viernes, en los que se podía plantear a los fundadores cualquier pregunta, por muy controvertida que fuese, y viceversa. Al igual que los partidos de hockey, los foros de los viernes se convertían en eventos de lo más reñidos.

Cuando Page clavó aquella nota en la pared de la cocina, a Google no le estaba yendo demasiado bien frente a Overture. El proyecto, que Google bautizó como «motor de AdWords», apenas cumplía el cometido básico de relacionar los términos de búsqueda con los anuncios pertinentes. Por ejemplo, si se lanzaba la búsqueda de una motocicleta Kawasaki H1B, aparecían anuncios de abogados que ofrecían ayuda con la solicitud del visado de extranjería de tipo H-1B; precisamente el tipo de fallos que podía arruinar el proyecto. Así que Page imprimió varios ejemplos de fallos similares, escribió su conciso mensaje en mayúsculas y lo clavó todo en el tablón de anuncios de la cocina. Después se marchó.

Jeff Dean fue uno de los últimos en ver la nota. Este discreto y flacucho ingeniero procedente de Minnesota era todo lo contrario a Page: sonriente, sociable, siempre cortés y conocido en toda la oficina por la adoración que profesaba al café capuchino. En principio, a Dean no tenía por qué preocuparle el problema que había con AdWords. Él trabajaba en Búsquedas, un departamento distinto, y ya estaba bastante ocupado solucionando otros problemas no menos urgentes. Pero, en un momento dado de aquella tarde de viernes, entró en la cocina para prepararse un capuchino y se encontró con la nota de Page. Se puso a hojear las páginas adjuntas y, mientras las iba pasando, le vino algo a la cabeza, un recuerdo vago de un problema de ese estilo que había afrontado tiempo atrás.

Dean volvió a su escritorio y empezó a trabajar en el motor de AdWords. No pidió permiso ni se lo dijo a nadie, sino que decidió involucrarse sin más. Se mirara como se mirase, su decisión no parecía tener ningún sentido. Estaba ignorando la montaña de trabajo que colapsaba su mesa para lidiar con un problema complejo que nadie le había pedido resolver. Podría haber desistido en cualquier momento sin que nadie se hubiera enterado de nada. Pero no desistió. De hecho, volvió a la oficina el sábado y continuó trabajando en el error de AdWords durante algunas horas más. El domingo por la noche cenó con su familia y acostó a sus dos hijos. Alrededor de las nueve regresó a la oficina, se preparó otro capuchino y siguió trabajando toda la noche. A las cinco y cinco de la madrugada del lunes envió un correo electrónico en el que proponía una solución. Por último, volvió a casa y se fue derecho a la cama para descansar.

Funcionó. La propuesta de Dean había solucionado el problema, de manera que la precisión del motor se había disparado de forma exponencial. Gracias a esa mejora y a las que otros aportaron después basándose en ella, AdWords no tardó en dominar el mercado del pago por clic. Por su parte, Overture, paralizado por los conflictos internos y los trámites burocráticos, se quedó a medio camino. Durante el año que siguió a la solución de Dean, los beneficios de Google pasaron de 6 millones de dólares a 99. En 2014 el motor de AdWords generaba 160 millones de dólares al día y la publicidad proporcionaba el 90 % de los ingresos de Google. El éxito del motor de AdWords, según escribió Stephen Levy, fue «repentino, transformador, decisivo y, para los inversores y los empleados de Google, glorioso [...]. Se convirtió en la savia de Google, lo que permitió financiar todas las nuevas ideas e innovaciones que la compañía concibió después».

Aun así, eso no es lo más llamativo de la historia. Porque en Google quedaba una persona clave para la cual este incidente no había significado gran cosa, para quien lo que había acontecido aquel fin de semana histórico había pasado con tal cotidianidad que apenas lo recordaba. Esa persona era Jeff Dean.

Corría 2013 cuando Jonathan Rosenberg, asesor de Google, fue a verlo para hablarle de un libro acerca de Google en el que participaba como coautor. Rosenberg quería conocer la versión de Dean, por lo que empezó diciéndole «Me gustaría que habláramos sobre el motor de AdWords, la nota de Larry, la cocina...», naturalmente dando por hecho que se acordaría del suceso de inmediato y empezaría a contárselo todo. Pero no fue así. Dean se quedó mirando a Rosenberg, con el rostro sereno e inexpresivo. El asesor, un tanto confundido, siguió dándole más y más detalles. Al cabo, Dean cayó en la cuenta y, ya con la expresión iluminada, exclamó: «¡Ah, sí!».

No es la reacción que uno esperaría por su parte. Es como si Michael Jordan se olvidara de que ha ganado seis títulos de la NBA. Pero así era como lo había vivido Dean entonces y como lo sigue viendo hoy.

«Es decir, me acuerdo de que sucedió —me contó Dean—. Pero, para serte sincero, no guardo un recuerdo muy vivo, porque para mí no significó gran cosa. No tenía la sensación de estar haciendo nada especial ni diferente. Era algo normal. Ese tipo de cosas ocurrían a diario.»

«Era algo normal.» Los empleados de Google interactuaban exactamente igual que los preescolares del reto de los espaguetis y el malvavisco. No se dedicaban a gestionar el estatus ni les preocupaba quién estaba al mando. El pequeño edificio en el que trabajaban propiciaba altos índices de proximidad y de interacción cara a cara. La técnica de Page, consistente en celebrar debates en los que se invitaba a todo el mundo a resolver problemas complicados, constituía una eficaz señal de identidad y de conexión, al igual que los partidos de hockey sin restricciones y los foros abiertos de los viernes. («Los miembros del grupo hablan y escuchan en la misma proporción.») Se comunicaban mediante intervenciones breves y directas. («Los miembros se miran los unos a los otros y conversan y gesticulan con vehemencia.») Google era un hervidero de indicadores de pertenencia; los empleados trabajaban hombro con hombro en una conexión segura, afanados en sus respectivos proyectos. Overture, a pesar de su ventaja inicial y de los mil millones de dólares en los que se apoyaba, se encontró con el obstáculo de la burocracia. La toma de decisiones implicaba una infinidad de reuniones y debates acerca de todo tipo de cuestiones técnicas, tácticas y estratégicas; todo debía ser aprobado por múltiples comisiones. Probablemente los índices de pertenencia de Overture eran muy bajos. «Era un desmadre», le dijo un empleado a la revista *Wired*. Google no ganó porque fuese más inteligente. Ganó porque era más segura.*

Fijémonos en mayor detalle en cómo el cerebro interpreta los indicadores de pertenencia. Pongamos que nos dan un rompecabezas más o menos complicado, consistente en ordenar los colores y las formas sobre un mapa. Podemos dedicarle tanto tiempo como que-

---

* El caso de Google y Overture no fue único. Durante la década de los noventa, los sociólogos James Baron y Michael Hannan analizaron la cultura fundacional de casi doscientas empresas tecnológicas emergentes de Silicon Valley. Comprobaron que la mayoría se atenía a alguno de los tres modelos básicos: el modelo de estrellas, el modelo de profesionales y el modelo del compromiso. El modelo de estrellas consistía en buscar y contratar a las personas más brillantes; el modelo de profesionales se centraba en la confección de un grupo que ofreciera una serie de habilidades específicas; el modelo del compromiso, por su parte, optaba por crear un grupo que compartiera unos valores y tuviera una vinculación emocional fuerte. De todos ellos, el modelo del compromiso siempre arrojaba los mayores índices de éxito. Tras el estallido de la burbuja tecnológica de 2000, las empresas emergentes que adoptaron el modelo del compromiso sobrevivieron en mucha mayor medida que las que se decantaron por los otros dos modelos, y obtuvieron ofertas públicas iniciales tres veces más a menudo.

ramos. Tras explicarnos la mecánica, nos dejan para resolverlo. Dos minutos después regresan y nos entregan una hoja con una nota manuscrita. Nos dicen que la nota es de otro participante que se llama Steve, a quien no conocemos. «Steve ya ha completado el rompecabezas y quiere darte un consejo», nos informan. Leemos el consejo y seguimos trabajando. Y ahí es cuando todo cambia.

Sin querer, empezamos a lidiar con el rompecabezas con mayor afán. Los rincones más remotos de nuestro cerebro se activan. La motivación aumenta, se duplica. Trabajamos un 50 % más del tiempo, con más energía y placer. Es más, la emoción perdura. Dos semanas después nos apetece asumir retos similares. En resumen, un papelito nos ha convertido en una versión más inteligente y centrada de nosotros mismos.

La cuestión es que, en realidad, el consejo de Steve no servía de nada. No contenía ninguna información relevante. Los cambios en la motivación y el comportamiento que experimentamos al recibirlo se deben a la señal de que hemos establecido una conexión con alguien a quien le importamos.

Pasemos a otro ejemplo de cómo funcionan los indicadores de pertenencia en un experimento que podríamos llamar «¿Le prestarías tu móvil a un desconocido?». La prueba se compone de dos casos y una pregunta.

CASO 1: Nos encontramos en una estación de tren en un día lluvioso. Un desconocido se nos acerca y nos dice educadamente: «¿Le importaría prestarme su móvil?».

CASO 2: Nos encontramos en una estación de tren en un día lluvioso. Un desconocido se nos acerca y nos dice educadamente: «Qué rollo de lluvia. ¿Le importaría prestarme su móvil?».

PREGUNTA: ¿A cuál de los dos desconocidos ayudaríamos?

A priori, no parece haber una gran diferencia entre los dos casos. Los dos desconocidos realizan la misma petición, para la que se requiere tener mucha confianza. Además, aquí lo importante no son tanto los desconocidos como nosotros, en particular nuestra voluntad de prestarle una pertenencia valiosa a alguien a quien no conocemos. Así, la razón apunta a que en ambos casos la respuesta sería más o menos la misma.

Pero la razón se equivoca. Cuando Alison Wood Brooks, de la Escuela de Negocios de Harvard, llevó a cabo el experimento, comprobó que el segundo caso recibía un 422 % más de aceptación. El breve comentario adicional «Qué rollo de lluvia» cambiaba el comportamiento de la gente. Ejercía la misma influencia que el consejo de Steve en el experimento del rompecabezas. Aportaban una señal inconfundible: «Es un lugar seguro donde conectar». Le prestas el móvil al desconocido, y estableces un vínculo, sin pensar.

«Los efectos son increíbles —señala el doctor Gregory Walton, de Stanford, quien había realizado el experimento del consejo de Steve, entre otros—. Son pequeños indicadores que apuntan a una relación, y que transforman por completo el modo en que la gente se relaciona, sus sentimientos y su comportamiento.»*

Uno de los ejemplos más claros sobre la eficacia de los indicadores de pertenencia es el estudio que llevó a cabo un grupo australiano que examinó a 772 pacientes que habían sido hospitalizados tras un intento de suicidio. Durante los meses posteriores al alta, la mitad de ellos recibió una serie de postales con el siguiente mensaje:

Estimado/a _____:

Hace poco de su estancia en el hospital Mater de Newcastle, y esperamos que todo le esté yendo bien. Si le apetece escribirnos, estaremos encantados de saber de usted.

Cordialmente,
[firma]

* A continuación, un caso de uso práctico de este efecto: pensar en nuestros ascendientes nos agudiza. Un equipo de investigación dirigido por Peter Fischer concluyó que dedicar unos minutos a estudiar el árbol genealógico (frente a mirar a un amigo, la lista de la compra o nada en absoluto) multiplicaba el rendimiento en las pruebas de inteligencia cognitiva. La hipótesis era que pensar en nuestros vínculos con el grupo aumenta nuestra sensación de autonomía y de control.

Durante los dos años siguientes, el índice de reingresos del grupo que recibió las postales fue la mitad que el del resto del grupo de control.

«Una pequeña señal puede surtir un efecto notable —dice Walton—. Pero es importante comprender que no basta con enseñar un indicador una vez. Se trata de asentar una relación, de mostrar interés y de que el trabajo conjunto se realice en el contexto de la misma. Es una narrativa, hay que mantenerla viva. No difiere mucho de una relación sentimental. ¿Con qué frecuencia le decimos a nuestra pareja que la queremos? Aunque ya lo sepa, es importante recalcárselo, una y otra vez.»

Merece la pena ahondar un poco más en la idea de que la pertenencia debe renovarse y reforzarse de forma continua. Si el cerebro procesara la seguridad de un modo lógico, no nos haría falta que se nos recordara con tanta frecuencia. Pero el cerebro no ha brotado de millones de años de selección natural porque procese la seguridad de un modo lógico. Lo ha hecho por una alerta obsesiva ante el peligro.

Esta obsesión se origina en una estructura ubicada en el seno del cerebro. Recibe el nombre de «amígdala» y es un aparato primitivo de vigilancia que analiza nuestro entorno sin cesar. Cuando percibimos una amenaza, la amígdala da la voz de alarma y activa la respuesta de huida o combate que inunda el organismo de hormonas estimulantes y reduce nuestro mundo a una sola pregunta: «¿Qué tengo que hacer para sobrevivir?».

Aun así, recientemente los científicos han descubierto que la amígdala no se limita a responder al peligro, sino que desempeña un papel fundamental a la hora de establecer relaciones sociales. Funciona de la siguiente manera: cuando se observa un indicador de pertenencia, la amígdala cambia de función y emplea su inmensa potencia neural inconsciente para edificar y mantener los vínculos sociales. Estudia a los miembros del grupo, se fija en cómo interactúan y se prepara para una participación apropiada. En un abrir y cerrar de ojos pasa de ser un furioso perro guardián a un solícito perro guía movido por un único objetivo: asegurarse de fortalecer los lazos que nos unen a los nuestros.

Según se ve en los escáneres cerebrales, es un momento intenso e inconfundible, ya que la amígdala se activa de un modo totalmente distinto. «Todo se altera —afirma Jay Van Bavel, neurocientífico social de la Universidad de Nueva York—. En cuanto te integras en un grupo, la amígdala se adapta a sus miembros y empieza a estudiarlos en detalle. Porque esas personas son importantes para ti. Antes eran desconocidos, pero ahora forman parte de tu equipo y eso cambia la dinámica por completo. Es un interruptor muy eficaz; el cambio es absoluto, una reconfiguración total del sistema motivacional y de toma de decisiones.»

Todo esto ayuda a reparar en la paradoja que entraña el funcionamiento de la pertenencia. La pertenencia parece darse de dentro afuera, pero en realidad se da de fuera adentro. Nuestro cerebro social se activa cuando recibe un flujo constante de indicadores casi inapreciables («Estamos cerca», «Estamos seguros», «Tenemos un futuro en común»).

He aquí, por lo tanto, un modelo para entender cómo funciona la pertenencia; como una llama que hay que alimentar continuamente mediante señales de conexión segura. Cuando Larry Page y Jeff Dean participaban en los retos que se proponían a toda la compañía, en esas reuniones donde se admitían todo tipo de preguntas y en los partidos de hockey callejero, estaban alimentando esa llama. Cuando Jonathan protegía al grupo de la manzana podrida de la influencia negativa de Nick, estaba alimentando esa llama. Cuando un desconocido lamenta que esté lloviendo antes de pedirte que le prestes tu móvil, está alimentando esa llama. La cohesión se produce no cuando los miembros del grupo son más inteligentes, sino cuando reaccionan ante las señales claras y constantes de conexión segura.

Este modelo nos permite dejar de considerar la pertenencia un misterio del destino, para verla como un proceso que se puede entender y controlar. Una buena forma de explorar este proceso es estudiando tres situaciones donde la pertenencia afloró contra todo pronóstico. La primera, la de los soldados de Flandes durante el invierno de 1914; la segunda, la de unos oficinistas de Bangalore, India; la tercera, la de la que quizá sea la peor cultura del mundo.

3

La Tregua de Navidad, el experimento de una hora y los misileros

La Tregua de Navidad

De entre todos los arduos y peligrosos campos de batalla de la historia, las trincheras de Flandes durante el invierno de 1914 podrían encabezar la lista. Los estudiosos del mundo militar aseguran que esto se debe al hecho de que la Primera Guerra Mundial materializó la confluencia de la estrategia medieval con el uso de armas modernas. Pero, en realidad, se debió sobre todo al barro. Las trincheras de Flandes, situadas por debajo del nivel del mar, se habían excavado en un terreno arcilloso, tan anegado que cuando llovía se convertían literalmente en canales. Eran frías y deprimentes, un campo abonado para la proliferación de ratas, pulgas, enfermedades y toda clase de plagas.

Lo peor, no obstante, era la proximidad del enemigo. En muchos sectores, las tropas enfrentadas se encontraban a escasas decenas de metros, a veces incluso menos. (En un punto próximo a la cresta de Vimy, solo siete metros separaban dos puestos de observación.) Las granadas y la artillería entrañaban un peligro constante; una cerilla encendida sin atención era una llamada al balazo de un francotirador. Como escribiera el futuro primer ministro Harold Macmillan, entonces teniente de los Guardias Granaderos: «Se puede recorrer el paisaje con la vista sin ver un alma. Pero en la inmensidad del terreno acechan [...] miles, e incluso cientos de miles de hombres, siempre tramando los unos contra los otros, concibiendo nuevas formas de muerte. Sin dejarse ver en ningún momento, se lanzan balas, bombas, torpedos aéreos y obuses».

Entre el fango yacían los profundos estratos del odio histórico que se profesaban los aliados y los alemanes. Los periódicos ingleses y franceses recogían escandalosas fabulaciones de cómo los bárbaros alemanes incineraban a las víctimas inocentes para fabricar jabón. Por su parte, los colegiales alemanes recitaban el *Himno del odio* de Ernst Lissauer, que no era mucho más sutil:

> *A ti te odiaremos con odio duradero,*
> *A nuestro odio no renunciaremos,*
> *Odio por tierra y odio por mar,*
> *Odio a la cabeza y odio a la mano,*
> *Odio al martillo y odio a la corona,*
> *Odio a setenta millones de ahogados.*
> *Amamos todos a una, odiamos todos a una,*
> *No tenemos más que un único enemigo...*
> *¡INGLATERRA!*

La guerra dio comienzo en agosto. A medida que fueron pasando las semanas y los meses, ambos bandos masacraron y fueron masacrados de forma sistemática, mientras los cadáveres iban quedando atrapados en el alambre de espino en la tierra de nadie. Al acercarse la Navidad, las distintas capitales empezaron a reclamar un alto el fuego. En Roma, el papa Benedicto llamó a la paz durante las festividades; en Washington D. C., una resolución del Senado solicitaba que la lucha se interrumpiera durante veinte días. Los líderes militares de ambos bandos, que no tardaron en calificar la propuesta de imposible, avisaron a sus respectivas tropas de que en Navidad podrían sufrir un ataque sorpresa. Se advirtió de que se juzgaría en consejo de guerra a todo soldado que intentara acordar una tregua ilícita.

Llegada la Nochebuena ocurrió algo. Resulta difícil precisar cómo empezó, pero pareció darse de forma espontánea, repitiéndose en diversos puntos del frente alejados entre sí. Primero se oyeron canciones; unas eran villancicos y, otras, composiciones militares.

En muchos lugares, las canciones se sucedieron durante un lapso, mientras los soldados de un bando aplaudían y vitoreaban las interpretaciones de los del otro.

Entonces pasó algo todavía más extraño; los combatientes empezaron a abandonar las trincheras y a acercarse a sus contrarios en son de paz. A las afueras del pueblo de La Chapelle d'Armentières, unos soldados británicos oyeron que un alemán gritaba en inglés: «¡Soy teniente! Caballeros, pongo mi vida en sus manos, porque he dejado atrás la trinchera para acercarme a ustedes. ¿Querría uno de sus oficiales reunirse conmigo en un punto medio?».

El fusilero Percy Jones creía que sería el inicio de un ataque sorpresa. Más adelante escribiría:

> Empezamos a pulir la munición y los fusiles y a prepararnos para entrar en acción de inmediato. De hecho, estábamos a punto de disparar contra el foco más potente cuando [...] se oyó una voz (quizá por medio de un megáfono) que clamaba: «¡Ingleses, ingleses! ¡No disparen! ¡No abran fuego, no abriremos fuego!». Luego se dijo algo acerca de la Navidad. Todo aquello estaba muy bien, pero habíamos oído tantas historias sobre lo traidores que eran los alemanes que permanecimos muy alerta.
>
> No sé muy bien cómo sucedió, pero al rato los nuestros sacaron unos faroles y los unos empezaron a entonar las canciones de los otros, aclamándolas entre aplausos enfervorizados. Yo, en mi puesto de centinela, no daba crédito a mis ojos. Justo delante había tres focos grandes, rodeados de hombres bien visibles. Las trincheras alemanas [...] se iluminaron con centenares de lucecitas. Más a la izquierda, donde nuestras líneas hacían un recodo, unas luces alumbraban las trincheras de la Compañía A, donde los hombres estaban cantando a voz en cuello *My Little Grey Home in the West*. Al acabar [...] los ingleses se deshicieron en ovaciones y salieron con alguna cancioncilla alemana. Ellos también interpretaron una de sus piezas nacionales al ritmo de *God Save the King*. Nosotros respondimos con el himno austríaco, que recibió un aplauso abrumador.

Mientras tanto, en el alto mando británico se informaba al atónito mariscal de campo sir John French de que los soldados alemanes «corrían desarmados desde las trincheras enemigas hasta las nuestras, sosteniendo en alto tarjetas de Navidad». De inmediato, French ordenó impedir que siguiera dándose semejante conducta y que los correspondientes comandantes tomasen las medidas pertinentes. Las órdenes no tuvieron efecto. La tregua se mantuvo. Los soldados no parecían saber mejor que sir John French por qué estaba ocurriendo algo así. Vieron que ocurría y participaron, aunque no acertaran a explicárselo. Los cronistas de ambos bandos calificarían el hecho de surrealista, y no pocos lo describirían como una especie de sueño en la vigilia.

Durante muchos años, los historiadores dieron por sentado que el suceso de la Tregua de Navidad se había contado de forma exagerada, que no había sido más que un episodio aislado que algunos periodistas sin seso se empeñaron en adornar. Pero al investigarlo a fondo, descubrieron lo equivocados que estaban. La tregua fue mucho más importante de lo que se recogió en los diarios, pues participaron decenas de miles de hombres a lo largo de dos tercios de la línea controlada por los británicos. Entre otras cosas, se comió, se bebió, se cocinó, se cantó, se jugó al fútbol, se intercambiaron fotografías y pertenencias y se enterró a los muertos.* En los anales de la historia no abundan los casos en los que una situación de violencia brutal derive de una manera tan repentina y llamativa en una atmósfera de calidez familiar. La principal pregunta es cómo ocurrió.

La forma habitual de explicar la Tregua de Navidad es verla como un ejemplo de cómo el significado compartido de una festividad puede sacar lo mejor de nosotros. Este razonamiento es interesante, pero no explica del todo lo que sucedió de verdad. A lo largo de la historia ha habido multitud de campos de batalla donde los ejércitos enfrentados observaban las mismas tradiciones religiosas, y que, sin embargo, no establecieron ni de lejos el mismo nivel de conexión.

---

* Un combatiente que no agradeció la tregua fue el cabo alemán Adolf Hitler, destinado en la reserva cerca del frente de Flandes. «Algo así no debería suceder en tiempo de guerra —se cuenta que les decía a los soldados de los que se rodeaba—. ¿Es que no les queda un ápice de orgullo alemán?»

Todo cambia, empero, si lo estudiamos desde la perspectiva de los indicadores de pertenencia. Una de las explicaciones más detalladas se recoge en *Trench Warfare, 1914-1918*, de Tony Ashworth. Durante 288 páginas, Ashworth aporta el equivalente histórico de una repetición a cámara lenta de los hechos que desembocaron en la Tregua de Navidad. Demuestra que no comenzó en Navidad, sino semanas antes, cuando una constante sucesión de interacciones estableció unos vínculos de seguridad, identidad y confianza. Ashworth compara la llegada de la Tregua de Navidad con «el afloramiento repentino de la totalidad de un iceberg, que quedó al descubierto para todos, incluidos los no combatientes, después de haber estado sumergido durante buena parte del conflicto».

Ashworth detalla la cercanía física de los dos bandos. Aunque esta cercanía implicaba violencia, también servía para establecer una conexión, por medio del olor de los alimentos que cocinaban y del ambiente de las charlas, las risas y las canciones. Ambos bandos sabían que se regían por el mismo ciclo diario de comidas, reabastecimientos y rotaciones de tropas. Ambos bandos lidiaban con la misma alternancia de una tediosa rutina y un terror despiadado propios de la vida militar. Ambos bandos odiaban el frío y la humedad. Ambos bandos echaban de menos su hogar. En palabras de Ashworth: «La empatía mutua que surgió entre los antagonistas vino propiciada por la proximidad de la guerra de trincheras y se vio reforzada cuando las suposiciones que unos hicieron en cuanto a las acciones que emprenderían los otros quedaron confirmadas por los hechos posteriores. Además, al familiarizarse con los "vecinos" de las trincheras de enfrente, los dos ejércitos entendieron que sus adversarios debían soportar las mismas penurias, que reaccionaban de igual modo y que, por lo tanto, no eran tan distintos de ellos mismos».

Las microtreguas se iniciaron a principios de noviembre. Los británicos y los alemanes tenían la costumbre de repartir las raciones por las trincheras más o menos a la misma hora. Mientras las tropas almorzaban, el fuego se interrumpía. Al día siguiente ocurría lo mismo a la misma hora. Y también al día siguiente. Y al siguiente. Más allá de los almuerzos, las microtreguas se extendieron a otros aspectos. Cuando la lluvia dificultaba las maniobras, ambos bandos dejaban de combatir. En determinados puestos, cuando por la noche arreciaba el frío, los soldados se aventuraban al exterior para recoger paja seca con la que improvisar un lecho, y los dos ejércitos cesaban los ataques para poder trabajar en paz. Estos alto el fuego tácitos se ampliaron para facilitar el uso de las líneas de suministro (en las afueras) y de las letrinas (también), así como para permitir la recogida de los caídos al término de una batalla.

Este tipo de interacciones parecen casuales, pero, en realidad, todas ellas implican un intercambio emocional evidente. Un bando deja de disparar y queda expuesto. El adversario percibe esa vulnerabilidad, pero no hace nada. Cada vez que ocurre, los dos ejércitos experimentan el alivio y la gratitud de esa conexión segura («Me han visto»).

Estas conexiones siguieron creciendo. En distintos sectores, ciertas áreas fueron clasificadas como «fuera de los límites» para el fuego de los francotiradores y delimitadas por medio de banderas blancas. Unos artilleros ingleses hablaban del «amigo francotirador» que tenían en el bando alemán, quien les enviaba un «beso de dulces sueños» todas las noches exactamente a las nueve y cuarto, hora tras la cual no volvía a abrir fuego hasta la mañana siguiente. En otro sector, cada vez que un ametrallador inglés entonaba la melodía de una canción popular titulada *Policeman's Holiday*, su igual alemán se le unía para cantar el estribillo. Las trincheras se convirtieron en un campo de cultivo de indicadores de pertenencia. Por sí mismos, estos indicadores no causaban un gran impacto. Pero en conjunto, al repetirse día tras día, daban lugar a las condiciones necesarias para crear conexiones más profundas.

De acuerdo con los relatos de los soldados, estas relaciones llegaban a ser muy estrechas. Una mañana, tras una cruenta batalla librada a finales de noviembre, Edward Hulse, capitán del II Batallón de la Guardia Escocesa, escribió acerca de un acto espontáneo de empatía.

La mañana siguiente al ataque, se entendió de forma tácita que el fuego debía cesar; así, en torno a las seis y cuarto de la mañana, vi aparecer los bustos de ocho o nueve alemanes, y entonces tres hombres salieron de sus parapetos, se arrastraron unos metros y empezaron a llevar adentro a algunos de nuestros compañeros, que estaban muertos o inconscientes […]. Ordené a mis hombres que no abrieran fuego, e intuyo que ocurrió igual a lo largo de toda la línea. Yo mismo ayudé a resguardarse a uno de los hombres, y no me dispararon ni un solo tiro.

Este suceso debió de marcar a Hulse. Semanas más tarde, destinado en un puesto ubicado tras las líneas, ideó un plan. Escribió:

Mañana regresaremos a las trincheras y allí pasaremos el día de Navidad. Con o sin alemanes [...] pensamos darnos un banquete, y entre otras viandas habrá bizcocho de ciruela para todo el batallón. Tengo un grupo selecto que, a la orden de mi voz estentórea, ocupará la posición de las trincheras más próxima al enemigo, del que nos separarán menos de cien metros. A partir de las diez de la noche lo agasajaremos con todo tipo de canciones, lo mismo con villancicos que con *Tipperary* […]. A mis compañeros les entusiasma la idea y piensan vociferar como nunca. La idea es acallar los ya repetitivos compases de *Deutschland über Alles* y de *Wacht am Rhein*, a los que se entregan todas las noches en sus trincheras.

Los alemanes respondieron con una ráfaga de canciones propias. Algunas eran muy parecidas y las piezas en latín eran idénticas. Desde el punto de vista de la psicología, entrañaban un significado que ambos bandos comprendían, un símbolo común de fe e identidad.

Hulse salió para reunirse con su homólogo, un oficial alemán. Los alemanes ayudaron a los ingleses a enterrar a sus muertos, y entonces el comandante alemán entregó a Hulse una medalla y unas cartas que pertenecían a un capitán inglés, que había fallecido y caído a la trinchera germana hacía una semana. Emocionado, Hulse se quitó el pañuelo de seda que llevaba al cuello y se lo entregó al alemán. «Fue increíble —escribiría más adelante—, si lo hubiese visto en una proyección cinematográfica, ¡habría jurado que era un montaje!»

A escasos kilómetros de allí, cerca de Ploegsteert Wood, el cabo John Ferguson, agazapado en una trinchera, se devanaba los sesos en un intento de entender lo que estaba sucediendo. Más adelante recogería por escrito:

> Estábamos gritándonos los unos a los otros, hasta que el Viejo Fritz [el oficial alemán] salió a gatas de la trinchera, y, en compañía de otros tres hombres de mi sección, fui a su encuentro [...]. «Sigan hasta la luz», nos indicó, y al acercarnos vimos que llevaba una bengala en la mano, y que estaba balanceándola para guiarnos.
>
> Nos estrechamos la mano, nos deseamos feliz Navidad los unos a los otros y enseguida empezamos a charlar como si nos conociéramos desde hacía años. Nos encontrábamos frente a sus alambradas, rodeados de alemanes. Fritz y yo estábamos en el centro, hablando, y de vez en cuando este les traducía a sus amigos lo que yo decía. Los demás se habían distribuido a nuestro alrededor para escucharnos, como si fuéramos oradores callejeros [...]. Cada vez que no encontraban las palabras en nuestro idioma, se ponían a gesticular para hacerse entender, y todos parecían desenvolverse bastante bien. ¡Allí estábamos, charlando y riendo, con aquellos hombres a los que hacía tan solo unas horas queríamos matar!

Hulse y Ferguson, al igual que tantos otros, no daban crédito. Pero en realidad no era tan asombroso. Para cuando los británicos y los alemanes salieron a aquel campo ya llevaban conversando desde hacía mucho tiempo, lanzándose ráfagas de indicadores de pertenencia que activaban sus amígdalas con un sencillo mensaje: «Somos iguales. Estamos seguros. Yo me acercaré si tú también te acercas». Y así lo hicieron.*

---

* El último capítulo de esta historia es menos inspirador pero igual de informativo. Los generales de ambos bandos, al saber de la tregua, le pusieron fin con relativa facilidad. Ordenaron que se llevaran a cabo asaltos, relevaron a las tropas para que dejaran de confraternizar y se apresuraron a disipar el clima de pertenencia que se había ido formando. Llegadas las Navidades siguientes, los ejércitos siguieron combatiendo con normalidad.

El experimento de una hora

Si hubiera que trasladarse a un escenario opuesto al de las trincheras de Flandes, una opción podría ser el centro de atención telefónica de WIPRO, en Bangalore, India. WIPRO es un centro de atención telefónica modélico. Está bien organizado. Funciona con gran eficacia. Su rutina de trabajo es la misma que la del resto de los centros de atención telefónica: un usuario llama para exponerles el problema que tiene con algún aparato o servicio y los agentes de WIPRO intentan darle una solución. WIPRO (pronunciado «uipro») es, en casi todos los sentidos, un buen sitio donde trabajar. Los salarios son competitivos y las instalaciones de muy buena calidad. La empresa trata bien a los empleados, a los que paga la comida, el transporte y diversas actividades sociales. Pero a finales de la primera década de 2000, WIPRO se topó con un problema persistente: los trabajadores abandonaban la empresa por decenas, entre el 50 % y el 70 % cada año. Se marchaban por los motivos habituales: eran jóvenes o habían encontrado otro empleo, pero también por otros motivos que no acertaban a definir. En general, no se sentían estrechamente vinculados al grupo.

Al principio, los directivos de WIPRO intentaron arreglar las cosas aumentando los incentivos. Subieron los sueldos, añadieron complementos y pregonaron el hecho de que la compañía había recibido un premio por ser uno de los mejores empleadores de India. Todos aquellos intentos tenían sentido, pero ninguno les sirvió de nada. Los trabajadores seguían marchándose al mismo ritmo que antes. Así, en otoño de 2010, con la ayuda de los investigadores Bradley Staats, Francesco Gino y Daniel Cable, decidieron poner en marcha un pequeño experimento.

Consistía en lo siguiente: se dividió a varios cientos de empleados nuevos en dos grupos, junto con el habitual grupo de control. El primer grupo recibió la formación de siempre, así como una hora de instrucción sobre la identidad de WIPRO. A estos novatos se les habló de los éxitos de la compañía, se les presentó a un «empleado estelar» y se les hizo preguntas acerca de la primera impresión que se habían llevado de WIPRO. Terminada esta hora, se les obsequió con una sudadera de lana bordada con el nombre de la empresa.

El segundo grupo también recibió la formación habitual, la cual se complementó con una hora durante la cual no se habló de la compañía sino del trabajador. A estos novatos se les formularon preguntas del tipo «¿Qué característica especial posees que te puede llevar a ser plenamente feliz y a rendir al máximo en el trabajo?». Durante un breve ejercicio, se les pidió que imaginaran que se hallaban perdidos en el mar y que reflexionaran sobre las habilidades especiales que podrían poner en práctica en una situación así. Al término de esa hora, se les obsequió con una sudadera de lana bordada con su nombre y con el de la compañía.

Staats no esperaba que el experimento arrojase conclusiones demasiado reveladoras. En el sector de los centros de atención telefónica los altos índices de desgaste eran la norma, y los de WIPRO se movían en la media de la industria. Además, no creía que una hora de aleccionamiento sirviera para provocar un impacto a largo plazo. Alguien que ha pasado los primeros años de su carrera trabajando como analista en Goldman Sachs no acostumbra a hacerse ilusiones. Sabe cómo funcionan las cosas en el mundo real.

«Estaba convencido de que el experimento no serviría de mucho —dice Staats—. Vi que el procedimiento de ingreso se efectuaba de un modo racional, transaccional e informativo. Te presentas en tu nuevo trabajo el primer día y pasas por un proceso definido con el que te enseñan cómo actuar y cómo comportarte, y ahí se queda todo.»

Siete meses después, cuando llegaron los resultados, Staats se quedó, como él mismo dice, «totalmente conmocionado». Los novatos del segundo grupo, mostraban un 250 % más de inclinación a seguir trabajando en WIPRO que los del primer grupo, y un 157 % más que los del grupo de control. La hora de formación había transformado la relación del segundo grupo con la empresa. Se pasó de la indiferencia a un elevado nivel de compromiso. La pregunta era por qué.

La respuesta está en los indicadores de pertenencia. Los novatos del primer grupo no vieron ninguna señal que acortase la distancia que los separaba de la empresa. Se les dio muchísima información acerca de WIPRO y de los empleados estelares, así como una bonita sudadera, pero nada que redujese esa distancia crucial.

Los novatos del segundo grupo, no obstante, se encontraron con un flujo constante de indicadores de pertenencia individualizados y enfocados a largo plazo que les activaron la amígdala. Todas estas señales eran sutiles (preguntas personales sobre sus mejores momentos en el trabajo, un ejercicio con el que mostrar sus habilidades personales, una sudadera bordada con su nombre). Proporcionar estas señales no era difícil, y marcaron una gran diferencia porque establecieron las bases de la seguridad psicológica en la que se sustentan la conexión y la identidad.

«Antes tenía una perspectiva errónea sobre esta cuestión —dice Staats—. Resulta que influye a muchos niveles el hecho de sentirnos a gusto al integrarnos en un grupo, al participar en la creación de una estructura en la que podemos ser nosotros mismos. Esas primeras interacciones tienen muchos efectos positivos.»

Tuve una charla con Dilip Kumar, uno de los novatos que habían participado en el experimento. Imaginaba que me contaría con pelos y señales cómo se desarrolló la sesión, pero la charla sobre el proceso de orientación fue muy parecida a la que mantuve con Jeff Dean acerca de la optimización del motor de AdWords, en cuanto a que su sentido de la pertenencia era tan firme que prácticamente había olvidado el experimento. «La verdad es que no recuerdo mucho de ese día, aparte de que me sentí muy motivado —me contó Kumar entre risas—. Supongo que salió bien, porque aquí sigo, y te aseguro que estoy muy contento.»

Lo contrario de la pertenencia

Aunque siempre es útil pasar tiempo con las culturas de éxito, también conviene asomarse al otro extremo y estudiar las culturas que fracasan. Las más instructivas tal vez sean aquellas en las que el grupo falla de un modo tan constante que podría calificarse de perfecto. Conozcamos la historia de los misileros de los Minuteman.

Los misileros de los Minuteman son unos 750 hombres y mujeres que trabajan como oficiales de lanzamiento de misiles nucleares.
Están destinados en bases remotas de las fuerzas aéreas en Wyoming,
Montana y Dakota del Norte, y su trabajo, para cuya realización
reciben un adiestramiento exhaustivo, consiste en controlar algunas
de las armas más potentes que existen, 450 misiles Minuteman III.
Estos proyectiles miden 20 metros de alto, pesan 35 toneladas y, a
una velocidad de 25.000 kilómetros por hora, pueden llegar a cualquier lugar del mundo en cuestión de treinta minutos, liberando una
potencia explosiva veinte veces superior a la de la bomba de Hiro-
shima.

Los misileros forman parte del sistema que, a finales de la década de los cuarenta, diseñó el general Curtis LeMay, una figura legendaria que tenía la misión de transformar el potencial nuclear
norteamericano en una máquina perfectamente engrasada. «Cada
hombre será una junta o un tubo; cada organización, un baluarte de
transistores, una batería de condensadores —escribió LeMay—.
Todo bien pulido, sin la menor señal de corrosión. Siempre alerta.»
LeMay, a quien la revista *Life* calificó como «el poli más duro del
mundo occidental», derrochaba seguridad en sí mismo. En cierta
ocasión, subió a bordo de un bombardero con un cigarrillo encen-
dido. Cuando uno de los tripulantes lo apercibió de que la aeronave podría explotar, el general replicó: «Que se atreva».

El sistema de LeMay funcionó bastante bien durante varias décadas.

Sin embargo, en los últimos años han venido observándose cada
vez más fallos.

- Agosto de 2007: un equipo de la base de las fuerzas aéreas de
  Minot cargó por error seis misiles de crucero rematados con
  una cabeza nuclear en un bombardero B-52 y los transportó
  a la base de las fuerzas aéreas de Barksdale, en Luisiana, donde los dejó desatendidos en medio de una pista de aterrizaje
  durante varias horas.
- Diciembre de 2007: el equipo de lanzamiento de misiles de
  Minot no superó la inspección subsiguiente. Los inspectores

observaron que, en el momento de la visita, varios encargados de seguridad de Minot estaban jugando a videojuegos en sus teléfonos móviles.

- 2008: un informe del Pentágono recogía «una merma significativa e inaceptable» en el compromiso de las fuerzas aéreas para con la misión nuclear. Un oficial del Pentágono llegó a decir: «Solo con pensar en ello se me pone el vello de punta».

- 2009: treinta toneladas de cohetes aceleradores sólidos terminaron en una cuneta de los alrededores de Minot, cuando el camión que los remolcaba se salió de la carretera.

- 2012: un estudio financiado con fondos federales determinó altos niveles de agotamiento, frustración, tensión y maltrato conyugal en la plantilla de misileros, y además mostró que el índice de los miembros juzgados en consejo de guerra dentro del departamento de misiles nucleares era más del doble que el del resto de las fuerzas aéreas. Como dijera uno de los misileros a los investigadores: «Nos da igual si las cosas funcionan bien o mal. Lo que no queremos es buscarnos problemas».

- 2013: los oficiales misileros de la base de las fuerzas aéreas de Minot recibieron la calificación de «marginal» (el equivalente a una nota de 4 sobre 10), mientras que a tres de los once miembros del equipo se los calificó de «no apto». A diecinueve oficiales se les prohibió participar en los lanzamientos de misiles y se les obligó a que volvieran a presentarse a los exámenes de aptitud. Según el teniente general James Kowalski, comandante de las tropas nucleares, la principal amenaza nuclear para América «sería un accidente. El mayor riesgo para mis soldados es que cometan una estupidez».

- 2014: los técnicos de mantenimiento de los Minuteman provocaron un accidente relacionado con un misil equipado con una cabeza nuclear que había en el silo.

Cada vez que se cometía una negligencia, los comandantes respondían con dureza. En palabras del general Kowalski, «No se trata de un problema de incompetencia. Se trata de que aquí hay gente con un problema de disciplina». Tras la racha de incidentes de la primavera de 2013, el teniente coronel Jay Folds escribió a las tropas de combate de Minot para decirles que habían «caído [...] y es hora de que volvamos a levantarnos». Hablaba de la «podredumbre de las filas» y de la necesidad de «machacar a los que rompan las reglas». «Tenemos que pulsar el botón de reinicio y reestructurar los equipos para que salgan de sus respectivas zonas de confort (que están podridas) y volver a construirlas desde los cimientos —escribió—. Apaguen el televisor y trabajen duro para mejorar su eficacia [...]. Les aconsejo que den lo mejor de sí mismos a diario. Tienen que estar preparados para someterse en el acto a una evaluación, una prueba, una visita de campo, una certificación, etc. Se acabó el ambiente académico que había hasta ahora, el ambiente donde se lo servíamos todo en una bandeja de plata porque así era como creíamos que había que tratar a las tropas de combate [...]. Traigan de inmediato ante mí a todo aquel oficial que hable mal de un superior o que critique la nueva cultura que vamos a construir. ¡Habrá consecuencias!»

En principio, parecía un contundente golpe en la mesa. El problema es que no sirvió de nada. Siguieron produciéndose negligencias. Algunos meses después del manifiesto de Folds, el general de división Michael Carey, encargado de supervisar los misiles balísticos intercontinentales del país, fue despedido por mala conducta durante un viaje oficial a Moscú.* Poco después, una investigación

---

* He aquí un extracto del informe de cuarenta y dos páginas que las fuerzas aéreas redactaron sobre la mala conducta de Carey: «Apareció bebido y, en la zona pública [del aeropuerto de Zúrich], se puso a jactarse de la importancia de su puesto de comandante de la única unidad nuclear que existía en el mundo y de que todos los días impedía que estallase una nueva guerra». En Moscú estuvo bebiendo con frecuencia y durante la visita a un monasterio intentó propinarle un puñetazo al guía ruso. No paró de interrumpir a los anfitriones durante los brindis ceremoniales, para proponer otros de su gusto personal. Buscó la compañía de las que él llamaba «dos tías buenas» y se marchó con ellas a un bar llamado La Cantina. Según el informe, insistió a los músicos para que le dejaran subir al escenario para cantar y tocar la guitarra junto a ellos. Según consta: «Los músicos no permitieron que el gen. de div. Carey se uniera a ellos».

efectuada en la base de las fuerzas aéreas de Malmstrom concluyó con la acusación de dos misileros por posesión, consumo y distribución ilegal de cocaína, éxtasis y sales de baño. Cuando los investigadores examinaron los teléfonos móviles de los oficiales acusados, destaparon un elaborado sistema con el que superar las pruebas de aptitud, lo que llevó a abrir otra investigación en la que se vieron implicados treinta y cuatro de los misileros de Malmstrom, además de otros sesenta que, sabiendo del fraude, no los denunciaron.

Todo el mundo coincide en que la cultura de los misileros no funciona. La pregunta esencial es por qué. Si interpretamos la cultura como la extensión de la personalidad de un grupo, su ADN, veremos en los misileros un hatajo de vagos y egoístas sin personalidad. De ahí las soluciones contundentes a las que recurrieron los mandos de las fuerzas aéreas, cuyo fracaso lleva a que se confirme la suposición inicial: los misileros son vagos, inmaduros y egoístas.

No obstante, si estudiamos la cultura de los misileros desde la perspectiva de los indicadores de pertenencia, la cosa cambia. Los indicadores de pertenencia no tienen que ver con la personalidad ni con la disciplina, sino con la formación de un entorno que responda a las preguntas básicas: «¿Estamos conectados?», «¿Tenemos un futuro en común?», «¿Estamos seguros?». Examinémoslas una por una.

- ¿Estamos conectados?: Es difícil imaginar un ámbito con menos conexión física, social y emocional que el de los misileros. Pasan las rotaciones de veinticuatro horas encerrados con sus compañeros en los fríos y apretados silos de misiles, donde tienen que trabajar con equipos tecnológicos de la era de Eisenhower. «Estos sitios han estado ocupados de manera continua desde hace cuarenta años —me contó un misilero—. Se limpian, aunque no mucho. Los conductos de las alcantarillas están corroídos. Hay asbesto por todos los rincones. El personal detesta entrar aquí.»
- ¿Tenemos un futuro en común?: Cuando se construyeron los silos, los misileros eran una pieza tan fundamental para la defensa de Estados Unidos como sus hermanos pilotos; existía

la posibilidad real de que el presidente emitiera una orden de lanzamiento. Servir como misilero era un trampolín para emprender una carrera en el mando espacial o en el de combate aéreo, y también en otros departamentos. Pero el fin de la guerra fría cambió las perspectivas de los misileros. Se forman para una misión que nunca se va a llevar a cabo. No es de extrañar que las carreras relacionadas con los misiles hayan perdido relevancia o incluso desaparecido por completo.

«Esta área tiene los días contados —asegura Bruce Blair, un exmisilero que ahora trabaja como becario de investigación en el programa de ciencias y seguridad global de Princeton—. Nadie quiere quedarse en el departamento de misiles. No hay ninguna posibilidad de que te asciendan. Los de misiles nunca llegan a ninguna parte. Y no solo eso, además el mando ha suprimido algunas de las opciones de formación que permitían pasar de nuclear a otras áreas, lo que es como decir "amigos, nunca saldréis del baúl de los juguetes rotos".»

«Los dos primeros meses es muy emocionante —manifestó otro antiguo misilero—. Pero pronto te cansas de la novedad. Es lo mismo todos los días. Al final te das cuenta de que las cosas no van a cambiar, de que nada va a cambiar nunca.»

- ¿Estamos seguros?: El mayor riesgo al que se enfrentan los misileros no son los proyectiles en sí sino los constantes exámenes de aptitud, de certificación y de disposición nuclear, cada uno de los cuales exige un resultado casi perfecto y puede desbaratar su carrera. A menudo estas pruebas exigen la memorización de una carpeta de diez centímetros de grosor llena de hojas con códigos de lanzamiento por las dos caras. Los misileros deben tener un resultado del 100 % en determinadas secciones de las pruebas; lo contrario significa un suspenso.

«Las listas de comprobación son de una extensión y un nivel de detalle imposibles, absurdamente rígidas y estrictas. Podría decirse que son inhumanas —afirma Blair—. O lo haces perfecto o eres un inútil. El resultado es que, cuando te alejas del escrutinio de las autoridades y vas a un centro de control subterráneo de lanzamiento remoto con otra persona, cierras la puerta antiexplosivos de ocho toneladas, desechas los estándares y empiezas a tomar atajos.»

Como me dijo un misilero, «una inexactitud mínima se interpreta como si estuvieras violando una orden de lanzamiento del presidente. ¿Que cometes un error grave? Estás acabado. Eres lo peor. No basta con hacer un buen trabajo. O lo clavas o recibes tu merecido. Si admites un error o si pides ayuda, echas por tierra tu reputación. Venimos a trabajar como perritos atemorizados. Y así, entras en un bucle de supervisiones. Si ocurre algo malo, todos ponen el grito en el cielo, y entonces se aplican más evaluaciones, lo que hace que todos acaben más desmoralizados y más agotados y, así, que se cometan más errores.»

Todo esto no hace sino agravar un huracán de indicadores de antipertenencia diseñado a la perfección, donde no hay rastro de conexión, ni futuro ni seguridad. Vista de esta manera, la cultura de los misileros no es el resultado de una falta interna de disciplina y de personalidad, sino de un entorno hecho a medida para impedir la cohesión. De hecho, los antiguos oficiales de lanzamiento con los que conversé eran personas inteligentes, elocuentes y reflexivas que parecían llevar una vida más rica y plena tras haber dejado atrás la despedazada cultura de los misileros. La diferencia no radicaba en ellos, sino en la falta de seguridad y de pertenencia de esa cultura.

Cabe contrastar la cultura disfuncional de los misileros con la de sus homólogos de la Armada, que operan en los submarinos nucleares. *A priori*, los dos grupos parecen más o menos iguales: ambos pasan gran parte del tiempo aislados del resto de la sociedad, ambos están obligados a memorizar y a aplicar protocolos tediosos y ambos trabajan en misiones para una disuasión nuclear de la Guerra Fría cuyo tiempo ya queda atrás. Las diferencias se observan, sin embargo, en la cantidad de indicadores de pertenencia que ofrecen sus respectivos entornos. Los tripulantes de los submarinos se encuentran cerca físicamente los unos de los otros, participan en actividades útiles (patrullas globales que emprenden misiones cuyo objetivo no se circunscribe a la disuasión) y forman parte de una carrera profesional que puede llevarlos a los puestos más altos de la Armada. Tal vez a consecuencia de todo esto, la flota de los submarinos nucleares ha eludido hasta ahora buena parte de los problemas que acucian a los misileros, y en muchos casos ha desarrollado culturas de muy alto rendimiento.

Hasta ahora, hemos venido explorando el proceso de creación de la pertenencia. Ahora abordaremos un enfoque más práctico sobre la aplicación de este proceso en el mundo real. Para ello, conoceremos a dos líderes que fomentan la pertenencia en sus respectivos grupos a través de unos métodos muy diferentes pero igual de eficaces. Primero, un entrenador de baloncesto nos hablará de las habilidades necesarias para establecer relaciones. Después un atípico multimillonario del comercio al por menor nos explicará cómo crea una pertenencia de primer nivel por medio de la sistematización y el diseño.

4

Cómo infundir el sentimiento de pertenencia

El tejedor de relaciones

Hace un tiempo, el escritor Neil Paine se dispuso a determinar quién era el mejor entrenador de la National Basketball Association de la actualidad. Ideó un algoritmo con los índices de rendimiento de los jugadores para predecir cuántos partidos debería ganar un equipo. Realizó un cálculo para todos los entrenadores de la NBA habidos desde 1979 con el fin de medir las «victorias por encima de las expectativas», es decir, las veces que el equipo de un entrenador ganaba un partido que, si se tenían en cuenta solo las habilidades de los jugadores, no tenían posibilidad de ganar. Después reflejó los resultados en un gráfico.

En general, el gráfico de Paine muestra un mundo ordenado y predecible. La gran mayoría de los entrenadores ganan más o menos el número de partidos que se espera que ganen dadas las habilidades de sus jugadores, salvo en un caso, el de Gregg Popovich. Entrenador de los San Antonio Spurs, es el único al que puede encontrarse en las afueras del gráfico, un mundo en sí mismo. Bajo su liderazgo, los Spurs han ganado nada menos que 117 partidos más de los esperados, más del doble que el índice del entrenador más próximo. Por eso los Spurs llevan dos décadas siendo el equipo más exitoso del deporte estadounidense, período durante el que han ganado cinco campeonatos y un porcentaje de partidos mayor que el de los New England Patriots, los Saint Louis Cardinals y cualquier otra franquicia histórica. El gráfico de Paine se llama «Gregg Popovich es imposible».

No es difícil saber por qué los equipos de Popovich suelen ganar, ya que la evidencia está en la propia cancha. Los Spurs realizan infinidad de maniobras desinteresadas (pases adicionales, defensas atentas, carreras incesantes) que anteponen el interés del equipo al del jugador.* «Sin egoísmo —decía LeBron James—. Los tíos se mueven, tapan, pasan… ¿Que tienes una ocasión? La aprovechas. Pero siempre por el equipo, nunca por uno mismo.» Jugar contra ellos, comentaba Marcin Gortat, de los Washington Wizards, «era como escuchar a Mozart». Lo que sí es difícil es saber cómo Popovich consigue algo así.

A sus sesenta y nueve años, Popovich es un hombre duro y autoritario de la vieja escuela, sin ningún tipo de complejos, un inflexible veterano salido de la Academia de las Fuerzas Aéreas para quien lo más importante es la disciplina. Se dice de él que, por su actitud, recuerda a un bulldog con dispepsia y que tiene el genio de un volcán, cuya lava termina proyectada sobre las estrellas de su equipo. Algunas de sus erupciones más memorables pueden encontrarse en YouTube, con títulos como *Popovich grita y hunde a Tiago Splitter*, *Popovich dice a Danny Green que cierre la bocaza* o *Popovich enfurecido con Tony Parker*. En resumen, se nos presenta el siguiente interrogante: ¿cómo es posible que un entrenador tan malhumorado y exigente haya formado el equipo más cohesionado del mundo del deporte?

Una respuesta habitual es que a los Spurs se les da bien reclutar y preparar jugadores desinteresados, trabajadores y centrados en la

---

* Esto choca todavía más si se tiene en cuenta lo incentivado que está el egoísmo en la NBA. En 2013, los investigadores Eric Uhlmann y Christopher Barnes analizaron los partidos de la NBA que se habían jugado a lo largo de nueve temporadas, y compararon el comportamiento de la temporada normal con el de las eliminatorias. Descubrieron que los jugadores que realizaban un lanzamiento durante las eliminatorias recibían 22.044,55 dólares si encestaban. Los jugadores que le pasaban el balón a un compañero que realizaba un lanzamiento perdían 6.116,69 dólares. Pasar el balón en lugar de tirar a canasta equivale a regalarle a un compañero 28.161,24 dólares.

labor de equipo. Se trata de una explicación razonable, puesto que, sin duda, los Spurs se preocupan mucho de seleccionar jugadores sobresalientes. (El formulario de evaluación incluye una casilla con la etiqueta «No es un Spur». Si se marca, significa que no se mostrará interés por el jugador, por mucho talento que derroche.)

Pero si profundizamos un poco más, esta explicación no termina de cuadrar. Muchos otros equipos de la NBA ponen el mismo empeño en buscar, seleccionar y preparar a candidatos trabajadores y sobresalientes centrados en el juego de equipo. Además, tampoco es que todos los componentes de los Spurs cumplan con este perfil ideal. Por ejemplo, cuando Boris Diaw jugaba para Charlotte, se le criticaba por ser vago, juerguista y rechoncho; a Patty Mills se lo expulsó del equipo chino en el que jugaba por, presuntamente, fingir una lesión de los isquiotibiales, y a Danny Green se lo echó del Cleveland debido, en parte, a la laxitud con la que defendía al equipo.

Por lo tanto, los Spurs no se limitan a seleccionar a jugadores desinteresados o a obligarlos a jugar así. Algo hace que estos jugadores (incluso los que demostraban egoísmo en otros equipos) se comporten de un modo desinteresado cuando se ponen la camiseta de los Spurs. La pregunta es en qué consiste ese algo.

En la mañana del 4 de abril de 2014, se respira un ambiente incómodo en las instalaciones de entrenamiento del San Antonio. La noche anterior, en uno de los partidos más importantes de la temporada normal, los Spurs habían sido derrotados por 106 a 94 por su archienemigo, el Oklahoma City Thunder. El problema, sin embargo, no era que hubiesen perdido, sino la manera en que lo habían hecho. El encuentro había tenido un comienzo prometedor, con una pronta ventaja de 20 a 9 para los Spurs. Pero después, el equipo se abandonó a una racha de canastas fallidas y de pérdidas del balón, muchas por causa del escolta Marco Belinelli. Fue precisamente el tipo de derrota desmoralizadora que el equipo quería evitar ante la proximidad de las eliminatorias. Ahora, al empezar el entrenamiento, la atmósfera está caldeada, se palpa la tensión.

Llega Gregg Popovich. Viste una camiseta holgada del Jordan's Snack Bar en Ellsworth, Maine, y unos pantalones cortos un par de tallas demasiado grandes. Tiene ensortijado el cabello ralo y trae una bandeja de cartón con fruta y un tenedor de plástico, una sonrisa cruzada de lado en la cara. Más que el comandante de un ejército, parece un papá desaliñado en una merienda campestre. Deja a un lado la bandeja y empieza a dar vueltas por el gimnasio mientras charla con los jugadores. Les toca el codo, el hombro, el brazo. Les habla en distintos idiomas (los jugadores de los Spurs proceden de siete países). Se ríe. Le brillan los ojos, cómplices, atentos. Cuando se acerca a Belinelli, ensancha la sonrisa y la tuerce un poco más. Le dice algo y, en cuanto Belinelli le devuelve la broma, se enzarzan en una breve pelea de mentira. Es una escena chocante; un entrenador sexagenario y canoso forcejeando con un italiano de pelo rizado y de casi dos metros de estatura.

«Estoy seguro de que eso fue premeditado —dice R. C. Buford, director general de los Spurs, que lleva veinte años trabajando con Popovich—. Quería cerciorarse de que Belinelli se encontraba bien. Así es como Pop entiende las relaciones. Siempre te pone otra copa.»

Si Popovich quiere conectar con un jugador, se le acerca hasta que sus caras quedan casi pegadas; es una especie de desafío, una prueba de proximidad. No para de dar vueltas durante todo el calentamiento, para conectar con unos y otros. Cuando viene de visita un antiguo jugador, Popovich lo recibe con los brazos abiertos y una sonrisa radiante. Hablan durante unos minutos, se ponen al corriente de los temas familiares y profesionales, de la vida. «Te quiero, hermano», le dice Popovich al despedirse.

«Muchos entrenadores pueden gritarte o ser simpáticos, pero lo que hace Pop es distinto —relata el entrenador auxiliar Chip Engelland—. Hay dos cosas que para él son imprescindibles: siempre te dice la verdad, sin andarse por las ramas, pero al mismo tiempo te apoya a muerte.»

La relación de Popovich con la veterana estrella de los Spurs Tim Duncan es un claro ejemplo de esto último. Antes de reclutar a Duncan, durante la primera selección general de 1997, Gregg Popovich tomó un avión hacia Saint Croix, en las Islas Vírgenes de

Estados Unidos, donde vivía aquel, con el fin de conocer a la estrella universitaria. No fue un encuentro típico, sino que pasaron cuatro días recorriendo la isla, tiempo que dedicaron a visitar a la familia y a los amigos de Duncan, a nadar en el mar y a hablar de todo un poco, salvo de baloncesto. Algo así no es frecuente entre entrenadores y jugadores, quienes, en general, se comunican a base de mensajes breves y medidos al milímetro. Pero Popovich quería conectar, ahondar un poco más y ver si Duncan era un candidato lo bastante duro, desinteresado y humilde para formar un equipo en torno a él. Duncan y Popovich terminaron estableciendo una suerte de relación paternofilial, una conexión de confianza absoluta y despojada de formalidades que sirve de ejemplo claro para otros jugadores, sobre todo en cuanto a asumir el hábito de Popovich de soltar verdades a voz en cuello. Como dijo más de un Spur, «si Tim aguanta que Pop lo entrene, ¿cómo no voy a aguantar yo?».

Unos minutos antes, los Spurs se habían reunido en la sala de vídeo para repasar el partido contra Oklahoma City. Se les notaba nerviosos en los asientos, a la espera de que Popovich detallara las pifias cometidas la noche anterior, de que les indicara lo que habían hecho mal y lo que podían hacer mejor. Pero cuando Popovich dio al botón, en la pantalla apareció un documental de la CNN sobre el quincuagésimo aniversario de la Ley de Derecho al Voto. El equipo vio en silencio las secciones dedicadas a Martin Luther King, a Lyndon Johnson y a las marchas de Selma. Cuando el documental acabó, Popovich empezó a hacerles preguntas. Siempre hace preguntas, las mismas preguntas, personales, directas, centradas en lo fundamental. «¿Qué te ha parecido?», ¿Qué habrías hecho en una situación así?».

Los jugadores reflexionaban, respondían, asentían. La sala se reorientó y se convirtió en una especie de seminario, en una conversación. Hablaban. Nadie se sorprendió, ya que formaba parte de la rutina de los Spurs. Popovich proponía debates similares sobre la guerra de Siria, el cambio de gobierno de Argentina, el matrimonio homosexual, el racismo institucionalizado, el terrorismo… En realidad, el tema daba igual siempre que transmitiera la idea que él quería expresar, que hay cosas más importantes que el baloncesto con las que todos estamos conectados.

«Los deportistas profesionales corren el riesgo de quedarse aislados con demasiada facilidad —señala Buford—. Pop aprovecha estos momentos para conectarnos. Le encanta que procedamos de sitios tan diferentes. Es algo que podría distanciarnos, pero él trabaja para que todos nos sintamos unidos e integrados dentro de algo mayor que nosotros mismos.»

«Abrazarlos y estrecharlos —suele indicarles Popovich a los entrenadores auxiliares—. Tenemos que abrazarlos y estrecharlos.»*

En gran medida, esa conexión se gesta en torno a la mesa durante la cena, ya que Popovich adora la comida y el vino. Esa adoración puede apreciarse en el tamaño de su bodega casera, en que posee parte de unos viñedos de Oregón y en el televisor de su despacho, donde siempre tiene sintonizado el canal de gastronomía. Pero, sobre todo, se aprecia en el hecho de que emplee la comida y el vino como puente para establecer relaciones con los jugadores.

«La comida y el vino no son solo comida y vino —dice Buford—. Son el vehículo mediante el cual crea y mantiene las relaciones, y te aseguro que pone mucho empeño en forjar esos vínculos.»

Los Spurs comen juntos casi con la misma frecuencia con la que juegan juntos. En primer lugar, están las cenas de equipo, reuniones habituales del equipo al completo. Después están las cenas de grupos más pequeños, encuentros de algunos de los jugadores. Por último, todas las noches que pasamos fuera antes de un partido, están las cenas turísticas. Popovich las organiza, elige los restaurantes, a veces dos por noche, por explorar (la plantilla suele bromear diciendo que la bulimia es un requisito para este trabajo). No se trata de cenas que se olviden al día siguiente. Al final de cada temporada, todos

---

* Popovich acostumbra a establecer estos vínculos a pesar de que (o quizá precisamente porque) reniega de la tecnología. No usa el ordenador; su asistente le imprime los correos electrónicos. Aunque el año pasado la plantilla lo convenció para que se comprara un iPhone y pudiera recibir mensajes de texto, todavía no ha enviado uno solo. Prefiere hablar con los demás siempre en persona, cara a cara.

los entrenadores reciben como recuerdo un libro forrado en cuero con los menús y las etiquetas de los vinos que se consumieron en cada local.

«Puedes estar sentado en el avión y, de pronto, te cae una revista en el regazo, y cuando levantas la vista, ahí está Pop —recuerda Sean Marks, antes entrenador auxiliar de los Spurs y ahora director general de los Brooklyn Nets—. Ha señalado con un círculo un artículo que habla de tu ciudad natal y quiere saber si es veraz, dónde te gusta comer y qué tipo de vino sueles tomar. Y en un santiamén empieza a sugerirte establecimientos donde deberías cenar y a hacer reservas para que los visites con tu esposa o tu novia. Y cuando vas, quiere saberlo todo, qué vino probaste, qué platos pediste, tras lo cual surge otro sitio adonde ir. Así es como empieza. Y después ya no termina nunca.»

Una creencia errónea acerca de las culturas de mayor éxito es que en ellas todo es alegría y diversión. Por regla general no es así. Se buscan el refuerzo y el compromiso, pero el fundamento es que sus miembros, más que alcanzar la felicidad, pretenden resolver juntos problemas complejos. Esto implica altos niveles de sinceridad y de verdades incómodas, cuando llega el momento de determinar en qué punto se encuentra el grupo y en qué punto debería encontrarse. Larry Page dio lugar a uno de estos momentos cuando clavó la nota de ESTOS ANUNCIOS SON UN ASCO en la cocina de Google. Popovich comunica esas evaluaciones a sus jugadores todos los días, por lo general a un volumen bien audible. Pero ¿cómo se las apañan Popovich y otros líderes para expresarse con firmeza y sinceridad sin sembrar la disconformidad y la desilusión? ¿Cómo se elabora una buena evaluación?

Hace unos años un equipo de psicólogos de Stanford, Yale y Columbia pidió a unos estudiantes de primaria que escribieran una redacción, que los maestros evaluaron de distintas maneras. Los investigadores observaron que un tipo de evaluación, en particular, ensalzaba tanto el esfuerzo y los resultados del alumno que lo catalogaron de «evaluación mágica». Los alumnos que la habían recibido repasaron con más frecuencia que los que no, y su rendimiento mejoró de forma notable. La evaluación no era en absoluto elaborada. De hecho, se componía de una única frase.

> Te hago estos comentarios porque tengo muchas expectativas puestas en ti y sé que estarás a la altura.

Nada más. Ni siquiera veinte palabras. El comentario no da información acerca de cómo mejorar. Aun así, resulta eficaz porque proyecta una ráfaga de indicadores de pertenencia. De hecho, si leemos el mensaje con detenimiento, observaremos tres indicadores distintos:

1. Formas parte del grupo.
2. Este es un grupo especial; aquí las expectativas son muy altas.
3. Creo que puedes cumplir esas expectativas.

Estas señales expresan un mensaje claro que activa el subconsciente: «Este es un lugar seguro donde esforzarse». Asimismo, nos permite entender mejor la razón por la que los métodos de Popovich son tan eficaces. Su forma de comunicarse incluye tres clases de indicadores de pertenencia.

- Conexión personal y cercana (lenguaje corporal, atención y un comportamiento que se traducen como «Me importas»).
- Evaluación del rendimiento (entrenamiento y críticas duras constantes, que se traducen como «Aquí las expectativas son muy altas»).
- Perspectiva del entorno (debates abiertos sobre política, historia y gastronomía que se traducen como «La vida es más importante que el baloncesto»).

Popovich alterna entre estas tres señales para relacionarse con su equipo, de la misma forma que un director de cine avezado maneja la cámara. Primero fija un primer plano, que crea una conexión individualizada. Luego abre un plano medio, con el que muestra a los jugadores la realidad de su rendimiento. Por último, pasa a un plano general, para que vean el contexto en el que sus interacciones acontecen. Por separado, estas señales habrían causado un efecto reducido. Pero, combinadas, dan lugar a un flujo constante de evaluación mágica. Cada cena, cada toque en el codo, cada seminario improvisado sobre política e historia cuenta a la hora de tejer un patrón relacional («Formas parte del grupo», «Este es un grupo especial», «Creo que puedes cumplir esas expectativas»). Dicho de otro modo, los gritos de Popovich funcionan, en parte porque no son simples gritos. Los da junto con una abundancia de indicadores complementarios que afirman y refuerzan el tejido de las relaciones.

Si se pregunta a los Spurs por el momento de mayor cohesión del equipo, muchos responden lo mismo; mencionan una noche en la que no solo no ganaron, sino que, de hecho, sufrieron su derrota más dolorosa.

Sucedió el 18 de junio de 2013, en Miami. Los Spurs estaban a punto de ganar su quinto campeonato de la NBA con una victoria histórica, tras haber conseguido una ventaja de tres partidos a dos durante la serie al mejor de siete frente al Miami Heat, que partía como claro favorito. Antes del encuentro, los Spurs estaban tan confiados que planeaban celebrar el triunfo en una amplia sala privada de Il Gabbiano, uno de sus restaurantes predilectos.

Desde el salto inicial, el sexto partido fue muy disputado, y la ventaja saltaba de un equipo a otro. Cuando ya se acercaba el final del cuarto cuarto, los Spurs entraron en una racha de 8 a 0, con la que obtuvieron una ventaja de 94 a 89, con 28,2 segundos restantes en el reloj. El Heat se vino abajo; el público enmudeció; el campeonato parecía asegurado. Según las estadísticas, las probabilidades de que los Spurs se alzaran con la victoria, llegados a este punto, eran de 66 a 1. El personal de seguridad empezó a distribuirse por los flancos de la cancha, cuerdas en mano, para impedir que el público asaltase enfervorizado el terreno de juego. En el vestuario de los Spurs, los asistentes pusieron el champán frío en cubos de hielo y cubrieron las taquillas con cortinas de plástico.

Entonces, se produjo el desastre.

LeBron James intentó encestar desde lejos y falló, pero el Heat acorraló el rebote y James marcó un triple; 94 a 92. Los Spurs sufrieron una falta y encestaron uno de los dos tiros libres correspondientes, con lo que pasaron a llevar una ventaja de tres puntos a diecinueve segundos del final. Al Miami le quedaba una posesión para intentar igualar el marcador. La defensa de los Spurs se fortaleció, lo que presionó al Heat y obligó a James a intentar un triple largo, que falló dolorosamente. Por un segundo, mientras el balón camboleaba sobre el aro, el partido pareció quedar sentenciado. En ese instante, Chris Bosh, del Miami, birló el rebote y le pasó el balón a su compañero Ray Allen, situado en la esquina. Allen retrocedió unos pasos e hizo volar un triple que encestó, más que como un balón, como si de un puñal se tratara. Empate. El desenlace se llevó a la prórroga, tiempo durante el que un revitalizado Heat mantuvo la presión. El resultado final fue de 103 a 100. Los Spurs habían pasado de una victoria casi cantada a padecer una de las derrotas más devastadoras de la historia de la NBA.

Los Spurs no daban crédito. Tony Parker se sentó y, tras cubrirse la cabeza con una toalla, rompió a llorar. «Nunca había visto al equipo tan hundido», comentaría con posterioridad. Tim Duncan se encontraba tendido en medio de la cancha, incapaz de moverse. Manu Ginobili no podía mirar a nadie a la cara. «Era como si nos hubieran matado —dijo Sean Marks—. Estábamos hechos polvo.»

Tanto los jugadores como los entrenadores dieron por sentado que el equipo cancelaría la cena en Il Gabbiano y se irían al hotel. Pero Popovich tenía otros planes. «Pop dijo: "¡Familia! —le contó a un periodista Brett Brown, entonces entrenador asistente—. Quiero veros a todos desfilando hacia el restaurante".»

Popovich salió en un coche junto con Marks, antes que el equipo. Cuando llegaron al restaurante vacío, Popovich se puso a prepararlo todo. Hizo mover las mesas; quería que el equipo al completo se sentara en el centro, con los entrenadores cerca, rodeados por un círculo externo con las familias. Pidió los entrantes y escogió los platos preferidos de los jugadores. Eligió el vino y solicitó a los camareros que lo descorcharan. Por último, se sentó.

«Nunca había visto a nadie tan triste —recuerda Marks—. Se quedó sentado en la silla, mudo, desolado todavía. Al cabo de unos instantes, aunque cueste creerlo, se creció y lo superó. Tomó un trago de vino y respiró hondo. Le hizo frente a la desolación y se centró en lo que el equipo necesitaba. En ese momento, el autobús se detuvo en la puerta.»

Popovich se levantó y saludó a todos y cada uno de los jugadores a medida que entraban por la puerta. Unos se llevaban un abrazo; otros, una sonrisa, y a algunos les contaba un chiste o les daba una palmada floja en el brazo. El vino empezó a correr. Se sentaron y cenaron todos juntos. Popovich recorrió la sala, conectando con los jugadores uno a uno. Más adelante se dijo que se había portado como el padre de la novia en una boda, porque les dedicó un tiempo a todos ellos, para darles las gracias y reconocer su trabajo. En lugar de pronunciarse discursos, solo hubo conversaciones normales. En un momento que podría haberse colmado de frustración, recriminaciones y rabia, él puso otra copa. Charlaron acerca del partido. Algunos lloraron. Empezaron a salir de su silencio, a superar la derrota y a conectar. Incluso terminaron riendo.

«Cuando lo vi reaccionar así, me costaba creerlo —dice R. C. Buford—. Al acabar la cena, todo parecía haber vuelto a la normalidad. Volvíamos a ser un equipo. Es lo más grande que he visto nunca en el mundo del deporte.»*

---

* Los Spurs jugaron el séptimo partido haciendo gala de una cohesión y una energía superiores a las del sexto encuentro, aunque finalmente sucumbieron ante Miami. Los Spurs guardaron el champán que quedaba por abrir para descorcharlo al año siguiente, cuando vencieron al Heat en cinco de los encuentros y se alzaron con su quinto campeonato.

5

Cómo planificar el sentimiento de pertenencia

El arquitecto del invernadero

Tony Hsieh no era un niño normal. Era brillante, tocaba cuatro instrumentos musicales y coleccionaba sobresalientes sin molestarse apenas en abrir un solo libro. Hsieh (pronunciado «Shai»), que también era tímido, prefería pasar el tiempo a solas con sus pensamientos en lugar de socializar. Le gustaban los rompecabezas, le encantaba la sensación que le producía hallar soluciones creativas para problemas difíciles. Su serie de televisión favorita era *MacGyver*, protagonizada por un ingenioso agente secreto que se servía de todo tipo de materiales cotidianos para salir de apuros imposibles y llevar a los malos ante la justicia. Esta idea, la de que los problemas complicados podían resolverse con elegancia, lo maravillaba. Y así, a una edad muy temprana, decidió seguir el ejemplo de MacGyver para abrirse camino en la vida.

Por ejemplo, ante la insistencia de sus padres de que ensayara con el piano, el violín, la trompeta y la trompa, Hsieh se inspiró en MacGyver para desarrollar un método consistente en grabar las sesiones de ensayo en cintas de casete, que después reproducía desde detrás de la puerta cerrada de su dormitorio, de manera que sus confiados padres pensaban que estaba aplicándose a fondo. En el instituto, trucó las conexiones telefónicas a lo MacGyver para poder llamar a las líneas eróticas sin ningún coste (lo que disparó su popularidad entre los chicos).

El patrón continuó en Harvard, donde macgyverizó tanto los estudios (ordenaba los apuntes de las clases para luego venderlos a veinte dólares el ejemplar) como los tentempiés (compró varios hornos para cocinar pizzas y venderlas más baratas que las del local habitual). Tras la graduación, fundó una compañía de *software*, Link Exchange, que sus socios y él vendieron a Microsoft en 1998. Por aquel entonces tenía veinticinco años, acumulaba varios millones de dólares en sus bolsillos y podía permitirse no trabajar un solo día más en su vida. Empezó a buscar alguna otra cosa que resolver.

La encontró en un comercio en línea, ShoeSite.com. *A priori*, no parecía una inversión muy inteligente; al fin y al cabo, eran los poco prometedores primeros días del comercio electrónico, la era en que estalló la burbuja con fracasos como el de Pets.com. Pero para Hsieh estos fracasos eran la oportunidad de trucar el sistema. Se le ocurrió que podía fundar una empresa que reinventara la venta en línea por medio de una cultura empresarial sólida y característica. Quería crear una atmósfera de «diversión y rareza». El sitio no ofrecería tan solo calzado sino también lo que Hsieh llamaba «conexiones afectivas personales», tanto dentro como fuera de la empresa. Algunos meses después de realizar la inversión inicial, Hsieh se convirtió en el director general; rebautizó la compañía con el nombre de Zappos.

Al principio, a Zappos no le fue demasiado bien. Tuvieron algunos de los problemas que suelen afectar a las empresas jóvenes (de suministro, de logística, de ejecución). En un momento dado, había varios empleados viviendo en el apartamento de Hsieh en San Francisco. Pero a principios de 2000, las cosas empezaron a mejorar, primero poco a poco, y después a un ritmo vertiginoso. En 2002 los beneficios fueron de 32 millones de dólares; en 2003, de 70 millones de dólares; en 2004, de 184 millones de dólares. La compañía se trasladó a Las Vegas y siguió creciendo de tal forma que en 2009 alcanzó unos beneficios de 1.100 millones de dólares. En la actualidad, Zappos, que se vendió a Amazon, da trabajo a mil quinientos empleados y acumula beneficios de dos mil millones de dólares. Año tras año se cuenta entre las empresas del país más atractivas para los empleados y recibe cientos de candidaturas cada vez que anuncia una vacante. Es más fácil conseguir una plaza en Harvard que un puesto en Zappos.

En 2009, Hsieh dio un paso más allá del mundo del comercio y compró el terreno de doce hectáreas del centro de Las Vegas que rodea la sede de Zappos, con la audaz idea de ayudar a resucitarlo. Esta zona no era Las Vegas de relumbre propia del Strip, sino un batiburrillo desolado de casinos venidos a menos, de aparcamientos vacíos y de hoteles decadentes que, como dijo alguien al respecto, aspiraba a la categoría de yermo. Así, Hsieh se propuso comprobar si era posible macgyverizar una ciudad, es decir, emplear los principios de Zappos para reconstruir un centro urbano deprimido.

Antes de encontrarme con Hsieh, visito su apartamento, ubicado en la planta veintitrés de un edificio cercano. No voy solo; me acompañan varias personas más y un guía. Hsieh, encarnación de los valores de transparencia radical en los que se fundamenta Zappos, permite que las visitas guiadas recorran su cocina, su salón, su frondosa «sala selvática», cuyas paredes y cuyo techo están cubiertos de vegetación, y los bien abastecidos aparadores, lo que produce una extraña sensación de intimidad, al ver una barrita de cereales a medio comer en la encimera de la cocina o los calcetines tirados en el suelo.

En la pared del salón puede verse su plan: un enorme mapa satelital del Proyecto Centro Urbano, con el perímetro delimitado en amarillo fosforescente, cada lote etiquetado con lo que parece ser un conjunto de posibilidades siempre cambiantes. En la pared contigua aletean cientos de notas de colores con ideas para dichos lotes: CREATIVE COMMONS, TODO CON ENERGÍA SOLAR, PARQUE CANINO, DESTILERÍA MUNICIPAL, JARDÍN COMUNITARIO. Da la impresión de que se esté jugando a un juego de una complejidad increíble, como una partida de SimCity en tiempo real, en la que Hsieh sea tanto diseñador como jugador.

Una hora más tarde, nos encontramos en el llamado Container Park. Hsieh es un hombre discreto de cabello rapado y mirada firme y atenta. Elige las palabras con cuidado y, si se produce una pausa en la conversación, aguarda con una paciencia infinita a que tú le pongas fin. Distintas personas de su entorno recurren a la misma metáfora para describirlo: es como un extraterrestre con una inteligencia superior que hubiera llegado a la Tierra y descubierto qué es lo que motiva a los humanos. Le pregunto cómo llegó a suceder todo esto.

«Procuro que las cosas acontezcan con naturalidad —responde—. Si lo dispones todo bien, la conexión se produce sola.» Se reclina y señala el Container Park, la nueva joya de la corona del Proyecto Centro Urbano. Escasos meses atrás, la zona era un solar vacío. Ahora es un punto de encuentro cálido y acogedor construido con coloridos contenedores de transporte, convertidos en comercios y tiendas de ropa. Fuera se levanta la enorme escultura metálica de una mantis religiosa que echa fuego por las antenas. A nuestro alrededor, pasean centenares de personas felices que disfrutan del sol del atardecer. Por la noche, Sheryl Crow dará un concierto en el parque. Si bien el Proyecto Centro Urbano ha pasado por momentos difíciles, las fases iniciales han tenido cierto éxito: ha generado 754 millones de dólares en proyectos públicos y privados, ha impulsado noventa y dos negocios y le ha insuflado nueva vida a la zona.

Conversamos un rato, yo hago preguntas y Hsieh las responde. La conversación no resulta especialmente fluida, en parte porque Hsieh parece opinar que una charla es una herramienta de comunicación irremediablemente rudimentaria. La cosa va más o menos así:

Yo: ¿Cómo comenzaste este proyecto?

Hsieh: Supongo que me gustan los sistemas [pausa de diez segundos].

Yo: ¿Qué modelos e ideas tomaste como ejemplo?

Hsieh: Muchas ideas distintas, de distintos ámbitos [pausa de veinte segundos]. Es una pregunta muy difícil de responder.

No es que pretenda ponerme las cosas difíciles, sino que, sencillamente, las palabras no le sirven. Momentos después sugiere que demos un paseo y, entonces sí, todo cambia al instante. Parece revivir mientras recorre las calles, encontrándose con sus conocidos, parándose a hablar con ellos y presentándomelos a mí y a los demás. Tiene una conexión con todos ellos y, lo que resulta más impresionante, quiere establecer relaciones entre los otros. En cuestión de cuarenta y cinco minutos, lo veo conectar a un director de cine, a un productor de festivales de música, a un artista, al propietario de un local de barbacoas y a tres empleados de Zappos con alguien con quien deben hablar, con una empresa que deben conocer, con alguien que comparte sus mismas aficiones e incluso con un evento que tal vez les interese. Es la versión humana de la *app* de una red social, y todas las relaciones las establece con un optimismo natural y discreto. Tiene el don de hacer que todos esos encuentros parezcan perfectamente normales y, a través de esa normalidad, especiales.

«Es muy inteligente, y más porque su forma de pensar recuerda un poco a la de un niño de ocho años —comenta Jeanne Markel, directora de Cultura del Proyecto Centro Urbano—. En lo que a la gente respecta, hace que las cosas sean muy sencillas y que tengan un efecto positivo.»

«Recuerdo cuando en una ocasión estaba con él y, por alguna razón, se me ocurrió que Zappos debía tener su propio dirigible —relata Joe Mahon, director de marketing del Proyecto Centro Urbano—. Y no un dirigible modesto, sino uno descomunal, como el de Goodyear. Era una idea descabellada, si la consideras en retrospectiva. Aun así, Tony no se inmutó. Quiero decir, no se lo pensó un instante. Dijo: "Buena idea", y empezamos a hablarlo.»

Tras el inusual enfoque de Hsieh subyace una estructura matemática basada en lo que él llama «colisiones». Las colisiones, que se definirían como encuentros personales serendípicos, son, a su juicio, la savia de toda organización, el nutriente fundamental de la creatividad, la comunidad y la cohesión. Su objetivo es dedicar mil «horas colisionables» al año para sí mismo y doscientas mil por cada hectárea del Proyecto Centro Urbano. Esta medición es lo que lo llevó a cerrar una entrada secundaria de la sede de Zappos, con el fin de redirigir a todo el personal hacia el mismo acceso. Y también es lo que, durante una fiesta reciente, le provocó cierta incomodidad, ya que la gente se había repartido en corrillos separados en lugar de mezclarse todos con todos. Reparó en que el mobiliario obstaculizaba la circulación de los invitados, de modo que en cuestión de segundos se puso a arrastrar un sofá enorme para quitarlo de en medio. Luego empezó a retirar las lámparas y las mesas y en unos instantes había redistribuido la sala por completo. «Fue la única vez que he visto a un multimillonario apartar un mueble», bromeaba un amigo.

«Este lugar es como un invernadero —asegura Hsieh—. En otros invernaderos, el director desempeña el papel de la planta que todas las demás plantas quieren ser. Pero eso no es lo que yo hago. Yo no soy la planta que los demás quieren ser. Mi función es la de arquitecto del invernadero.»

«Mi función es la de arquitecto del invernadero.» Esta es una buena descripción de cómo Hsieh propicia el sentimiento de pertenencia porque implica un proceso. «Puede que use la palabra "colisión" como mil veces al cabo del día —comenta Hsieh—. No se trata de establecer un récord, sino de provocar un cambio de mentalidad y hacer ver que son lo que de verdad importa. Cuando una idea pasa a formar parte del lenguaje, también pasa a formar parte de la manera de pensar preestablecida.»

Cuando hablas con la gente que habita en el invernadero de Hsieh, ves que parece encontrarse bajo la influencia de un potentísimo imán. «No es lógico —dice el doctor Zubin Damania, un radiólogo que dejó su puesto de profesor en Stanford para dirigir la clínica de Hsieh—. Es como el Morfeo de *Matrix*, con esa píldora con la que se ve el mundo de verdad por primera vez.»

«Diría que es imposible de explicar —agrega Lisa Shufro, empleada del Proyecto Centro Urbano—. Conectas con toda esa gente, pero en lugar de procesarlo con la cabeza, lo sientes en el estómago. Es como una sensación de posibilidad, algo que suscita allí adonde va.»

«Conoce tan bien el modo en que la gente conecta que le sale sin querer —dice Maggie Hsu, que trabaja en el equipo ejecutivo del Proyecto Centro Urbano—. Lleva ya tanto tiempo haciéndolo que casi no puede evitarlo. Es una pregunta que le he hecho mil veces a Tony: "¿Por qué la gente te sigue a todas partes? ¿Por qué te hace caso?", a lo que siempre me contesta: "No tengo ni idea".»

La historia de Hsu es muy habitual. Años atrás, cuando era una consultora de éxito en McKinsey, oyó hablar del Proyecto Centro Urbano. Un hecho curioso es que, al enviarles un correo electrónico, Hsieh le respondió para invitarla a pasar unos días con ellos. Hsu se presentó allí imaginando que le esperaba la clásica sucesión de reuniones, visitas y paseos organizados. En vez de eso, sencillamente recibió un correo electrónico de dos líneas que concluía con una lista de ocho nombres.

«Vaya a ver a estas personas —indicaba la nota de Hsieh—. Pregúnteles a quién más debería ver.»

Hsu no sabía muy bien qué pensar. «"¿Eso es todo? —le pregunté—. ¿No hay nada más que deba hacer?" A lo que me respondió: "Ya lo irás viendo". Y tenía razón; las cosas salieron por sí solas. Era como si las señales se volvieran más grandes cada vez que hablaba con alguien nuevo, unas señales tremendamente fuertes que era incapaz de desatender. Terminé por mudarme aquí. No tenía nada de lógico. Sentí que tenía que hacerlo, sin más.»

Por lo general, este no es el concepto que tenemos de lo que es pertenecer a un gran grupo. Habitualmente, al pensar en lo que es formar parte de un gran grupo, nos vienen a la cabeza grandes comunicadores que crean un escenario dinámico y atractivo para que los demás los sigan. Pero este no es el caso. De hecho, a Hsieh le falta carisma, carece de dotes de comunicador y emplea recursos muy básicos («Ve a ver a estas personas», «Ya lo irás viendo»). Entonces, ¿por qué todo funciona tan bien?

Durante la Guerra Fría, Estados Unidos y la antigua Unión Soviética protagonizaron una carrera de varias décadas en la que todo valía para fabricar armas y sistemas satelitales cada vez más potentes. En ambos estados, en multitud de proyectos llevados a cabo tanto por los gobiernos como por diversas empresas privadas, los equipos de ingenieros dedicaban miles de horas a trabajar con afán en problemas de gran complejidad que nadie había intentado resolver antes.

A mitad de carrera, el gobierno de Estados Unidos decidió comprobar la eficacia de este proceso. Solicitó que se investigara por qué algunos proyectos de ingeniería fructificaban y otros no. Una de las primeras personas que llevaron a cabo esa investigación de forma oficial fue un joven profesor del MIT que respondía al nombre de Thomas Allen.

Allen no era el típico académico inaccesible; era un muchacho de clase media de New Jersey que, tras graduarse en la pequeña Universidad de Upsala, se había alistado en los marines durante la guerra de Corea. Una vez terminado el servicio, entró en la plantilla de Boeing, después de lo cual ingresó en el MIT para licenciarse en Informática y en Administración de Empresas, con lo que tenía la preparación ideal para realizar la investigación que requería el gobierno. «Ni siquiera sabía que existía la carrera de Administración de Empresas cuando llegué [al MIT] —recuerda—. Asistí a algunas clases y, al ver que me gustaba, me recomendaron que me matriculara.» Allen comenzó la investigación con la identificación de lo que él llamaba «proyectos gemelos», cuando dos o más empresas de ingeniería asumían un mismo reto complejo, como por ejemplo, averiguar cómo guiar un misil balístico intercontinental o cómo comunicarse con un satélite. Primero midió la calidad de sus respectivas soluciones y después buscó los factores que los proyectos fructíferos pudieran tener en común.

No tardó en observar un patrón; los proyectos más exitosos eran aquellos llevados a cabo por grupos de individuos que conformaban lo que Allen denominó «núcleos de grandes comunicadores». La química y la cohesión que se generaban en ellos se asemejaban a las observadas entre Larry Page y Jeff Dean en Google. Se caracterizaban por resolver problemas complicados a una velocidad fabulosa. Allen profundizó en los datos recabados para averiguar de dónde sacaban su habilidad los componentes de los núcleos. ¿Habían escrito para las mismas revistas? ¿Poseían el mismo grado de inteligencia? ¿Tenían la misma edad? ¿Habían estudiado en la misma universidad o tenían el mismo nivel de formación? ¿Tenían más experiencia que otros o más dotes de mando? En principio, todos estos factores parecían importantes, pero Allen no halló ninguno que desempeñara un papel fundamental en la cohesión. Salvo una cosa.

La distancia que separaba las mesas.

Al principio, no lo creía. La química de grupo es un proceso tan complejo y misterioso que buscaba una explicación igual de compleja y misteriosa. Pero cuanto más analizaba los datos, más clara parecía la respuesta. Lo que más importaba a la hora de formar un equipo de éxito no era la inteligencia y la experiencia de sus miembros sino dónde estaban colocados sus escritorios.

«Algo tan sencillo como el contacto visual es muy muy importante, mucho más de lo que parece —asegura Allen—. Si puedes ver a la otra persona o incluso la zona donde trabaja, la tienes en cuenta, lo cual provoca todo un torrente de efectos.»

Allen se propuso averiguar más detalles y empezó a cotejar la frecuencia de sus interacciones con la distancia a la que estaban. «Nos fijábamos en la frecuencia con que se comunicaba la gente y veíamos cuál era su ubicación respectiva —explica—. Pudimos llegar a decir, en base solo a esa frecuencia, sin saber dónde estaban sus puestos, quién era de qué planta. Era increíble lo rápido que la frecuencia disminuía cuando cambiaban de planta. Resulta que la separación vertical es un asunto muy serio. En algunas organizaciones, si trabajas en otra planta, es como si estuvieras en el extranjero.»

Cuando Allen estableció una relación entre la frecuencia de las interacciones y la distancia, terminó trazando una línea que recordaba a un monte escarpado; casi vertical hacia la cumbre, mientras que la base se mantenía plana. El gráfico se llamó la «curva de Allen».*

---

* La curva de Allen recuerda a otra famosa medición de las interacciones sociales, el número de Dunbar, que refleja el límite cognitivo del número de personas con las que podemos mantener una relación social estable (unas 150). Ambas parecen subrayar una misma verdad: nuestro cerebro social está diseñado para centrarse y responder a un número relativamente reducido de personas, ubicadas a cierta distancia de nosotros. La distancia a la que dejamos de reconocer un rostro a simple vista es de unos cuarenta y cinco metros.

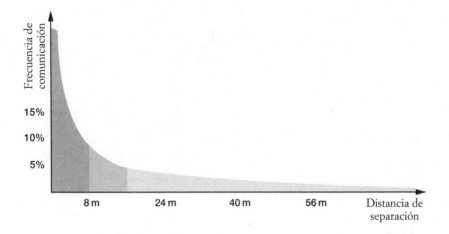

La característica clave de la curva de Allen es la escarpa repentina que se produce en la marca de los ocho metros. En las distancias inferiores, la frecuencia de comunicación parece querer salirse de la hoja. Si nuestro cerebro funcionase de forma lógica, pensaríamos que la frecuencia y la distancia variarían a un ritmo constante, lo que daría lugar a una línea recta. Pero, como evidencia Allen, nuestro cerebro no funciona con esa lógica. Ciertas distancias reducidas provocan cambios enormes en la frecuencia de comunicación. Si se lleva la distancia a los cincuenta metros, la comunicación cesa, como si apareciese un muro en medio. Si se lleva la distancia a los seis metros, la frecuencia de comunicación se dispara. Dicho de otro modo, la proximidad funciona como una especie de droga conectiva. Si nos acercamos unos a otros, la tendencia a conectar se multiplica.

Según señalan los científicos, la curva de Allen obedece a una lógica evolutiva. Durante la mayor parte de la historia de la humanidad, la proximidad continua ha sido un indicador de pertenencia; al fin y al cabo, dos personas no se mantienen cerca la una de la otra de forma continua a menos que sea seguro para ambas. Los estudios muestran que las comunicaciones digitales también obedecen a la curva de Allen; es mucho más habitual que enviemos un mensaje de texto o de correo electrónico y que interactuemos virtualmente con alguien que está cerca físicamente. Un estudio concluyó que los empleados que compartían el mismo lugar de trabajo se mandaban correos electrónicos entre ellos con una frecuencia cuatro veces superior a la de los empleados que trabajaban en lugares distintos, por lo cual, en consecuencia, finalizaban sus proyectos un 32 % más rápido.

Desde esta perspectiva podemos entender el propósito de Tony Hsieh. Lo que pretende es allanar la curva de Allen. Sus proyectos tienden a fructificar por la misma razón que conducía al éxito a los proyectos de los núcleos creativos: la cercanía propicia las conexiones eficaces. La gente de su entorno se comporta como si se hallara bajo la influencia de algún tipo de droga porque, de hecho, así es.

En una de nuestras charlas, le pregunto a Hsieh cómo hace para seguir contratando personal para el Proyecto Centro Urbano. «Si una persona está interesada y a nosotros nos interesa esa persona, la invitamos a que nos visite —dice—. No intervenimos demasiado. Le facilitamos un alojamiento gratuito pero no le damos excesiva información. Viene, nos acompaña durante una temporada y ve lo que se hace aquí. Algunas de esas personas deciden unirse a nosotros. Las cosas suceden un poco por sí solas.»

¿Qué porcentaje de esos invitados termina por mudarse aquí?

Hsieh guarda un silencio prolongado.

«Puede que uno de cada veinte.»

En principio, un 5 % no parece una cantidad impresionante. Pero pensemos en lo que hay tras ese número. Un centenar de desconocidos visita a Hsieh y, tras unas pocas charlas y algunas interacciones, cinco deciden dejar su hogar y unirse a esta comunidad a la que acaban de conocer. Hsieh ha fabricado una máquina que hace de los extraños una tribu.

«Es curioso el modo en que sucede —destaca Hsieh—. Yo nunca hablo mucho; no doy discursos elaborados. Sencillamente, dejo que se empapen del lugar y espero el momento oportuno. Llegado ese punto los miro y les pregunto: "Bueno, ¿cuándo te mudabas a Las Vegas?". —Sonríe—. Y entonces, algunos deciden venirse.»

6

Ideas para entrar en acción

Labrar la seguridad no es una habilidad que se adquiera de forma robótica y planificada. Es una capacidad fluida, producto de la improvisación, similar al acto de aprender a pasarle el balón a un compañero de equipo durante un partido de fútbol. Es preciso reconocer distintos patrones, reaccionar rápido y emitir la señal apropiada en el momento adecuado. Y, al igual que cualquier otra habilidad, implica una curva de aprendizaje.

Esta curva de aprendizaje afecta incluso a los científicos que estudian el sentimiento de pertenencia. Por ejemplo, Will Felps, quien puso en marcha el experimento de la manzana podrida (véase el capítulo 1), describió el modo en que las conclusiones de esta investigación influyeron en sus relaciones personales. «Antes intentaba aportar todos los comentarios inteligentes que podía a la conversación, intentaba ser divertido, a veces con mordacidad —dice—. Ahora soy consciente del efecto negativo que esas señales ejercen en el grupo. Así que procuro hacer ver que presto atención. Cuando los demás hablan, los miro a la cara, asiento, les pregunto "¿Qué quieres decir con eso?", "¿Podrías contarme más cosas acerca de esto?", o les pido que me den su opinión sobre lo que deberíamos hacer, para que participen.»

Amy Edmondson (a la que también conocimos en el capítulo 1) ha estudiado la seguridad psicológica en multitud de lugares de trabajo. «Antes no me preocupaba de si hacía que los demás se sintieran seguros —admite—. Ahora siempre lo tengo en cuenta, sobre todo al comienzo de una interacción, y después ya no dejo de cerciorarme, máxime si se produce algún cambio o si surgen tensiones. Siempre me paro a comprobar si la gente se siente segura.»

Felps y Edmondson hablan de lo mismo: labrar la seguridad consiste en identificar los instantes sutiles y en proyectar señales dirigidas en los momentos clave. El objetivo de este capítulo es ofrecer algunos consejos sobre cómo hacerlo.

Manifiesta la escucha: cuando visité las culturas de éxito, siempre veía las mismas expresiones en la cara de aquellos que estaban escuchando a otros. Su actitud era algo así: tenían la cabeza un poco inclinada hacia delante, sin pestañear, con las cejas arqueadas. Mantenían el cuerpo quieto y orientado con interés hacia el orador. Los únicos sonidos que emitían conformaban un flujo constante de afirmaciones («sí», «ajá», «entiendo») que animaba al orador a continuar, a proporcionarles más información. «La postura y la expresión son extremadamente importantes —apuntó Ben Waber, un antiguo alumno de doctorado de Alex Pentland que fundó Humanyze, una consultoría de estudios sociales—. Es la forma en que mostramos que estamos en sintonía con alguien.»

Cabe decir que también es primordial evitar las interrupciones. La fluidez que aporta el intervenir por turnos, como hemos visto, es un indicador muy eficaz del rendimiento cohesionador del grupo. Las interrupciones despedazan las interacciones fluidas de las que se compone el seno del sentimiento de pertenencia. De hecho, socavan tanto la cohesión, que Waber emplea los índices de interrupción como instrumentos de formación en ventas. «Cuando le demuestras a alguien con cifras que los mejores comerciales casi nunca interrumpen a la gente, y después lo evalúas conforme a esa escala, transmites un mensaje muy eficaz», dice. Claro está, las interrupciones no siempre son perjudiciales; las reuniones de creativos, por ejemplo, a menudo originan huracanes de interrupciones. La clave radica en saber distinguir entre las interrupciones que resultan de la emoción de todos los participantes y aquellas que se producen por una falta de consciencia y de conexión.

Expresa tu falibilidad desde el principio (sobre todo si ocupas un puesto de mando): en toda interacción, por naturaleza tendemos a intentar esconder nuestros puntos débiles y a aparentar competencia. Si se quiere generar un clima de seguridad, no hay error más grave. Lo que hay que hacer es abrirse, aclarar que uno mismo también comete errores e invitar a participar a los otros, mediante expresiones sencillas como «Es solo mi opinión», «Por supuesto, tal vez me equivoque», «¿Qué me he perdido?» o «¿Tú qué opinas?».

R. C. Buford, director general de los San Antonio Spurs, es uno de los ejecutivos de mayor éxito de toda la historia del deporte. Aunque por su comportamiento podría confundírselo con un asistente. Procedente de Kansas, discreto y tan afable como atento, hace preguntas, escucha con interés e irradia humildad. En una de nuestras primeras charlas, sacó el tema del retiro inminente de varios de sus jugadores estrella, acerca de lo cual comentó: «El futuro me aterroriza». Podría haber empezado a hablar de la celebrada selección de jugadores y de los sistemas de desarrollo de la organización, o del progreso de las nuevas incorporaciones, o de los formidables contratos que habían firmado, o de la eficacia de la cultura que habían construido. Pero no hizo nada de eso; dijo que estaba aterrorizado. Este tipo de señal no es solo una forma de admitir un punto débil, es además una invitación a establecer una conexión más profunda, porque provoca una respuesta en quien lo escucha: «¿Cómo podría ayudar yo?».

«Para labrar la seguridad, los líderes deben invitar a participar a los demás en todo momento —dice Edmondson—. A la gente le cuesta mucho levantar la mano y decir "Tengo algo que aportar aunque no lo veo del todo claro". Del mismo modo, le cuesta mucho no responder a la pregunta sincera de un mando que le pide su opinión o su ayuda.»

Abraza al mensajero: uno de los momentos más determinantes a la hora de labrar la seguridad se da cuando un miembro de un grupo comunica una mala noticia o proporciona una evaluación dura. Llegado este momento, es crucial no limitarse a asimilar esa mala noticia, sino que también hay que abrazarla. «¿Conoces el dicho de "No mates al mensajero"? —dice Edmondson—. En realidad, no basta con no matarlo. Tienes que estrecharlo entre tus brazos y manifestar lo mucho que necesitabas esa evaluación. Así te asegurarás de que la próxima vez se sienta lo bastante seguro para contarte la verdad.»*

Prevé las conexiones futuras: una costumbre que observé en los grupos de éxito era la de adelantarse a las relaciones futuras, para lo cual se establecían conexiones superficiales pero útiles entre el presente y el posible futuro. El equipo de béisbol de los Saint Louis Cardinals, por ejemplo, es célebre por su cultura y por su capacidad de convertir a los jugadores jóvenes en figuras de las grandes ligas. Los Johnson City Cardinals (Tennessee) son el club que ocupa el escalón inferior de la liga menor de los Saint Louis. Un día, cuando viajábamos en un autobús propiedad del equipo de Tennessee, uno de los entrenadores de los Cardinals, que iba en la primera fila, señaló el televisor, en el que se proyectaba un partido del equipo de la gran liga.

«¿Conocéis a ese lanzador?»

Los jugadores levantaron la vista. En la pantalla, equipado con un uniforme blanco impoluto, estaba el heroico Trevor Rosenthal, una joven estrella que se había convertido en un importante lanzador suplente de los Cardinals; había jugado en la Serie Mundial del año anterior.

---

* Una forma de medir los niveles de de pertenencia es examinar el lenguaje informal de los correos electrónicos internos. Durante un estudio llevado a cabo por Lynn Wu, de Wharton, se revisaron los mensajes cruzados entre ocho mil trabajadores a lo largo de dos años, y se concluyó que las conversaciones sobre los deportes, el almuerzo o el café eran más útiles a la hora de predecir qué empleados permanecerían en la empresa que los beneficios que generaban. El estudio que realizó Amir Goldberg, de Stanford, mostró que se podía predecir cuánto tiempo permanecería un empleado en la empresa a partir de la frecuencia con la que en sus correos electrónicos aparecían referencias a su familia y palabras malsonantes.

«Hace tres años —dijo el entrenador— viajaba en uno de los asientos que ocupáis vosotros ahora.»

Fue cuanto dijo. No fue un comentario muy elaborado (no empleó más de cinco segundos en pronunciarlo). Pero fue eficaz, porque conectaba los puntos entre donde se encontraban los jugadores y a donde querían llegar. «Hace tres años viajaba en uno de los asientos que ocupáis vosotros ahora.»

Da las gracias sin descanso: cuando te acercas a una cultura de gran éxito, da la impresión de que todo el mundo dé las gracias por todo. Al término de cada temporada de baloncesto, por ejemplo, Gregg Popovich, el entrenador de los Spurs, mantiene una charla privada con cada uno de los jugadores estrella y les da las gracias por haberle permitido entrenarlos. Son sus palabras exactas: «Gracias por haberme permitido entrenarte». El agradecimiento no parece tener mucha lógica (al fin y al cabo, tanto Popovich como el jugador reciben una compensación muy generosa, y tampoco es que el jugador pudiera decidir si se dejaba entrenar o no). En cualquier caso, este tipo de situaciones se dan continuamente en los grupos de gran éxito, porque no se trata tanto de dar las gracias como de reforzar la relación.

Por ejemplo, cuando visité KIPP Infinity, una extraordinaria escuela subvencionada de Harlem, Nueva York, vi que los profesores no paraban de darse las gracias. El auxiliar administrativo dio a los profesores de matemáticas una camiseta del día del número pi como regalo sorpresa. Entonces Jeff Li, que da matemáticas de octavo, envió el siguiente correo electrónico a los otros profesores del departamento:

Estimados, queridos profesores de matemáticas:

En la 7.ª evaluación, en el examen parcial sobre funciones lineales (parte del contenido fundamental del curso), la clase de 2024 ha obtenido un resultado mejor que el de las dos clases anteriores en prácticamente de la misma prueba. Véanse los datos a continuación:

Clase de [2022]: 84,5

Clase de 2023: 87,2

Clase de 2024: 88,7

Me consta que es resultado de una mejora en la enseñanza a partir de quinto curso […] Por lo tanto, muchas gracias por ser unos profesores excelentes y trabajar por mejorar año tras año. ¡Vale la pena!

Jeff

Pese a que tanto dar las gracias se antoja excesivo, hay sólidas evidencias científicas de que propicia la cooperación. En un estudio llevado a cabo por Adam Grant y Francesco Gino, se pedía a los sujetos que ayudaran a Eric, un alumno ficticio, a escribir una carta de presentación para solicitar un puesto de trabajo. Después de ayudarlo, una mitad de los participantes obtuvo el agradecimiento de Eric, mientras que la otra mitad solo obtuvo una respuesta neutral. Después, los sujetos recibieron una solicitud de ayuda enviada por Steve, otro estudiante ficticio. El índice de sujetos que habían obtenido el agradecimiento de Eric y que se ofrecieron a ayudar a Steve superaba en más del doble al de los que se ofrecieron a ayudarlo tras haber obtenido la respuesta neutral. Dicho de otro modo: un sencillo «gracias» bastaba para que la gente se mostrara más generosa. Esto se debe a que dar las gracias no es una simple fórmula de cortesía, sino un indicador de pertenencia crucial que reafirma la impresión de seguridad, de conexión y de motivación.

Durante mi investigación, vi alguna vez que la persona más influyente de un grupo expresaba en público su agradecimiento a alguno de los miembros menos influyentes. Por ejemplo, el chef Thomas Keller, director de French Laundry, Per Se y otros restaurantes de primera categoría, tiene por costumbre darle las gracias al lavaplatos cada vez que abre un nuevo establecimiento, para recalcar que el rendimiento del restaurante depende de la persona que realiza la labor más humilde. Urban Meyer, el entrenador que llevó a los Ohio State al campeonato nacional de 2015, recurrió a este mismo método cuando el equipo celebraba el recién ganado título en el estadio de Ohio, abarrotado por decenas de miles de estudiantes y aficionados. Todos daban por hecho que comenzaría la celebración presentando a los jugadores estrella que habían llevado al equipo a la victoria. Sin embargo, a quien presentó Meyer fue a Nik Sarac, un defensa suplente anónimo, el cual había renunciado a su beca de forma voluntaria, al comienzo de la temporada, para que Meyer pudiera adjudicársela a otro jugador que fuera capaz de ayudar más al equipo. Meyer destacó el papel de Sarac por la misma razón por la que Keller destacaba la labor de los lavaplatos: «Esta es la persona anónima que hace posible nuestro éxito».

Esmérate en los procesos de selección: decidir a quién aceptas y a quién rechazas es la señal más eficaz que puedes dar en un grupo, y los grupos de éxito afrontan la selección en consecuencia. La mayoría de ellos desarrolla procesos largos y exigentes con los que procura evaluar la aptitud, la contribución (con una investigación meticulosa de los antecedentes y una multitud de interacciones con varios miembros del grupo) y el rendimiento (mensurado de forma creciente a través de distintas pruebas). Algunos grupos, como Zappos, añaden un nivel adicional de indicadores de pertenencia; una vez que la formación finaliza, ofrecen a las nuevas incorporaciones una bonificación de 2.000 dólares si renuncian al puesto (alrededor de un 10 % de las nuevas incorporaciones aceptan la oferta).

Retira las manzanas podridas: los grupos que he estudiado mostraban una muy escasa tolerancia al comportamiento de las manzanas podridas y, lo que tal vez sea más importante, se les daba muy bien identificar estas actitudes. Los líderes de los All-Blacks de Nueva Zelanda, uno de los equipos de rugby con mayor éxito de la historia, lo consigue por medio de una sencilla regla: «Gilipollas fuera». Es una norma muy básica, y por eso funciona.

Crea espacios seguros que faciliten las colisiones: a todos los grupos que visité les obsesionaba el diseño como instrumento generador de cohesión e interacción. Es algo que observé en el vestíbulo de Pixar, diseñado por Steve Jobs, y también en las amplias instalaciones del Sexto Equipo de los Navy SEAL, parecidas a las salas de conferencias de los hoteles, solo que llenas de tipos en perfecta forma y equipados con armas. También lo observé en otros aspectos más sencillos, como las máquinas de café.

Hace unos años, los equipos de los centros de atención telefónica del Bank of America empezaron a mostrar síntomas de agotamiento. Se contrató a Ben Waber para hacer un análisis sociométrico, el cual determinó que los trabajadores padecían un estrés agudo y que la mejor forma que tenían de relajarse era pasando un rato juntos, lejos de sus puestos. Waber recomendó ajustar los horarios de los equipos de trabajo para que compartieran los quince minutos de la pausa para el café todos los días. Asimismo, hizo que la empresa adquiriera mejores máquinas de café y que las instalara en otros puntos más cómodos para reunirse. El efecto fue inmediato: un aumento de la productividad de un 20 % y una reducción de las rotaciones del 40 % al 12 %. Waber supervisó también las reformas de las cafeterías de varias empresas. Bastó sustituir las mesas para cuatro personas por otras para diez personas para disparar la productividad un 10 %. La lección que se extrae de todos estos estudios es la misma: deben facilitarse espacios que maximicen las colisiones.

«Antes teníamos externalizado el servicio de restauración —dice Ed Catmull, presidente y cofundador de Pixar (de quien volveremos a saber en el capítulo 16)—. Creíamos que ocuparnos de la alimentación no formaba parte de nuestro negocio. Pero cuando lo externalizas, el proveedor quiere obtener un beneficio, y la única forma de conseguirlo es reduciendo la calidad de los alimentos o del servicio. No se trata de que sean gente codiciosa ni malintencionada, sino de una cuestión estructural. Por eso decidimos encargarnos nosotros mismos y proporcionar a nuestros empleados alimentos de buena calidad a un precio razonable. Ahora disfrutamos de platos deliciosos y la gente se queda en lugar de buscar otro sitio, así que mantienen el tipo de encuentros y conversaciones que benefician a nuestro negocio. Es muy sencillo. Nos dimos cuenta de que ocuparnos de la alimentación sí que forma parte de nuestro negocio.»

Dale voz a todo el mundo: es muy fácil decir que hay que darle voz a todo el mundo, pero no es tan fácil hacerlo. Por eso muchos grupos de éxito emplean mecanismos sencillos que fomentan, destacan y valoran la contribución de todos los miembros. Por ejemplo, en muchos grupos existe la regla de que una reunión no puede concluir sin que todos los asistentes hayan aportado algo.* En otras organizaciones se llevan a cabo revisiones periódicas del trabajo reciente en las que se invita a todos a dar su opinión (En Pixar las llaman las «diarias», reuniones matutinas abiertas en las que todos pueden opinar y recibir comentarios de los demás acerca del metraje creado a lo largo de los últimos días). En otras se establecen foros periódicos donde los participantes pueden exponer un asunto o formular una pregunta a sus superiores, por mucha controversia que pueda suscitar. Pero, al margen de lo dura que sea la norma, la clave subyacente es que haya líderes que animen a conectar y que se cercioren de que todo el mundo sea escuchado.

Un buen ejemplo es el del método de Michael Abrashoff, un capitán de la Armada que en 1997 asumió el gobierno del destructor *USS Benfold*. Por aquel entonces, el *Benfold* ofrecía uno de los rendimientos más bajos de la Armada. Una de las primeras cosas que hizo fue mantener una charla en privado de treinta minutos con cada uno de los trescientos diez tripulantes. La ronda de conversaciones le llevó unas seis semanas. A todos ellos les hizo tres preguntas:

---

* Mi método favorito es el del sistema Andon de Toyota, un cable que pueden utilizar todos los trabajadores para paralizar la cadena de montaje cuando surge un problema. Al igual que ocurre con muchas de las costumbres organizativas que garantizan la voz, en un principio puede parecer ineficaz, ya que la jerarquía se invierte al permitir que un humilde operario de la cadena de montaje detenga la actividad de toda la empresa. Pero si nos fijamos, es una manera de labrar el sentimiento de pertenencia, ya que ese poder y esa confianza se depositan en las manos de quienes realizan el trabajo.

1. ¿Qué es lo que más le gusta del *Benfold*?
2. ¿Qué es lo que menos le gusta?
3. ¿Qué cambiaría si usted fuese el capitán?

Cada vez que Abrashoff escuchaba una sugerencia que a su juicio había que poner en práctica de inmediato, anunciaba el cambio por la megafonía del barco y daba el nombre de quien lo había propuesto. A lo largo de los tres años siguientes, en virtud de esta y de otras medidas (que se detallan en el libro *It's Your Ship*, de Abrashoff), el *Benfold* se convirtió en uno de los buques mejor valorados de la Armada.

Recoge la porquería: a mediados de la década de los sesenta, el equipo masculino de baloncesto de la UCLA protagonizó una de las etapas de mayor éxito de la historia del deporte, con la obtención de diez títulos a lo largo de doce años. Franklin Adler, el supervisor de estudiantes del equipo, reparó en algo inusual: John Wooden, el legendario entrenador principal, estaba recogiendo la porquería del vestuario. «Allí estaba, un hombre con tres campeonatos nacionales —recuerda Adler—, que estaba en el Salón de la Fama como jugador y que había creado una dinastía y formaba parte de ella, agachado para recoger la basura del suelo.»

Wooden no estaba solo. Ray Kroc, el fundador de McDonald's, era conocido por la cantidad de suciedad que limpiaba. «Todas las noches lo veías llegar por el otro extremo de la calle, bordeando el desagüe y recogiendo todos los envoltorios y vasos de McDonald's que encontraba a su paso —le contó Fred Turner, antiguo director general de McDonald's, al escritor Alan Deutschman—. Entraba en el local con las manos llenas de envases vacíos. Una vez lo vi dedicar la mañana del sábado a limpiar con un cepillo de dientes todos los orificios del escurridor de la fregona. Nadie le había prestado nunca la menor atención al dichoso escurridor, porque a juicio de los demás no era más que un cubo de la fregona. Pero Kroc se fijó en la mugre que empezaba a obstruir los orificios y decidió limpiarlos para que el escurridor funcionase mejor.»

Es un patrón que observé más veces. El entrenador Billy Donovan, de la Universidad de Florida (en la actualidad con el Oklahoma City Thunder) fregaba el Gatorade cuando se derramaba. Mike Krzyzewski, de la Duke, y Tom Coughlin, de los New York Giants, hacían lo mismo. Los dirigentes de los All-Blacks, el equipo de rugby, que han convertido este hábito en uno de los valores del equipo, lo llaman «barrer las cuadras». Se ocupan de las labores básicas, de limpiar y ordenar los vestuarios, con lo que dan un ejemplo claro de la ética del equipo, basada en el compañerismo y el trabajo de equipo.

Esto es lo que yo denominaría «humildad muscular», la política de buscar formas sencillas de servir al grupo. Recoger la porquería es un ejemplo, pero también se puede poner en práctica al asignar las plazas de aparcamiento (todas iguales, sin lugares especiales reservados a los líderes), al revisar la cuenta de las comidas (los líderes lo hacen siempre) y al velar por la igualdad salarial, sobre todo en el caso de las empresas emergentes. Estas actitudes son eficaces no solo por la moralidad o la generosidad implícitas, sino también porque envían una señal más amplia: «Estamos todos juntos en esto».

Aprovecha los momentos umbral: cuando se llega a un grupo nuevo, el cerebro no tarda en decidir si conectar o no. Así que las culturas de éxito le dan más importancia que ninguna otra a esta fase. Por ejemplo, supongamos que Pixar contrata a alguien, ya sea como director o como barista. El primer día se hace pasar a esa persona y a algunos otros novatos a la sala de proyecciones. Se le pide que se sienten en la quinta fila, porque ahí es donde se sientan los directores. Entonces oye estas palabras: «Fuerais lo que fueseis antes, ahora sois cineastas. Necesitamos que nos ayudéis a mejorar nuestras películas».* «El efecto es increíble —asegura Mike Sundy, que trabaja en administración de datos—. Te sientes otro.»

---

* Samantha Wilson, que entró en la nómina de Pixar como barista, es en la actualidad jefa de guion, y ha trabajado en títulos como *Inside Out*, *Up* y *Cars 2*.

El Oklahoma City Thunder, un exitoso equipo de la NBA, aprovecha el primer día de forma parecida. Oklahoma no es un escenario típico para una franquicia del deporte profesional (es relativamente pequeña, queda un poco aislada y es más conocida por sus tornados que por su vida nocturna). Cuando se contrata a alguien en el Thunder, bien como jugador o bien como empleado, lo primero que se hace es llevarlo al Monumento Conmemorativo Nacional, en el que se honra a las víctimas de los atentados que la ciudad sufrió en 1995; se da un paseo junto al reluciente estanque y ve las 168 sillas esculpidas, una por cada víctima.

El director general, Sam Presti, suele ocuparse de estas visitas. No habla demasiado; sencillamente deja que los jugadores recorran la zona y perciban la solemnidad del lugar. Después, poco antes de acabar, les menciona que miren a la grada durante los partidos y recuerden que muchas de esas personas se vieron afectadas por la tragedia. Es un momento breve. Pero ejerce un efecto determinante, como el que observamos en el experimento de WIPRO. Se envía un poderoso indicador de pertenencia justo cuando el destinatario está más receptivo.

Claro está, los momentos umbral no se dan solo el primer día, sino que se suceden a diario. Pero los grupos de éxito que he visitado incidían en el instante de la llegada. Se paraban y se tomaban su tiempo para darle la bienvenida a la nueva incorporación, lo que hacía de la ocasión un acontecimiento especial: «Ahora estamos juntos».

Huye de las evaluaciones emparedadas: en muchas organizaciones, los líderes suelen expresar sus evaluaciones conforme al viejo método del emparedado, consistente en mencionar primero algo positivo, después algo que podría mejorarse y, por último, insistir en lo positivo. Esto, en teoría, tiene su lógica, pero en la práctica a menudo causa algún desconcierto, ya que quien recibe esa evaluación tiende a centrarse o bien en lo positivo, o bien en lo negativo.

En las culturas que he visitado, no suelen darse evaluaciones emparedadas. Lo habitual es dividirlas en dos procesos diferenciados. Los aspectos negativos se dialogan, primero preguntándole a la persona si quiere recibir la evaluación y después entablando una conversación orientada al aprendizaje sobre la evolución requerida. Los aspectos positivos se comunican mediante ráfagas clarísimas de agradecimientos y elogios. Los líderes con los que estuve tenían la capacidad de irradiar alegría cada vez que identificaban un comportamiento digno de alabanza. Estos momentos de felicidad cálida y auténtica funcionaban a modo de norte magnético, lo que propiciaba la claridad, disparaba el sentimiento de pertenencia y orientaba las acciones futuras.

Diviértete: aunque esto parezca una obviedad, cabe recordarlo, porque las risas no son solo risas, sino también la señal más básica de seguridad y conexión.

Habilidad 2
Compartir la vulnerabilidad

7

«Dime lo que quieres y te ayudaré»

El 10 de julio de 1989, el vuelo 232 de United Airlines despegó de Denver rumbo a Chicago con 285 pasajeros a bordo. Hacía un día soleado y apacible, con vientos moderados del oeste de veinte kilómetros por hora. Durante la primera hora y diez minutos del trayecto, todo fue bien. Cuando la aeronave sobrevolaba Iowa, la tripulación, comandada por el capitán Al Haynes, con la asistencia del primer oficial Bill Records y del mecánico de vuelo Dudley Dvorak, dejó activado el piloto automático mientras almorzaba y charlaba. A Haynes, de cincuenta y siete años, le encantaba charlar. Texano discreto y exmarine, tenía un ademán afable que sus tripulaciones apreciaban. A dos años de la jubilación, ya estaba pensando en la siguiente etapa de su vida, que dedicaría a viajar en autocaravana por todo el país junto a su esposa, Darlene.

Entonces, a las 3.16, se produjo una fuerte explosión en la cola. El avión se sacudió con violencia y empezó a ascender y a ladearse de forma pronunciada hacia la derecha. Records asió uno de los dos mandos de dirección, conocidos como «timones», y dijo: «Tengo el avión». Al revisar los indicadores, la tripulación comprobó que el motor de cola del avión (uno de los tres motores del DC-10) había desaparecido. Mientras tanto, el avión seguía inclinándose hacia la derecha, pese a los esfuerzos de Records por dominarlo.

«Al —dijo Records, procurando mantener la voz serena—, no puedo gobernar el avión.»

Haynes se puso a los mandos. «Lo tengo», respondió, pero no era cierto. Tiró con todas sus fuerzas, pero el timón apenas se movió.

La nave siguió inclinándose hacia la derecha, hasta que pareció que volaban sobre un ala.

Más adelante los investigadores rastrearían la explosión hasta dar con una grieta microscópica que había en una hélice de casi dos metros de diámetro incorporada en el motor de cola. Las consecuencias de la explosión, no obstante, fueron mucho más allá de la pérdida del motor, algo que por lo general tenía remedio. Las esquirlas habían cercenado tanto el circuito hidráulico principal como el de respaldo, con los que los pilotos manipulan el timón, los alerones y los *flaps* de las alas; en resumen, la explosión había arrebatado a los pilotos el control de la aeronave.

La Junta Nacional de Seguridad del Transporte denomina a este tipo de incidentes «fallo catastrófico». Las aerolíneas no se molestaban en instruir a los pilotos para afrontar los fallos catastróficos por dos motivos. En primer lugar, esta clase de desastres se producen muy rara vez (la probabilidad de perder los sistemas hidráulicos y, además, los mecanismos de respaldo era, según los cálculos, de una entre mil millones). En segundo lugar, son fallos fatales de necesidad.

Haynes logró detener la desviación al servirse de los propulsores para aumentar la potencia del motor del ala derecha y reducir la del de la izquierda. El impulso asimétrico hizo que poco a poco el avión recuperase alguna estabilidad. Aun así, no solucionó el principal problema; los mandos no funcionaban. La nave iba dando tumbos por el cielo de Iowa como si fuera un precario avión de papel, saltando y hundiéndose cientos de metros a cada minuto que pasaba. Haynes y Records no dejaban de lidiar con los mandos. Las auxiliares de vuelo daban vueltas por la cabina intentando calmar al pasaje. Los miembros de una familia sacaron una biblia y empezaron a rezar.

En un asiento de pasillo de primera clase, un hombre de cuarenta y seis años llamado Denny Fitch se limpiaba el café que se había derramado en el regazo al producirse la explosión. Fitch trabajaba para United como instructor de pilotos. Se pasaba el día encerrado en un simulador de vuelo, enseñando a los pilotos cómo manejarse en caso de emergencia. Llamó a una auxiliar de vuelo y le pidió que informase al capitán de que deseaba ayudar. La respuesta llegó enseguida: «Que venga». Fitch cruzó el pasillo y, al abrir la puerta de la cabina, se le cayó el alma a los pies.

«Como piloto, no daba crédito a lo que veían mis ojos —le contaría Fitch después a un periodista—. Los dos pilotos llevaban camisa de manga corta y tenían los tendones esculpidos en los antebrazos, con los nudillos blancos […] Lo primero que piensas es "Dios mío, voy a morir esta tarde". Lo único que aciertas a preguntarte es "¿Cuánto falta para que me estrelle contra Iowa?".»

Fitch comprobó los indicadores, intentando obtener una lectura con sentido. Nunca antes se había enfrentado a un fallo hidráulico total y, al igual que a los pilotos, le costaba entender qué ocurría. El ingeniero de vuelo, Dvorak, hablaba por radio con los técnicos de United para que los asistieran. Era un momento de confusión máxima.

«Dígame —le dijo Fitch a Haynes—. Dígame qué necesita y le ayudaré.»

Haynes señaló los propulsores de los motores, situados en la consola que había entre los dos pilotos. Puesto que Haynes y Records tenían las manos ocupadas con los timones que no obedecían, alguien debía manejar los propulsores para intentar mantener el vuelo nivelado. Fitch se acercó, se arrodilló entre los asientos y cogió las palancas con ambas manos.

Hombro con hombro, los tres empezaron a hacer algo que ningún piloto había hecho con anterioridad: volar un DC-10 desprovisto de todo control. Empezaron a comunicarse de una forma muy particular, a base de mensajes breves y urgentes.

Haynes: Vale, bajemos este cabrón un poco más.

Fitch: Bien, ajuste un poco más la potencia.

Haynes: ¿Alguien tiene alguna idea [de qué hacer con el tren de aterrizaje]? [Dvorak] está al habla [con los técnicos].

Fitch: [Dvorak] está al habla [con los técnicos]. Yo activaré el sistema. Puede que incluso venga bien. Si no hay líquido, no sé si los alerones fueraborda van a servir de ayuda.

Haynes: ¿Cómo va a bajar, vamos a bajar el tren?

FITCH: Bueno, se puede dejar caer. Lo único, pasaremos a secundario. ¿Tenemos las puertas [del tren de aterrizaje] bajadas?

HAYNES: Sí.

RECORDS: También tendremos problemas para frenar.

HAYNES: Ah, y tanto. No tenemos frenos.

RECORDS: ¿No tenemos frenos?

HAYNES: Bueno, parte [pero casi nada].

FITCH: [La frenada será] a una carta. Usted dele, dele una vez. No tendrá más oportunidades. Voy a virar. [Voy a realizar] un giro hacia la izquierda, de regreso al aeropuerto. ¿De acuerdo?

HAYNES: Entendido.

[Minutos después…]

HAYNES: Un poco más de inclinación hacia la izquierda. Menos, menos.

FITCH: Mantengan este trasto nivelado si pueden.

HAYNES: A nivel, pequeño, a nivel, a nivel [...]

DVORAK: Ahora estamos virando.

FITCH: Más potencia, más potencia, apliquen más potencia.

RECORDS: Más potencia, potencia máxima.

FITCH: Remontan con la potencia.

VOZ DESCONOCIDA: Viren a la derecha, deceleren.

HAYNES: ¿Podemos virar a la izquierda?

DVORAK (a Fitch): ¿Quiere sentarse aquí?

FITCH: Sí, ¿no le importa?

DVORAK: No me importa. Parece que sabe lo que se hace [...]

A este tipo de mensajes breves los pilotos los llaman «notificaciones». Una notificación no es una orden ni una instrucción. Es una aportación de contexto, una observación que informa sobre un detalle concreto. Las notificaciones son la forma de comunicación más sencilla y primitiva, el equivalente al uso que un niño pequeño hace del dedo índice, un modo de decir «veo esto». Al contrario que las órdenes, implican preguntas tácitas como «¿De acuerdo?» o «¿Qué más ves?». Durante un aterrizaje o un despegue habituales, una tripulación experta intercambia una media de veinte notificaciones por minuto.

Durante las interacciones que siguieron a la explosión, la tripulación improvisada del vuelo 232 empezó a intercambiar más de sesenta notificaciones por minuto. Algunas de estas interacciones consistían en preguntas generales y abiertas, sobre todo por parte de Haynes («¿Cómo bajamos el tren [de aterrizaje]?» [...] «¿Alguna idea?»). No es el tipo de preguntas que uno esperaría oír de un capitán. De hecho, son todo lo contrario. En caso de emergencia, el capitán suele tomar las riendas y transmitir competencia y serenidad. Sin embargo, Haynes no paraba de notificar a su tripulación acerca de una verdad muy distinta («Su capitán no tiene ni idea de qué es lo que ocurre ni de cómo solucionarlo. ¿Pueden ayudar?»).

Esta combinación de notificaciones y preguntas abiertas agravó un patrón de interacciones atropelladas e inelegantes. Los mensajes se cruzaban con torpeza, indecisión y estaban llenos de repeticiones. Simbólicamente, la situación era la de una persona que intentara cruzar a tientas una habitación a oscuras, palpando los obstáculos y rodeándolos con paso vacilante. «"También tendremos problemas para frenar" [...] "Ah, y tanto. No tenemos frenos" [...] "¿No tenemos frenos?" [...] "Bueno, parte" [...] "Usted dele, dele una vez".»

Al interactuar de esta manera forzada e insegura, la tripulación del vuelo 232 atajó una serie de problemas graves mientras volaban a seiscientos cincuenta kilómetros por hora. Ingeniaron la forma óptima de distribuir la potencia entre los dos motores y de intentar predecir los ascensos y descensos que el avión iba realizando. Se comunicaron con la cabina, las auxiliares, el pasaje, la torre de control, los técnicos y los equipos de emergencia en tierra. Eligieron la ruta, calcularon el ritmo de descenso, prepararon la evacuación e incluso intercambiaron bromas. Cuando se acercaban a la ciudad de Sioux, el controlador aéreo los autorizó a aterrizar en cualquiera de las pistas del aeropuerto. Haynes soltó una risita y preguntó: «¿Le importaría elegir una por mí? Yo es que ahora mismo no me decido». Todos se rieron.

Minutos después, volando al doble de la velocidad habitual de aterrizaje y descendiendo seis veces más rápido de lo normal, el vuelo 232 intentó tomar tierra. La punta de un ala cabeceó e impactó contra la pista de aterrizaje, lo que hizo que el avión piruetease envuelto en llamas. El choque fue tremendo, pero sobrevivieron 185 personas, incluida la tripulación al completo. Al saltar fuera del amasijo de hierros, algunas personas se vieron en medio de un campo de maíz. El hecho de que sobrevivieran tantos pasajeros se consideró un milagro.

Durante las semanas siguientes, como parte de la investigación, la Junta Nacional de Seguridad del Transporte llevó a distintos pilotos veteranos a una serie de simuladores donde se recrearon las condiciones a las que había tenido que hacer frente el vuelo 232 cuando perdió todos los sistemas hidráulicos. Las simulaciones se repitieron veintiocho veces, y en todas ellas el avión terminó estrellándose después de caer en barrena sin acercarse siquiera a la ciudad de Sioux.

Todo esto nos muestra una curiosa realidad. La tripulación del vuelo 232 tuvo éxito no por las habilidades de cada uno de ellos, sino porque todos supieron combinar esas habilidades en una inteligencia mayor. Demostraron que una serie de mensajes breves y sencillos («¿Alguien tiene alguna idea?», «Dígame qué necesita y le ayudaré») puede desatar la capacidad de un grupo para funcionar. La clave, como veremos enseguida, radica en la voluntad de adoptar un determinado comportamiento que no podría entrar en un mayor conflicto con nuestros instintos: compartir la vulnerabilidad.

Hasta este punto del libro, podríamos decir que hemos permanecido en el departamento de encolado, investigando cómo los grupos de éxito fomentan el sentimiento de pertenencia. Ahora, nos centraremos en el músculo, para ver cómo los grupos de éxito traducen la conexión en un clima de cooperación y confianza.

Si uno se fija en la actuación de los grupos altamente cohesionados, verá muchos momentos de cooperación fluida y en confianza. Estos suelen darse cuando el grupo se encuentra con un gran obstáculo, como por ejemplo, un equipo SEAL en un curso de formación o el equipo de una comedia de improvisación en un *sketch*. Sin comunicarse ni planificar nada, los miembros del grupo empiezan a moverse y a pensar como si fueran una sola persona, salvando el obstáculo del mismo modo que un banco de peces pasa a través de un arrecife de coral, como si estuvieran todos conectados al mismo cerebro. Es hermoso.

Si lo analizamos en detalle, empero, comprobaremos algo más. Intercalados entre la naturalidad y la fluidez generales hay también otros momentos que no son tan hermosos. Son momentos de torpeza y de incomodidad llenos de interrogantes incómodos. Implican instantes de gran tensión, dado que los miembros reciben evaluaciones muy críticas y luchan en conjunto por determinar qué ocurre. Es más, estos momentos no ocurren por accidente. Vienen de fábrica.

En Pixar, tienen lugar en lo que allí se conoce como reuniones *braintrust*. El *braintrust* es el método al que recurre Pixar para estudiar y mejorar las películas durante la fase de desarrollo. Para cada uno de los títulos se celebran de forma periódica en torno a cinco *braintrust*. A la reunión, acuden tanto el director de la película como otros directores y productores veteranos del estudio, que ven la última versión de la obra y expresan su opinión con sinceridad. Visto desde fuera, el *braintrust* puede parecer una reunión rutinaria, pero de cerca es más como un doloroso procedimiento médico; en concreto, una disección, en la que se destacan, se clasifican y se analizan los puntos débiles de la película con asombroso detalle.

Los *braintrust* no son divertidos. Son situaciones en las que se dice a los directores que los personajes carecen de alma, que la línea argumental es confusa y que los chistes son malos. Pero también sirven para hacer mejores las películas. «El *braintrust* es, con mucha diferencia, lo más importante que hacemos —afirma el presidente de Pixar, Ed Catmull—. Se basa en la total sinceridad de las críticas.»

En cuanto al ritmo y el tono, las reuniones *braintrust* recuerdan a la situación vivida en la cabina del vuelo 232. Consisten en flujos constantes de «malas noticias» acompañadas de alguna que otra pregunta general y aciaga («¿Alguien sabe cómo aterrizar este cacharro?»). Los asistentes se pasan todo el rato con el ceño fruncido mientras lidian con el hecho de que la película, por el momento, no funciona. «Al principio, todas nuestras películas son lamentables

—dice Catmull—. El *braintrust* sirve para determinar por qué son lamentables y también permite que dejen de serlo.»

En el caso de los Navy SEAL, estos momentos de sinceridad incómoda se dan durante la Evaluación Posterior a la Acción o EPA. La EPA se convoca justo después de una misión o de una sesión de adiestramiento; los miembros del equipo dejan las armas a un lado y, después de tomar un refrigerio y un poco de agua, entablan una conversación. Al igual que durante las reuniones de *braintrust*, los miembros del equipo identifican y analizan los problemas y se enfrentan a las preguntas desagradables: «¿Dónde hemos fallado? ¿Qué hemos hecho cada uno de nosotros y por qué? ¿Qué haremos de otra manera la próxima vez?». Las EPA pueden llegar a ser muy duras y dolorosas, y están plagadas de instantes de mucho nerviosismo e incertidumbre.

«No te lo pasas muy bien —comenta Christopher Baldwin, exmiembro del Sexto Equipo SEAL—. A veces la tensión se dispara. Nunca he visto que se llegue a las manos, pero a veces sí que ha faltado poco. Aun así, quizá sea lo más importante que podemos hacer entre todos, aparte de las misiones propiamente dichas, porque es lo que nos ayuda a descubrir lo que sucedió en realidad y cómo mejorar.»

Aunque los SEAL y los empleados de Pixar apliquen estos procesos de forma estructurada, otros grupos optan por métodos más flexibles y orgánicos. En Gramercy Tavern, un restaurante de Nueva York cuya plantilla podría describirse como los SEAL de la cocina, me fijé en el comportamiento de Whitney Macdonald, que estaba a escasos minutos de vivir un momento que llevaba mucho tiempo esperando: su primer turno como jefa de sala. Los clientes que iban a entrar a almorzar empezaban a formar cola en la acera, por lo que Whitney estaba emocionada a la vez que nerviosa.

Cuando el vicedirector Scott Reinhardt se acercó a ella, supuse que sería para darle ánimos.

Estaba equivocado. «Bien —le dijo Reinhardt, que apresó a Whitney con una mirada luminosa y penetrante—. Lo único de lo que hoy estamos seguros es que no va a ser un día perfecto. Quiero decir, podría, pero lo más probable es que no sea así.»

Whitney hizo una leve mueca de sorpresa. Llevaba seis meses preparándose para ese día, aprendiéndose a conciencia hasta el último detalle del trabajo, deseando hacerlo bien. Había trabajado como camarera, tomando apuntes, asistido a las reuniones de personal y observado con atención a sus compañeros durante los sucesivos turnos. Ahora le estaban diciendo claramente que iba a pifiarla.

«Te diré cómo sabremos si te ha ido bien —continuó Reinhardt—. Si pides ayuda diez veces, sabremos que has hecho lo correcto. Si intentas hacerlo todo sola… —Dejó la conclusión en el aire, pues las consecuencias eran obvias: "Será un desastre".»

En apariencia, estas situaciones incómodas que se dan en Pixar, en los SEAL y en Gramercy Tavern no tienen mucha lógica. Se diría que estos grupos interactúan a propósito con una animadversión incompatible con una cooperación fluida. Aun así, lo fascinante es que estas interacciones desagradables y dolorosas fomentan ese clima de cohesión y confianza que se necesita para cooperar con naturalidad. Veamos en detalle cómo ocurre.

8

El bucle de la vulnerabilidad

Imaginemos que dos desconocidos se hacen mutuamente los dos siguientes conjuntos de preguntas:

Conjunto A
- ¿Cuál es el mejor regalo que te han hecho nunca y por qué?
- Describe a la última mascota que tuviste.
- ¿En qué instituto estudiaste? ¿Cómo era?
- ¿Cuál es tu actor favorito o tu actriz favorita?

Conjunto B
- Si tuvieras una bola de cristal que pudiera revelarte cosas sobre ti, tu vida, el futuro o cualquier otro asunto, ¿qué le preguntarías?
- ¿Hay algo que lleves mucho tiempo soñando hacer? ¿Por qué no lo has hecho?
- ¿Cuál es tu mayor logro?
- ¿Cuándo fue la última vez que cantaste? ¿Y delante de otros?

Estos dos conjuntos de preguntas son, en apariencia, muy similares. En ambos se pide que se dé información personal, que se cuente algo, que se comparta una experiencia. No obstante, si hubiera que someterse a este experimento, que en su extensión completa consta de treinta y seis preguntas, se observarían dos diferencias. La primera es que el conjunto B suscitaría cierta aprensión. Se aceleraría el pulso. Se notaría una mayor incomodidad. Daría pudor, se titubearía y, quizá, hasta se articularía una risita nerviosa (al fin y al cabo, no es fácil hablarle a un desconocido de algo que uno lleva toda la vida soñando hacer).

La segunda diferencia es que el conjunto B haría posible un mayor acercamiento entre dos desconocidos (en torno a un 24 % más estrecho que el del conjunto A, según los experimentos).* Aunque el conjunto A permite permanecer en la zona de confort, el conjunto B solicita confidencias, lo que provoca incomodidad y exige sinceridad, todo lo cual derriba las barreras que separan a las dos personas y las lleva a estrechar vínculos. Si bien el conjunto A sirve para proporcionar información, el conjunto B suscita algo más eficaz: la vulnerabilidad.

De alguna manera, el instinto nos dice que la vulnerabilidad suele dar lugar a la cooperación y a la confianza. Pero quizá no seamos conscientes de la eficacia y la fiabilidad de este proceso, sobre todo en lo referente a las interacciones grupales. Por ello, cabe conocer al doctor Jeff Polzer, profesor de comportamiento organizativo en Harvard, quien ha dedicado una buena parte de su carrera a estudiar cómo los pequeños y en apariencia insignificantes intercambios sociales pueden producir una catarata de efectos en los grupos.

«Tendemos a pensar en la vulnerabilidad como en un sinónimo de sensiblería, pero lo cierto es que no es así —dice Polzer—. Se trata del enviar una señal muy clara de que tenemos puntos débiles, de que necesitamos que nos ayuden. Y si ese comportamiento se convierte en un modelo para otros, se pueden dejar a un lado las inseguridades y trabajar en un clima de confianza y ayuda mutuas. No obstante, si nunca se dan momentos de vulnerabilidad, los demás intentarán disimular sus puntos débiles, y las inseguridades terminarán manifestándose en cualquier tarea trivial.»

* Las preguntas las desarrollaron los psicólogos Arthur y Elaine Aron. En su extensión completa, la «generación experimental de cercanía interpersonal» también requiere que los dos sujetos pasen cuatro minutos mirándose a los ojos en silencio. En sus orígenes, el experimento se realizó con setenta y una parejas de desconocidos, una de las cuales terminó contrayendo matrimonio (todo el laboratorio fue invitado a la ceremonia).

Polzer destaca que la vulnerabilidad no trata tanto del emisor como del receptor. «La segunda persona es la clave —asegura—. ¿Mostrará sus propios puntos débiles o tratará de hacer ver que no tiene ninguno? El resultado puede ser muy distinto.» Polzer ya es capaz de identificar enseguida el momento en que la señal se propaga por el grupo. «Puedes ver cómo la gente se relaja, conecta y empieza a confiar. El grupo entiende la idea y dice: "Vale, ahora vamos a actuar de esta manera", y al momento siguiente empieza a atenerse a esas pautas, conforme a la norma de que es bueno admitir los puntos débiles y ayudarse los unos a los otros.»

La interacción descrita podría denominarse «bucle de vulnerabilidad». Que todos se muestren francos con los demás es el pilar de la cooperación y la confianza. Los bucles de vulnerabilidad parecen fugaces y espontáneos desde fuera, pero vistos de cerca, todos obedecen a los siguientes pasos sutiles:

1. La persona A envía una señal de vulnerabilidad.
2. La persona B capta la señal.
3. La persona B responde señalando su propia vulnerabilidad.
4. La persona A capta la señal.
5. Se establece una norma; aumentan la cercanía y la confianza.

Consideremos la situación de Al Haynes durante el vuelo 232. Era el capitán del avión, la fuente de poder y la autoridad de quien todos esperaban directrices y orientación. Cuando la explosión inutilizó los controles, el instinto lo llevó a atenerse a ese papel, a tomar el timón y asegurar: «Lo tengo». (Más adelante declararía que eso era «lo más estúpido que había dicho nunca».) Si hubiera seguido interactuando de esa manera con la tripulación, probablemente el vuelo 232 se habría estrellado. Pero no siguió por ahí; hizo algo todavía más complicado: enviar una señal de vulnerabilidad, comunicarle a la tripulación que la necesitaba. Cuatro palabras bastaron: «¿Alguien tiene alguna idea?».

Del mismo modo, cuando el instructor de pilotos Denny Fitch entró en la cabina, podría haber intentado asumir el mando y ponerse a dar órdenes (al fin y al cabo, sus conocimientos sobre protocolos de emergencia se equiparaban, por no decir que superaban, a los de Haynes). Pero en vez de eso, hizo todo lo contrario, se puso al servicio de Haynes y de la tripulación, señalando su papel de colaborador.

«Dígame qué necesita y le ayudaré.»

Todas estas pequeñas señales se intercambiaron en cuestión de segundos. Pero fueron vitales porque alteraron la dinámica y permitieron que dos personas que antes no guardaban ninguna relación funcionaran como si fuesen una sola.

Es útil estudiar en detalle este cambio. De hecho, los científicos han desarrollado un experimento para reproducir este tipo de situaciones, el llamado «juego del toma y daca», cuya mecánica es la siguiente: dos personas que no se conocen reciben cuatro prendas. Cada una de ellas vale un dólar, pero pasa a valer dos dólares si se da a la otra persona. El juego consiste en tomar una decisión: ¿cuántas prendas darle a la otra persona?

No es una decisión fácil. Si se entrega todo, se puede terminar sin nada. La mayoría de los participantes acaban dando una media de 2,5 prendas a un extraño, con una tendencia a la cooperación. Lo interesante, sin embargo, es la manera en que suele comportarse la gente cuando se siente un poco más vulnerable.

Durante uno de estos experimentos, se pidió a los sujetos que hicieran una breve presentación ante una sala llena de personas, a las que previamente los científicos habían pedido que permanecieran calladas e inexpresivas. Después pasaron a jugar al toma y daca. Uno pensaría que los sujetos que se sometieron a esta dura experiencia luego se mostrarían menos cooperativos, pero en realidad ocurrió lo contrario; su tendencia a cooperar aumentó en un 50 %. El momento de vulnerabilidad por el que habían pasado no redujo su voluntad de ayudar, sino que la incrementó de forma significativa. También resultó cierto lo inverso: al aumentar la sensación de poder de los sujetos, alterando las circunstancias para hacerlos sentir invulnerables, se redujo en gran medida su voluntad de cooperar.

La relación entre vulnerabilidad y cooperación se aplica no solo a las personas, sino también a los grupos. En un experimento llevado a cabo por David DeSteno, de la Universidad del Nordeste, se les pidió a los participantes que realizasen una tarea larga y tediosa en un ordenador que había sido modificado para que se colgara mientras la estaban completando. En ese momento, otro participante, en connivencia con los investigadores, se acercaba, veía el problema y se ofrecía con generosidad a dedicar unos minutos a «reparar» el ordenador, evitando así que el participante de verdad tuviera que recargar los datos. Después, los participantes jugaban al toma y daca. Como es de suponer, los sujetos se mostraban mucho más cooperativos con la persona que les había arreglado el ordenador. Lo más curioso, no obstante, es que se mostraban igual de cooperativos con perfectos extraños. Dicho de otro modo, los sentimientos de confianza y cercanía suscitados por el bucle de vulnerabilidad se transferían con toda su intensidad a otros que estaban en la sala por casualidad. El bucle de vulnerabilidad es, por así decirlo, contagioso.

«Creemos que la confianza es algo inmutable, pero el cerebro nunca deja de explorar el entorno, preguntándose si se puede confiar en los que lo rodean y establecer un vínculo con ellos —explica DeSteno—. La confianza es una cuestión de contexto, y lo que la genera es la sensación de vulnerabilidad, de la necesidad de los demás y de su ayuda.»

Por lo general, concebimos la confianza y la vulnerabilidad como aquello que nos permite saltar desde tierra firme a lo desconocido; primero reunimos la confianza y después nos decidimos. Pero la ciencia nos demuestra lo contrario: la vulnerabilidad no aparece después de la confianza, sino que la precede. Saltar a lo desconocido, cuando lo hacemos junto con otras personas, hace que la tierra firme de la confianza se materialice a nuestros pies.

Una pregunta: ¿cómo se podrían encontrar diez enormes globos rojos desplegados en diversas ubicaciones secretas de Estados Unidos?

La respuesta no es fácil. La idea se les ocurrió a los científicos de la DARPA, la agencia de proyectos avanzados de investigación para la defensa, una división del Departamento de Defensa de Estados Unidos encargada de ayudar al ejército norteamericano a afrontar los retos tecnológicos del futuro. El «desafío de los globos rojos», anunciado por la DARPA el 29 de octubre de 2009, se diseñó teniendo en cuenta distintos problemas de la vida real, como el terrorismo y el control de epidemias, acompañado de un premio de 40.000 dólares para el primer grupo que localizase con exactitud los diez globos. La inmensidad de la tarea (dar con diez globos distribuidos a lo largo y ancho de casi diez millones de kilómetros cuadrados) hizo que algunos se preguntaran si la DARPA no se habría pasado de la raya. Un analista veterano de la Agencia Nacional de Inteligencia Geoespacial calificó la empresa de «casi imposible».

A los pocos días del anuncio, se habían inscrito cientos de grupos, en los cuales se recogía una muestra transversal de las mentes más brillantes de Estados Unidos (*hackers*, empresarios del mundo de las redes sociales, empresas tecnológicas y universidades de investigación). Casi todos consideraron el problema desde una perspectiva lógica y elaboraron todo tipo de instrumentos para resolverlo. Crearon motores de búsqueda para analizar la tecnología de fotografía satelital, analizaron las redes sociales y empresariales existentes, lanzaron campañas de publicidad, fabricaron sistemas de inteligencia de código abierto y fundaron comunidades de buscadores en la red.

El equipo del MIT Media Lab, sin embargo, no hizo nada de eso, porque no tuvo conocimiento del desafío hasta cuatro días antes del comienzo. El grupo de estudiantes, encabezado por el investigador de posdoctorado Riley Crane, comprendió que no tenía tiempo de formar un equipo, ni de desarrollar ninguna clase de tecnología ni de aplicar nada parecido a un método organizado. Por lo tanto, afrontaron el problema de otra manera. Crearon un sitio web con la siguiente invitación:

> Cuando te registres para unirte al equipo del MIT del desafío de los globos rojos, recibirás el vínculo de tu invitación personalizada, del tipo <http://balloon.mit.edu/aquitunombre>.
>
> Di a tus amigos que se registren con tu invitación personalizada. Si alguien a quien hayas invitado, o alguien a quien ese alguien haya

invitado, o alguien a quien ese alguien a quien ese alguien… (y así sucesivamente) gana dinero, ¡tú también lo ganarás!

Obsequiaremos con 2.000 dólares por globo a la primera persona que nos envíe las coordenadas correctas; pero eso no es todo, también obsequiaremos con 1.000 dólares a quien la hubiera invitado. Después, obsequiaremos con 500 dólares a quien invitase a esta última persona; después, con 250 dólares a quien invitase a esta última persona; y así sucesivamente… Esa es la idea.

En comparación con las herramientas y tecnologías sofisticadas a las que recurrieron otros grupos, el enfoque del equipo del MIT resultaba de una tosquedad irrisoria. No contaban con ninguna clase de estructura organizativa, ni con ninguna estrategia o *software*, ni siquiera con un mapa de Estados Unidos que ayudara a ubicar los globos. El grupo no estaba bien equipado; la estructura parecía más bien una súplica redactada deprisa, embutida en una botella y lanzada al océano de internet, como si dijeran: «Si recibes este mensaje, ¡ayúdanos, por favor!».

Llegada la mañana de 3 de diciembre, dos días antes del despliegue de los globos, el MIT abrió el sitio web. Durante las primeras horas no sucedió nada. Después, a las 15.42, empezaron a registrarse los primeros usuarios. Las primeras conexiones se produjeron desde Boston, y a partir de ahí explotaron y se propagaron por Chicago, Los Ángeles, San Francisco, Mineápolis, Denver, Texas y más allá, hasta llegar a Europa. Si visionásemos el proceso a cámara rápida, la propagación de las conexiones parecería el surgimiento espontáneo de un sistema nervioso gigantesco, con cientos de nuevos usuarios sumándose a la empresa cada hora.

A las 10.00 del 5 de diciembre, la DARPA colocó los globos en distintas ubicaciones secretas, que iban desde Union Square, en el centro de San Francisco, hasta un campo de béisbol de las afueras de Houston, Texas, pasando por un parque natural cercano a Christiana, Delaware. Miles de equipos entraron en acción, mientras los organizadores se disponían a afrontar una larga espera. Según sus estimaciones, pasaría una semana hasta que algún equipo localizase con exactitud los diez globos.

Ocho horas, cincuenta y dos minutos y cuarenta y un segundos más tarde, la búsqueda había concluido. El equipo del MIT había encontrado los diez globos, y lo había logrado con la colaboración de 4.665 personas o, como dijo el organizador de la DARPA, Peter Lee, «gracias a una participación masiva conseguida por muy poco dinero». El método tosco e improvisado del mensaje lanzado en una botella se había impuesto otras técnicas más desarrolladas, lo que provocó una veloz y extensa oleada de trabajo en equipo y de cooperación.

La razón es muy simple. Todos los demás equipos optaron por un mensaje lógico y basado en un incentivo («Si te unes a nosotros, puede que ganes dinero»). Parece una señal motivadora, pero en realidad no anima a la cooperación; de hecho, anima a lo contrario. Si hablas con otros acerca de la búsqueda, estás reduciendo leve- mente tus probabilidades de ganar un premio en metálico, ya que si es otro el que encuentra los globos, se llevará la totalidad de la recompensa. Estos equipos necesitaban de la vulnerabilidad de los participantes, mientras que ellos permanecían invulnerables.

El equipo del MIT, por su parte, señaló su vulnerabilidad al prometer que todo el que se registrara para buscar los globos rojos optaría a una fracción de la recompensa. Además, le brindó a la gente la oportunidad de crear redes de vulnerabilidad, al solicitar la participación de sus amigos e instar a estos a avisar a sus propios amigos. El equipo no dictó lo que debían hacer los participantes ni cómo debían hacerlo, y tampoco describió ninguna tarea específica a completar ni indicó que hubiera de usarse una tecnología en con- creto. Lo único que hizo fue proporcionar un vínculo y dejar que los usuarios lo emplearan como les placiese. Y lo que les plació, como hemos visto, fue conectarse con muchos otros usuarios. Cada invitación iniciaba un nuevo bucle de vulnerabilidad que alentaba a cooperar («Eh, me he metido en esta historia de la búsqueda de los globos y necesito que me ayudes»).

Lo que hizo diferente este tipo de cooperación, en definitiva, no fue el número de personas a los que llegó cada usuario ni el grado de desarrollo de su tecnología de búsqueda de globos, y tampoco se debió a nadie en concreto. Fue, más bien, la eficacia con la que los usuarios establecían relaciones de riesgo mutuo. En realidad, el desafío de los globos rojos ni siquiera era un concurso tecnológico. Era, al igual que cualquier otra empresa en la que se pretende propiciar la cooperación, un concurso de compartición de la vulnerabilidad.

La historia del desafío de los globos rojos se antoja sorprendente porque por lo general entendemos de forma instintiva la vulnerabilidad como algo que hay que ocultar. Pero la ciencia nos demuestra que cuando se trata de fomentar la cooperación, la vulnerabilidad no es un riesgo sino un requisito psicológico.

«¿Para qué sirven los grupos en realidad? —pregunta Polzer—. La idea es que los distintos miembros aúnen fuerzas y habilidades para complementarse los unos a los otros. La vulnerabilidad desbroza el camino y nos permite realizar el trabajo juntos, sin preocuparnos y sin titubear. Nos permite funcionar como una unidad.»

Después de hablar con Polzer y con otros científicos que estudian la confianza, comencé a ver los bucles de vulnerabilidad también en algunos otros de los sitios que visité. A veces eran intercambios sutiles y breves. Un entrenador de béisbol profesional comenzó el discurso de inicio de temporada ante sus jugadores diciendo: «Estaba muy nervioso porque hoy tenía que dirigiros unas palabras», a lo cual el equipo respondió sonriéndole, en señal de comprensión; los jugadores también estaban nerviosos. En ocasiones, estos bucles se materializaban en forma de objetos físicos, como el «mural de los errores» que idearon en Dun & Bradstreet Credibility Corporation, una pizarra blanca en la que los empleados podían dejar constancia de aquello que no les había salido del todo bien.

Otras veces se trataba de las costumbres de algunos líderes en apariencia invulnerables, como el hábito que tenía el fundador de Apple, Steve Jobs, de comenzar las conversaciones con el latiguillo «Se me ha ocurrido una bobada». «A veces lo era, en realidad —recuerda Jonathan Ive, vicepresidente sénior de diseño de Apple, en su discurso de tributo a Jobs—. Una gran bobada; auténticos disparates, en ocasiones.» Cada bucle era distinto, aunque compartían un patrón, una admisión de los límites, una conciencia clara de la naturaleza grupal del trabajo. La señal que se enviaba era siempre la misma: «Tienes una función aquí. Te necesito».

«Por este motivo, los miembros de los buenos equipos suelen afrontar juntos los proyectos extremos —argumenta DeSteno—. Un flujo constante de vulnerabilidad les da una idea más completa y fiable de sus capacidades, y los une más estrechamente, por lo que pueden asumir mayores riesgos. Es un proceso natural.»

El mecanismo de cooperación podría resumirse de la siguiente manera: «Los intercambios de vulnerabilidad, que tendemos a evitar de manera natural, son los ladrillos con los que se construye la cooperación en un clima de confianza». Esta idea es útil porque nos permite entrever la maquinaria del trabajo en equipo. La cooperación, como veremos más adelante, no se da porque sí. Es un músculo grupal que se fortalece conforme a un patrón específico de interacciones repetidas, y ese patrón es siempre el mismo: un círculo de personas entregadas al proceso arriesgado, a veces doloroso y, en definitiva, gratificante de mostrarse vulnerables juntas.

Así, la idea de los bucles de vulnerabilidad nos resulta útil porque ayuda a alumbrar las conexiones entre mundos en apariencia dispares. Por ejemplo, ¿por qué algunas compañías de comediantes tienen tanto éxito? ¿Cómo se estructura la banda de ladrones de joyas más conocida? ¿Y qué tiene que ver el ir por ahí cargados con un pesadísimo tronco con la creación de los mejores equipos de fuerzas especiales del mundo?

9

Los supercooperadores

La máquina de la confianza de Draper Kauffman

Uno de los rasgos que caracterizan a los Navy SEAL es la forma en que combinan el sigilo y la adaptabilidad. Pueden atravesar territorios complejos y peligrosos en completo silencio y sin cometer el menor fallo. Este es uno de los motivos por los que se recurre a ellos para determinadas misiones, como eliminar a Osama bin Laden, rescatar al capitán del *Maersk Alabama*, Richard Phillips, y otras muchas, tal vez menos conocidas pero igualmente peligrosas. Los SEAL llaman a esta combinación de habilidades «baloncesto de barrio». Como ocurre con todo buen equipo de barrio, no necesitan hablar demasiado ni seguir ninguna estrategia específica; juegan y ya está.

«Una vez participamos en una misión junto con los Rangers —me contó un excomandante del Sexto Equipo, refiriéndose a los equipos de Fuerzas Especiales del Ejército—. El comandante de los Rangers y yo estábamos juntos [en una base cercana], viendo el vídeo [de dron] de la misión. El comandante de los Rangers estuvo en contacto por radio con sus soldados en todo momento. Les hablaba, les daba instrucciones, "Haced esto", "Estad atentos a aquello". Actuaba como un entrenador que les vocease la jugada desde la banda. En un momento dado, se fijó en que yo no estaba diciendo nada, y me miró extrañado, con incredulidad, como en plan "¿Por qué no le está diciendo a su equipo lo que tiene que hacer?". Fue muy raro. Nosotros y ellos ejecutando la misma misión. Se pasó el rato hablando, mientras que nosotros no abrimos la boca. La razón es que no lo necesitábamos. Yo sabía que mis soldados resolverían los problemas por sí mismos.»

Dentro de los círculos militares se barajan muchas teorías sobre por qué a los SEAL se les da tan bien jugar al baloncesto de barrio. Algunos apuntan a la rigurosidad del programa de selección, esa escarpada pirámide de adiestramiento mental, emocional y físico de donde solo se elige a un porcentaje mínimo de candidatos. Otros resaltan la enorme valía de los individuos reclutados por la unidad y su inquebrantable espíritu de superación.

Todas estas teorías tienen su lógica, pero no bastan. El adiestramiento de la Fuerza Delta, por ejemplo, es igual de duro e incluso más selectivo, con un 95 % de rechazados frente al 67 % de los SEAL. Otros grupos de operaciones especiales reclutan candidatos con excelente formación y se centran en la mejora continua. Entonces, ¿por qué los miembros de los equipos SEAL se entienden tan bien? Cuando se busca la respuesta, se va a dar con la historia de Draper Kauffman, un candidato flacucho, miope y tremendamente testarudo al que la Armada rechazó.

Kauffman nació en 1911, hijo único del legendario almirante de la Armada James «Tempestuoso» Kauffman. Era lo que los psicólogos de hoy en día describirían como «un niño con trastorno de oposición». Sabía muy bien lo que los demás esperaban de él, pero tendía a hacer lo contrario. A los cinco años, se buscó un problema por quedarse en la calle hasta muy tarde. «Date prisa con los azotes para que pueda salir y seguir jugando», urgió a su madre. Estudiante mediocre, al que su padre solía reprender por su pereza, Kauffman se graduó en la Academia Naval en 1933. Cuando sus problemas de vista le impidieron obtener el grado de oficial, dejó atrás la vida militar y entró a trabajar en una naviera.

Más adelante, ante la inminencia de la Segunda Guerra Mundial, dejó ese trabajo para apuntarse al cuerpo estadounidense de voluntarios de conductores de ambulancias. Sus padres y su hermana, temiendo por su integridad, le escribieron para rogarle que lo reconsiderase. En respuesta, él solicitó el destino más peligroso posible, la zona norte de la Línea Maginot, donde Hitler había concentrado sus tropas para invadir Francia. Poco después de la llegada de Kauffman, en febrero de 1940, estalló la guerra.

La primera tarea que se le encomendó fue recorrer el campo de batalla con la ambulancia para recoger a los heridos. No estaba listo para la realidad caótica del combate. «Jamás me habría prestado a algo así de haber sabido de antemano lo que era —escribió—. Había tantas bombas estallando en medio del camino [...] que mi único instinto era acelerar a fondo, y a punto estuve de destrozar la ambulancia. Cuando hubimos pasado a los heridos a otro vehículo para que los llevaran al hospital, me quedé encogido en el asiento del conductor y empecé a temblar como una hoja.»

Fue más o menos entonces cuando Kauffman encontró un grupo de soldados franceses que representaban todo lo que él no era. El Corps Franc era un grupo de élite formado por voluntarios cuya labor consistía en infiltrarse tras la línea enemiga, cortar las comunicaciones, tomar prisioneros y hacer estragos. Se organizaban en equipos pequeños, e iban pertrechados con armas y explosivos ligeros. A Kauffman le impresionó su conexión fraterna, mucho más estrecha que la que conociera en la Academia Naval. «El Corps Franc podía aceptarte o no, y entre lo uno y lo otro había una diferencia abismal —le escribió a su familia—. No había nada que no estuvieran dispuestos a hacer por ti. Si un miembro de la patrulla era capturado y quedaban otros cinco, estos atacarían a cincuenta alemanes si era necesario para intentar liberar al que se encontraba prisionero.»

Durante el transcurso de seis semanas, Kauffman pasó los días y las noches con el Corps Franc, tiempo durante el que los vio brindar por los muertos al caer la noche y mantenerse serenos bajo el fuego enemigo. «En situaciones complicadas, enseguida consideras un amigo de verdad a quien tengas al lado —relataba—. Pude comprobarlo sobre todo un día en el que saqué del campo a Toine [un miembro del Corps]; le faltaba media cara, tenía un brazo destrozado y había perdido el pie izquierdo. Cuando lo tendimos bajo la lámpara del *poste de secours*, estuve a punto de derrumbarme, y me sentí aún peor cuando me guiñó el ojo sano y me apretó la mano con su mano buena.»

Una vez que la Línea Maginot fue asaltada, Kauffman viajó a Gran Bretaña y se alistó como voluntario en la unidad de desactivación de bombas de la Reserva Naval Británica. En junio de 1943, regresó a Estados Unidos y, de nuevo, se enroló en la Reserva Naval. El talento para la desactivación de bombas de aquel teniente delgaducho fue de boca en boca, y se lo destinó a Fort Pierce, Florida, con el cometido de seleccionar y adiestrar a soldados para unidades de demolición submarina, que penetraran las defensas alemanas a lo largo de las costas de Francia y del norte de África. La idea era que Kauffman se atuviera al método de la Armada para el adiestramiento de los equipos especializados, que consistía en unas pocas semanas de selecciones y entrenamientos relativamente intensos, supervisados por los oficiales. Pero, en vez de eso, Kauffman ignoró el método habitual y optó por reproducir el Corps Franc.

En primer lugar, Kauffman ideó la «semana infernal», un programa de criba de una semana de duración en el que se aplicaban niveles de dolor, miedo y confusión propios de la Línea Maginot, con seis kilómetros de natación en mar abierto, circuitos de obstáculos, entrenamiento de lucha cuerpo a cuerpo, carreras de quince kilómetros, una cantidad irrisoria de horas de sueño y un curioso ejercicio consistente en levantar postes telefónicos, actividad que había visto realizar a los comandos británicos para desarrollar la fuerza y el entendimiento del equipo. Aquellos que sobrevivían a la semana infernal (entre el 25 % y el 35 % de los candidatos) pasaban a someterse a entre ocho y diez semanas de formación especializada, durante las que aprendían y perfeccionaban las habilidades que emplearían en la liza.

En segundo lugar, Kauffman decretó que hasta el último aspecto del adiestramiento se basaría en la labor de equipo. En lugar de operar en solitario, los reclutas habrían de distribuirse en equipos de seis miembros (el número máximo de ocupantes de los botes neumáticos de la Armada) y mantenerse juntos mientras duraran las pruebas. Además, los equipos debían ser autosuficientes, capaces de rodear o atravesar cualquier obstáculo sin depender de un mando central.

En tercer lugar, Kauffman suprimió la distinción jerárquica entre oficiales y soldados rasos. En su programa, todos tenían que someterse al mismo entrenamiento, con independencia de su rango. Esto, por supuesto, incluía al propio Kauffman. Al comenzar la primera clase, los soldados rasos miraron al desgarbado y cegato comandante, y todos llegaron a la misma conclusión: aquel tipo no superaría los ejercicios ni en sueños. Pero Kauffman enseguida les demostró que se equivocaban.

«Lo poníamos a prueba a cada momento —escribía Dan Dillon, miembro de la primera clase de demolición—, pero pronto empecé a respetarlo de verdad, porque aunque muchos oficiales te dictan lo que tienes que hacer, después ellos no lo hacen. Aquel hombre [...] pedía sugerencias. Si le parecían bien, las ponía en práctica [...]. Y participaba en todo [...]. Cuando tocaba hacer los trabajos más sucios y repulsivos, él estaba allí, haciéndolos con nosotros. ¿Cómo no ibas a respetarlo?»

Los equipos que superaron el improvisado programa de adiestramiento de Kauffman empezaron a cosechar victorias desde el principio, desde Playa de Omaha hasta el Pacífico. Durante la década de los sesenta, cuando el presidente John Kennedy amplió las insólitas capacidades bélicas del país, el programa de adiestramiento de Kauffman sirvió como modelo para lo que se convertiría en el cuerpo de los SEAL, y así ha seguido siendo hasta la fecha. Todo lo cual nos lleva a una situación chocante: los equipos militares más sofisticados y eficientes del mundo se forman a partir de un programa desfasado, rudimentario y por completo acientífico, cuya filosofía no ha variado un ápice desde la década de los cuarenta.

«Yo lo llamo "genialidad instintiva" —me cuenta uno de los oficiales que entrenan a los SEAL—. Los que idearon el primer programa de entrenamientos no entendían del todo por qué aquella era la mejor manera de formar equipos y, sin embargo, sabían que no había otra mejor. Ahora sería muy fácil coger y cambiar algunas cosas, modernizarlas de alguna manera. Pero no lo haremos, porque estamos contentos con los resultados.»

Si uno acude a los lugares de entrenamiento de los SEAL, verá los postes telefónicos de Draper Kauffman. Están apilados en las dunas cercanas a los circuitos de obstáculos, en Coronado y Virginia Beach. Parecen los restos abandonados de una zona de obras, pero los comandantes de los SEAL los consideran objetos sagrados. «El AF [adiestramiento físico] con troncos es el cristal por el que se puede ver todo lo que ocurre aquí —asegura Tom Freeman,* co-mandante de los SEAL—. Captura la esencia de toda evolución, porque se basa en el trabajo en equipo.»

El AF con tronco no es complicado. Básicamente, consiste en que seis aspirantes a SEAL realicen una serie de maniobras que más bien se asemejan a la construcción de un granero amish. Levantan el tronco, lo transportan y lo hacen rodar. Se lo pasan de hombro a hombro y lo empujan con los pies. Hacen abdominales mientras lo acunan y se disponen en fila para sostenerlo por encima de la cabeza con los brazos extendidos. No se sigue ninguna estrategia, no se aplica ninguna técnica, no se atiende a nada que requiera grandes dosis de ingenio, habilidad o reflexión. Lo que caracteriza el AF con tronco es que entran en juego estas dos condiciones: un alto grado de vulnerabilidad y una interconexión estrecha.

Con respecto a la vulnerabilidad: Como dicen los SEAL, el AF con troncos no se hace, se sufre. Dentro del gran reino del martirio que es el adiestramiento de los SEAL, el AF con troncos ofrece uno de los niveles más elevados de pura agonía. «A veces los instructores te dicen que hay que estar en el circuito O en treinta minutos, y ahí es cuando te das cuenta: "Joder, hoy toca sufrir un AF con troncos —dice Freeman—. Primero te mandan a comer algo para darte tiempo a reponer fuerzas mientras empiezas a sentir el miedo. Lo peor es saber lo que te espera. Cuando apenas han pasado treinta segundos de una evolución de noventa minutos, ya te arden los hombros, y no dejas de pensar que todavía te queda una hora y media".»

Con respecto a la interconexión: El peso (de unos ciento veinte kilos) y la longitud (de tres metros) del tronco le confieren una inercia brutal; para ejecutar maniobras precisas se requiere que to-dos los miembros del equipo ejerzan la misma fuerza en el momento exacto, algo que solo puede conseguirse estando muy pendiente de los compañeros. En cierto modo, es como si hubiera que agitar una batuta; si el pulgar se sincroniza con los demás dedos, la tarea resulta fácil; pero si uno solo de los dedos pierde el ritmo, aunque

---

* No es su verdadero nombre.

sea por una fracción de segundo, se hace imposible. Por eso, un equipo más débil pero que actúe de forma sincronizada puede superar el AF con tronco, mientras que un grupo de miembros más robustos podría derrumbarse, física y mentalmente.

Estas dos condiciones, en conjunto, producen una sensación particular, en la que la vulnerabilidad se conjuga con la interconexión. Se padece un dolor inhumano, a escasos centímetros de los compañeros, lo bastante cerca para sentir su aliento en la nuca. Si uno de los miembros flaquea o realiza un movimiento equivocado, los otros pueden notarlo, y saben que los demás también lo notarán cuando les ocurra a ellos. Hay que decidirse. Uno puede centrarse en sí mismo o en el equipo y en la tarea común.

Cuando el AF con tronco se hace mal, el tronco se tambalea y cae rodando, los reclutas se pelean entre ellos y afloran las emociones. Cuando el AF con tronco se hace bien, todo se desarrolla con soltura y en silencio. Pero esa naturalidad es engañosa, porque detrás de las apariencias tiene lugar un proceso de comunicación. Los intercambios que se dan son casi inapreciables; si un miembro flaquea, los que lo rodean sincronizan esfuerzos para mantener el tronco a nivel y en equilibrio; si a alguien se le escurren las manos, enseguida los demás compensan su parte. Es conversación de ida y vuelta a través de las fibras del tronco.

1. Un compañero flaquea.
2. Los demás lo notan y responden soportando más dolor por el bien del grupo.
3. Se recupera el equilibrio.

Gracias a Draper Kauffman, este intercambio de vulnerabilidad e interconexión se entreteje en todos los aspectos del adiestramiento de los SEAL y se integra en un conjunto de valores férreos. Todo se hace en grupo. Los reclutas deben estar pendientes de sus compañeros en todo momento; no hay mayor pecado que perder la pista de alguien. Cuando se realiza un ejercicio a bordo de un barco, los reclutas intercambian constantemente los distintos puestos y papeles de mando. Las carreras cronometradas suelen regirse conforme a unas reglas invariables, pero a veces los instructores las flexibilizan con los corredores que se rezagan para ayudar a los demás, ya que valoran la voluntad de los reclutas que asumen riesgos en beneficio del equipo.

«Se trata de buscar microeventos —dice Freeman—. Una evolución es un cristal que permite observar los distintos momentos del trabajo en grupo, y creemos que si pones juntos varios de esos instantes, te empiezas a hacer una idea de quiénes serán los mejores compañeros de equipo. Ocurre cuando menos te lo esperas. Por ejemplo, supongamos que se les agota el tiempo y que los instructores los van a castigar. ¿Habrá uno que empiece a meterles prisa a los demás para acabar antes la carrera? ¿O se pararán y dirán: "Vale, vamos a tener una falta por llegar tarde de todas formas, así que tomémonos un respiro y repongamos un poco las fuerzas, para estar al cien por cien cuando lleguemos"? Este segundo razonamiento tiene algo que nos interesa. Queremos tener reclutas así, porque no piensan solo en sí mismos, sino también en el equipo.»

Visto de esta forma, el alto nivel de cooperación que se aprecia entre los SEAL no es algo extraño, sino algo inevitable. Trabajan bien en equipo porque el programa de adiestramiento de Kauffman genera miles de microeventos que propician la cercanía y la cooperación. «Es algo más que trabajo en equipo —añade Freeman—. Estás expuesto. Todos tus compañeros de equipo saben quién eres, porque te has entregado a fondo. Y si lo has hecho bien, se genera un clima de confianza infinitamente mayor que el que puedas ver en ninguna otra parte.»

El poder del Harold

Una noche de 1999, Lorne Michaels, productor de *Saturday Night Live*, salió del ático que ocupaba en la calle Sesenta y nueve Oeste de Nueva York y se dirigió al sur, hacia un sector deprimido de Chelsea. Una vez allí, entró en un teatro de sesenta asientos que, hasta hacía pocos meses, había acogido al club de estriptis integral Harmony Burlesque. No sabía muy bien a qué olía; el contenedor de basura que había cerca de la entrada trasera estaba lleno de ratas. En cuestión de tres años, los inspectores de la ciudad cerrarían el teatro por no respetar la normativa contra incendios. Pero, esa noche, a Michaels no le importaron las condiciones del lugar. Había ido en busca de talento.

Michaels se movía por el ecosistema de la comedia igual que un recolector de orquídeas: buscaba, encontraba y recogía los mejores ejemplares. En el pasado, había cosechado talento a raudales en su Toronto natal, en el Second City de Chicago, en el ImprovOlympic y en otros locales. Pero en los últimos meses había surgido una nueva especie de comediantes, grupos ingeniosos y audaces, de diálogos muy inteligentes e imaginación provocadora. Estaban colonizando el panorama del entretenimiento a una velocidad vertiginosa, la vanguardia de una invasión que protagonizaría y/o guionizaría producciones como *The Office*, *The Daily Show*, *30 Rock*, *The Colbert Report*, *Parks and Recreation*, *Community*, *Conan*, *Key & Peele*, *Broad City*, *Bob's Burgers*, *New Girl*, *The League*, *Girls* y *Veep*, por no hablar de películas como *El reportero*, *Pasado de vueltas*, *A por todas* o *La boda de mi mejor amiga*, por citar solo algunas. El colectivo se hacía llamar Upright Citizens Brigade.*

Lo que llamaba la atención de la UCB, según Michaels, era su solidez. Mientras que otros grupos de improvisación generaban un modesto puñado de equipos magníficos, de la UCB salían decenas, todos los cuales actuaban con notoria habilidad. Es más, al principio, la UCB no parecía tan distinta del Second City, del ImprovOlympic o de ninguna otra compañía de comediantes. Todos estaban influen-

---

* La siguiente es una lista parcial del alumnado de la UCB: Scott Adsit, Aziz Ansari, H. Jon Benjamin, Matt Besser, Kay Cannon, Rob Corddry, Eliza Coupe, Andrew Daly, Abby Elliott, Mary Elizabeth Ellis, Sue Galloway, Jon Glaser, Ilana Glazer, Donald Glover, Ed Helms, Rob Huebel, Abbi Jacobson, Jake Johnson, Ellie Kemper, Nick Kroll, John Lutz, Jason Mantzoukas, Jack McBrayer, Adam McKay, Kate McKinnon, Bobby Moynihan, Aubrey Plaza, Amy Poehler, June Diane Raphael, Rob Riggle, Ian Roberts, Horatio Sanz, Paul Scheer, Ben Schwartz, Jenny Slate, Jessica St. Clair, Matt Walsh, Tracey Wigfield, Jessica Williams, Casey Wilson, Zach Woods y Sasheer Zamata.

ciados por la leyenda extinta de la comedia Del Close; todos impartían clases de improvisación para gestionar el flujo de recién llegados; todos rompían moldes con la filosofía del «todo vale»… De hecho, la única diferencia era que la UCB instruía a sus comediantes casi exclusivamente con un extraño y complicado juego de improvisación que recibía el nombre de Harold.

Los juegos de improvisación suelen basarse en la sencillez y en la velocidad, en números breves que respondan a las intervenciones del público, pero el Harold es distinto, porque es largo y complejo. Requiere la participación de ocho personas, integra nueve escenas entrelazadas y dura unos cuarenta minutos, una eternidad en el mundo con trastorno por déficit de atención de la improvisación. Es difícil de enseñar y difícil de aprender, a consecuencia de lo cual muchas veces termina en un fracaso estrepitoso. En Del Close se hizo la famosa comparación de un buen Harold con un grupo de personas que se precipitasen escaleras abajo y terminasen cayendo de pie al mismo tiempo. La gran mayoría de las veces, esas personas no hacían más que precipitarse por las escaleras.

El Harold se estructura de la siguiente manera:

- Presentación en grupo.
- Primera parte: escenas 1A, 1B y 1C (dos personas por escena).
- Juego en grupo.
- Segunda parte: escenas 2A, 2B y 2C.
- Juego en grupo.
- Tercera parte: escenas 3A, 3B y 3C.

No pasa nada si cuesta seguirlo; en cierto modo, ese es el objetivo, porque durante el Harold hay que entrelazar las distintas escenas sobre la marcha con otras siete personas, de manera que todas las escenas A estén relacionadas entre sí, todas las escenas B estén relacionadas entre sí y así sucesivamente. Hay que prestar mucha atención a lo que la UCB llama «juego», es decir, la gracia de cada escena, y retener esos hilos en la memoria, regresando a las conexiones anteriores al tiempo que estableces otras nuevas.

A diferencia de otras compañías de comediantes, la UCB no

recurría a los Harold de vez en cuando; estaba obsesionada con ellos. Había equipos de Harold, noches de Harold, clases de Harold, torneos de Harold y prácticas de Harold, así como sesiones durante las que se analizaban los diversos elementos del juego. Las paredes del teatro estaban cubiertas de fotos de sus mejores equipos de Harold. Como dijo alguien al respecto, la relación de la UCB con el Harold equivalía a la de la Iglesia católica con la misa. Todo lo cual nos lleva a una curiosa situación: la UCB estaba dando origen a algunas de las compañías de comediantes más cohesionadas del mundo, mediante una actividad que generaba, más que nada, angustia e incomodidad.

Con el propósito de conocer más detalles, salgo a ver una noche de Harold en el nuevo teatro de la UCB (libre de olores y de ratas), ubicado en la calle Veintiséis Oeste de Chelsea. Ocupo una butaca y entablo una conversación con mi vecina de fila, Valerie, quien, al igual que muchas otras personas del público, asiste a las clases de la UCB con la esperanza de formar parte de un equipo de Harold algún día. No ha venido a divertirse sino a aprender. «Sobre todo me fijo en la técnica —dice—, en cómo reaccionan bajo presión. Trabajo mucho con las reacciones; procuro responder a los demás con naturalidad en vez de utilizar los recursos de siempre.»

Comienza el espectáculo: hay tres equipos y cada uno de ellos ejecuta un Harold. Después de cada Harold, Valerie realiza un análisis apresurado. «Un poco soso —susurra, tras un Harold en el que una chica que estaba en el metro y llevaba puestos unos cascos tarareaba demasiado alto una canción de Adele—. No ha dado pie a que nadie conecte con ella. Ha hecho un chiste y luego los demás no podían hacer mucho más.»

«Demasiado plano», dice Valerie por lo bajo, al término del segundo Harold, que trataba de una máquina de café que se servía de su inteligencia artificial para seducir a la novia del propietario. Me explica que un buen Harold no se limita a una sola historia y un solo lugar, sino que permite que los intérpretes salten a escenarios muy distintos.

«Este ha estado genial —juzga Valerie con discreción cuando concluye el tercer Harold, en el que concurrían un vampiro, una familia de vacaciones y una pareja que acababa de dar a luz a un juguete sexual animado—. Ahora sí que se han apoyado los unos a los otros. ¿Te has fijado en cómo algunos de ellos han dejado fluir las cosas sin implicarse en exceso? Me encanta.»

Cuando Del Close ideó el Harold en la década de los setenta, redactó las siguientes reglas:

1. Todos somos actores de reparto.
2. Controla siempre tus impulsos.
3. Nunca intervengas en una escena a menos que se te necesite.
4. Saca de apuros a los demás actores, no te preocupes por la pieza.
5. Tu principal responsabilidad es apoyar a los demás.
6. Trabaja siempre con los cinco sentidos.
7. Nunca subestimes a la audiencia ni seas condescendiente con ella.
8. No cuentes chistes.
9. Confía. Confía en que tus compañeros van a ayudarte; confía en que podrán con ello cuando les pases una carga pesada; confía en ti.
10. Evita hacer juicios sobre lo que ocurre, más allá de si hace falta un empujón, cuál sería el mejor modo de seguir o qué aporte imaginativo podrías hacer si se te requiriera.
11. ESCUCHA.

Todas las reglas implican o bien la contención del impulso egoísta de convertirnos en el centro de atención, o bien la colaboración con los compañeros («apoya», «salva», «confía», «escucha»). Por eso son difíciles de aplicar y por eso sirven para fomentar la cooperación. El Harold primero nos coloca delante del público y después nos dice que ignoremos los instintos y que tengamos la generosidad de poner al grupo por delante. En resumen, es la versión cómica del AF con tronco.

«Tienes que dejar a un lado la necesidad de ser divertido, de ser el centro de todo —dice Nate Dern, ex director artístico de la UCB—. Tienes que ser capaz de desnudarte, de no tener nada que decir, para que la gente ate cabos por sí misma. Se dice que deberíamos dejar la mente en blanco, pero no es exactamente eso, lo que deberíamos hacer es dejar la mente abierta.»

La UCB también se caracteriza por entender el Harold como un deporte. Esta mentalidad se refleja en la terminología. Hay entrenadores en lugar de directores y prácticas en lugar de ensayos, y después de cada número se convoca una intensa sesión de repaso muy parecida a una Evaluación Posterior a la Acción o a un *braintrust*. «Aunque hay elementos positivos, por lo general se basa en las críticas —dice Dern—. Oyes cosas del tipo "Ignoraste la idea de tu compañero de escena" o "Pasaste por encima de tu compañero e impediste que contribuyera". El ambiente es bastante tenso. Como artista, es duro, porque ya sabes que no has hecho bien el número, pero, además, después tu entrenador te recalca todo lo que ha salido mal.»

«En las demás variantes de la improvisación, puedes salir del paso a base de encanto —dice Kevin Hines, supervisor académico de la UCB de Nueva York—. No así en el caso del Harold. Es despiadado. Por eso la gente que tiene éxito en este campo trabaja muy duro.»

Dicho de otro modo: el Harold es un ejercicio de cerebro grupal con el que se experimenta, una y otra vez, la pura y dolorosa combinación de la vulnerabilidad y la interconexión. Visto de esta manera, el brillo de la UCB, tanto en el escenario como en la pantalla, no es fruto de un accidente. Es el resultado de miles de microeventos o de pequeños saltos interpersonales que unos dieron y en los que otros colaboraron. Estos grupos están cohesionados no porque sea lo natural sino porque engrosan, pieza a pieza, los músculos mentales compartidos que les permiten conectar y cooperar.

«Todos piensan con un solo cerebro»

En torno al año 2000, las joyerías más exclusivas del mundo se convirtieron en el objetivo de un nuevo tipo de ladrones. Estos delincuentes actuaban a plena luz del día, en los distritos comerciales de

postín, con las cámaras de vigilancia grabando. El método empleado era siempre el mismo: entraban en las tiendas vestidos como
clientes acaudalados y, acto seguido, sacaban los martillos para rom-
per las vitrinas y llevarse solo las gemas más valiosas. Todos los robos
se planeaban y se ejecutaban con precisión (casi siempre se llevaban
a cabo en menos de cuarenta y cinco segundos). Si bien en ocasiones
los delincuentes se mostraban bruscos con los guardias de seguridad
y con los clientes, rechazaban el uso de armas y optaban por las
huidas creativas. En Londres, se evadieron en un Bentley con chófer;
en Tokio, emplearon unas bicicletas. Un criminólogo calificó sus
trabajos de «artísticos». Los asaltantes eran jóvenes y se decía que
procedían de Serbia y de Montenegro, regiones de la antigua Yugoslavia, arruinada por la guerra. La policía los llamaba los Panteras
Rosas.*

- París (2001): un grupo de Panteras disfrazados de obreros
  empleó unos sopletes para fundir el revestimiento de seguridad de los escaparates de la tienda principal de Boucheron,
  en París, y a continuación reventaron los cristales y huyeron
  con un botín valorado en un millón y medio de dólares.
- Tokio (2005): un grupo de Panteras que se hacía pasar por
  clientes adinerados empleó un aerosol de pimienta para reducir a los guardias de seguridad y huyó con treinta y cinco
  millones de dólares en joyas.
- Saint-Tropez (2005): unos Panteras vestidos con sombreros
  de paja y camisas de flores entraron en un establecimiento de
  un puerto, afanaron tres millones de dólares en joyas y huyeron en una lancha.
- Dubái (2007): cuatro Panteras llegaron en dos Audis alquila-
  dos al exclusivo centro comercial de Wafi, donde utilizaron
  los coches para arietar la puerta de la joyería Graff, después

---

* El nombre procede de un atraco cometido en Londres en 2003, tras el
que la policía halló unos diamantes robados escondidos en un tarro de crema
facial, una táctica que se había hecho famosa con la película de 1975 *El regreso de la pantera rosa*.

de desactivar los airbags. Escaparon con tres millones y medio de dólares en joyas.

- Londres (2007): cuatro Panteras varones disfrazados de mujeres de mediana edad (con pelucas y vestidos caros) asaltaron una tienda de Harry Winston y se llevaron ciento cinco millones de dólares en esmeraldas, rubíes y diamantes del tamaño de una gominola.

Al ver los vídeos de los robos captados por las cámaras de vigilancia, se aprecia un ciclo perfecto. Los Panteras circulan por las tiendas como el agua, ejecutan de forma coordinada, sosegada y con un objetivo claro. No se miran los unos a los otros, saben adónde tienen que ir y lo que tienen que hacer. Sacan los martillos y golpean las vitrinas con precisión, apartan los añicos de los cristales y sacan los diamantes con eficiencia estudiada y, por último, se marchan con una agilidad espectral.

A las autoridades les sorprendía una cosa más; en un ámbito en el que no impera la lealtad, los Panteras parecían estar muy unidos unos a otros. Las pocas veces en que alguno de ellos era detenido, la policía nunca lograba que delatase a los demás. En 2005, el Pantera Dragan Mikic se fugó de una cárcel francesa cuando varios sujetos (supuestamente un grupo de Panteras) se presentaron equipados con escalerillas, fusiles y cizallas, para irrumpir en la prisión y liberarlo. Como dijo un fiscal, «a estos tipos les da igual que los metan entre rejas. Saben que van escaparse». O, como dijo un comentarista, «todos piensan con un solo cerebro».

A medida que los Panteras se iban haciendo más conocidos, la gente se preguntaba quiénes eran y cómo se organizaban. La teoría más aceptada proponía que se trataba de un grupo de exsoldados que habían combatido en las guerras de Yugoslavia. Algunos pensaban que los Panteras eran antiguos miembros de la unidad paramilitar conocida como los Tigres de Arkan, una formación de mala fama que trabajaba para el poderoso Slobodan Milosevic. Otros sugerían que habían sido integrantes de las JSO, las tropas especiales serbias.

Fuera cual fuese su procedencia, parecía estar claro que eran soldados que operaban a las órdenes de algún superior. Como declarase ante un periodista George Papasifakis, subdirector de la Unidad de Delito contra la Propiedad Griega, «No cabe duda de que alguien maneja los hilos desde Serbia, y de que alguien se encarga de iniciar y formar a los nuevos miembros». Se trata de un material poderosamente cinematográfico: una organización global secreta formada por exsoldados reconvertidos en criminales perfectos, que cumplen las misiones que les asigna un cabecilla en la sombra. Esta narrativa tiene lógica, porque solemos dar por hecho que este tipo de coordinación óptima requiere un adiestramiento especial, un liderazgo firme y una organización centralizada.

Es una teoría perfectamente válida, salvo por un detalle: es errónea. A finales de la década, las investigaciones de la policía y de los periodistas empezaron a revelar la asombrosa verdad. Los Panteras eran un grupo variopinto autoconstituido, autogobernado y compuesto de ciudadanos normales de clase media, exatletas y criminales de poca monta. Uno había formado parte del equipo de la selección juvenil de baloncesto de Serbia, otro había estudiado derecho… Lo que tenían en común era la experiencia de haber vivido una guerra infernal, el instinto de la acción, unas fuertes relaciones de amistad y la conciencia de que no tenían nada que perder.

«Muchos de ellos crecieron en tres ciudades en concreto, donde se hicieron amigos —declara la directora Havana Marking, quien ayudara a desentrañar la historia en su documental *Smash & Grab*—. La experiencia de vivir el régimen comunista, para pasar a la pesadilla colectiva de la guerra, fue lo que de verdad los unió. Al principio, se dedicaban sobre todo al contrabando, para sobrevivir. Trabajaron juntos en aquellas circunstancias, y no por dinero, sino por pura supervivencia. Aprendieron a falsificar documentos y a saltarse las fronteras, entre otras cosas. Se engancharon a la acción y a la adrenalina. Hay que entender que el crimen, en los Balcanes, era una ocupación habitual. Si en los Balcanes no hubiera ocurrido lo que ocurrió, quizá estas personas habrían llegado a ser empresarios, abogados o periodistas.»

Cada equipo se formaba con un paquete de papeles bien definidos. Había un *zavodnik*, un «seductor», encargado de reconocer el lugar (por lo general una mujer); un *magare*, alguien fuerte encargado de sacar las joyas, y un *jatak*, la figura encargada de la logística. Aunque en todos los equipos había un cabecilla, su cometido no era dar órdenes, ya que todos se limitaban a respetar una regla sencilla que un Pantera le reveló a Marking: «Todos dependemos de todos».

Esta interdependencia empezaba por el modo en que los Panteras se preparaban para cada robo. Los miembros del equipo (nunca había más de cinco o seis por célula) viajaban a la ciudad y recababan información sobre la tienda elegida. Vivían y trabajaban juntos durante semanas de planificación minuciosa. Reconocían el establecimiento, observaban las entradas y las salidas del personal y trazaban planos en los que señalaban la ubicación de las joyas más valiosas. Es más, todos los Panteras contribuían a cubrir los gastos de la planificación (que no eran bajos precisamente; los costes previos al robo de Tokio ascendieron a 100.000 dólares). No contaban con ninguna organización de apoyo ni con una red de seguridad. La organización eran ellos y si un miembro cometía un fallo, el grupo entero fracasaba.

En otras palabras, los Panteras eran de alguna manera unos comediantes que realizan un Harold o unos SEAL que ejecutan un AF con tronco, grupos pequeños que resuelven problemas en un estado constante de vulnerabilidad e interconexión. Como le dijo Lela, miembro de los Panteras, a Marking: «Un fallo mío perjudicaría a los demás. Si, en un momento dado, yo cometiera un error, todos estarían condenados».

Para su documental, Marking entrevistó a un hombre y a una mujer que antes habían formado parte del mismo equipo de Panteras pero que no se veían desde hacía años. Se fijó en cómo interactuaban. «Hacía mucho tiempo que no se veían y se alegraron mucho al reencontrarse —dice—. Su amistad era sincera y parecían estar muy unidos. ¿Sabes esas situaciones en que percibes que dos personas están a gusto la una en compañía de la otra? Con ellos fue así.»

10

Cómo fomentar la cooperación en los grupos pequeños

Las reglas de Dave Cooper

Si se fuera en busca de los grupos más eficientes del mundo, en algún momento se llegaría a Dam Neck, Virginia, la base principal de los descendientes de Draper Kauffman, los trescientos SEAL que componen el Sexto Equipo. Y si se preguntara a distintos miembros del Sexto Equipo, tanto en activo como jubilados, a qué líderes admiran más, se oirían los mismos nombres una y otra vez. Pero el que más sonaría sería el de Dave Cooper.

Es una elección llamativa, porque Dave Cooper no posee ningún talento evidente que lo distinga de los demás miembros del Sexto Equipo. Cooper, que se jubiló en 2012, no es el miembro más listo ni el más fuerte del equipo, y tampoco es el mejor tirador. No es quien mejor nada ni el que mejor lucha cuerpo a cuerpo. Pero resulta que sí es el mejor en una habilidad tan difícil de definir como decisiva. Es quien mejor forma grandes equipos.

«Coop es un tío muy inteligente que pasó mucho tiempo en las trincheras —dice Christopher Baldwin, exmiembro del Sexto Equipo—. No era de los que ascendían en la cadena de mando solo por trepar. Es uno de los nuestros. Veía las cosas desde una perspectiva integral, y siempre podías hablar con él.»

«Algunos mandamases han tenido altercados con él, porque no siempre acata las normas —apunta otro de los miembros—. Pero si estás en su equipo, entiendes por qué es eficiente.»

Otro miembro lo explica de un modo más sucinto: «Cooper es lo más».

Me cuentan cómo funcionaba Cooper en Bosnia, en Somalia, en Irak y en Afganistán, siempre en lugares «animados», como dicen los SEAL. Me cuentan lo bien que se entendían los equipos de Cooper y lo a menudo que cumplían las misiones cuando las cosas se ponían muy feas (y especialmente entonces). Cuanto más hablan, más veo a Cooper como una figura legendaria, una mezcla de Vince Lombardi y de Jason Bourne.

Después, nos encontramos para almorzar, en un restaurante de Virginia Beach.

Cooper resulta ser un hombre de estatura media que viste con camisa de playa, pantalones cortos y chanclas y que, en muchos aspectos, recuerda a un padre típico de un barrio de extrarradio. Como cabía esperar, está más que en forma. Lo que sí sorprende es que, además, sea hablador y afable, y que enarque las cejas con interés cuando escucha. Como muchos miembros de los SEAL, mantiene los codos un tanto separados del tronco, alerta, siempre pendiente de lo que ocurre en la sala. «Control del entorno», lo llaman.

Elige una mesa de la calle para que podamos ver a la gente. Charla con el camarero y escucha el menú con una intensidad cálida. Después, arquea las cejas. «Bien, ¿y qué es lo que querías saber?», me pregunta.

La historia de Cooper, como la de muchos otros miembros del Sexto Equipo, es idiosincrásica. Se crio en un pueblo de Pensilvania y creció con el deseo de ser médico. Fue alumno de Biología Molecular en la Universidad de Juniata, una modesta escuela de humanidades que una vez al año permitía que los reclutadores del ejército acudiesen al campus. Supo de los SEAL por un profesor de historia y aún hoy recuerda el comentario con el que le entró el gusanillo: «Los SEAL son lectores ávidos e inteligentes». Se quedó fascinado, de modo que, después de graduarse, decidió iniciar el adiestramiento. Sobrevivió a la semana infernal, pasó el proceso de selección de Draper Kauffman y superó una nueva criba para unirse al Sexto Equipo en 1993.

Cooper tiene infinidad de historias que contar (y muchas que debe guardarse para sí) acerca de la vida como miembro del Sexto Equipo. Pero cuando se le pregunta sobre la formación de equipos, solo tiene una. Sucedió en Afganistán, en la Nochevieja de 2001, en medio de una carretera desierta que unía Bagram con Jalalabad. Cooper se encontraba allí porque tenía órdenes de acompañar a su capitán en una misión de reconocimiento de la ruta con un equipo de cuatro personas, de tal modo que debían ir en una unidad móvil desde Bagram hasta Jalalabad y regresar el mismo día.

La carretera era una pesadilla, un camino de ciento ochenta kilómetros sembrado de minas, intransitable en muchos tramos y plagado de salteadores e insurgentes. Aun así, el capitán de Cooper, que irradiaba confianza en sí mismo, insistió en que debían ir y trazó un plan. Se desplazarían en un Suburban blindado con refuerzos en los neumáticos. Viajarían rápido y con sigilo. Todo saldría bien. Cooper tenía sus dudas, pero se limitó a acatar las órdenes.

Apenas se habían alejado unos kilómetros de Bagram cuando las cosas empezaron a torcerse. La carretera resultó estar peor de lo que se esperaban, tanto que en algunos tramos más parecía un camino de cabras que una pista. El bastidor del Suburban blindado distaba escasos centímetros del suelo, lo que ralentizaba mucho la marcha. Al oscurecer, cuando por fin llegaron a Jalalabad, Cooper supuso que se quedarían allí hasta que amaneciera. Sin embargo, el comandante anunció que darían media vuelta y regresarían a Bagram esa misma noche para cumplir con la misión encomendada.

Cooper se opuso (una mala idea, indicó). La discusión subió de tono; Cooper y el comandante empezaron a gritarse el uno al otro hasta que el superior le recordó su rango. Cooper se rindió y, hundido, subió al Suburban. El grupo partió hacia el seno de la noche.

Una hora más tarde tuvo lugar una emboscada. Un convoy de camiones y todoterrenos emergió rugiendo de la negrura y rodeó el Suburban. El conductor del equipo de Cooper intentó eludirlos, pero los neumáticos reforzados terminaron por reventar. Circulaban sobre las llantas, a oscuras, bajo una lluvia de disparos. Un miembro del equipo había recibido un balazo en la pierna y estaba sangrando. Fue, en palabras de Cooper, una cagada monumental.

Los SEAL no tuvieron más remedio que rendirse y bajar del

Suburban con las manos en alto, convencidos de que iban a ejecutarlos. «Por alguna razón, decidieron no matarnos —relata Cooper—. Quizá temían que hubiera represalias o puede que pensasen que no entrañábamos una gran amenaza.» Los insurgentes retornaron rugiendo a la oscuridad, después de haberles arrebatado las armas a los SEAL. Cooper y su equipo consiguieron establecer contacto con las unidades Delta y con las Fuerzas Especiales del Reino Unido, que a las pocas horas llegaron por aire en su auxilio. Cooper regresó a Bagram tras haber vuelto a nacer y con una nueva perspectiva de las cosas.

«Aquella noche algo hizo clic en mi cabeza —prosigue—. Después de aquel incidente, comprendí que había que encontrar la manera de que el grupo funcionara con más eficacia. El problema es que, como humanos que somos, tenemos una tendencia persistente e instintiva a obedecer a la autoridad; si un superior te dice que hagas algo, sabe Dios que lo harás, aunque sea un error. Que haya una persona que diga a los demás lo que tienen que hacer no es una forma recomendable de tomar decisiones acertadas. Así pues, ¿cómo se consigue que eso no suceda? ¿Cómo se desarrolla una mentalidad de colmena? ¿Cómo estableces un método de disensión, para hacer las preguntas adecuadas sin dejar de lado la autoridad? Queremos formar líderes entre los líderes. Pero no basta con pedirle a alguien que asuma ese papel. Hay que crear las condiciones necesarias para que empiece a hacerlo.»

Aquella misma noche de 2001, Cooper se determinó a preparar esas condiciones para sus equipos. Su idea del fomento de la cooperación podía entenderse como una campaña insurgente contra la obediencia a la autoridad. Limitarse a crear un espacio para la cooperación, concluyó, no era suficiente; había que generar una serie de señales inconfundibles que apartaran a los soldados de la tendencia natural y los inclinaran hacia la interdependencia y la cooperación. «La naturaleza humana se opone a nosotros constantemente —dice—. Hay que sortear esas barreras, que nunca desaparecen.»

Empezó por los detalles. Si un nuevo miembro del equipo lo llamaba por su cargo, enseguida lo corregía: «Puedes llamarme Coop, Dave o Caraculo, como prefieras». Siempre que Cooper expresaba una opinión, procuraba acompañarla de alguna fórmula que diera pie a que los demás lo cuestionaran, del tipo: «Y ahora veamos si alguien puede desmontar este plan» o «Decidme por dónde hace aguas esta idea». En lugar de ponerse a dar órdenes sin más, prefería hacer muchas preguntas. «¿A alguien se le ocurre algo?»

Durante las misiones, siempre estaba al tanto de las oportunidades que surgían para que sus hombres se expresaran, sobre todo las nuevas incorporaciones. No era nada sutil. «Por ejemplo, cuando te mueves por un escenario urbano, las ventanas son un peligro —me explica—. Si pasas por delante de una, cuando te quieras dar cuenta te puede haber disparado un francotirador. Así que si eres nuevo y ves que me paro enfrente de una ventana en medio de Faluya, ¿qué vas a hacer? ¿Me dirás que salga de ahí cagando leches o te quedarás calladito hasta que reciba un balazo? Cuando les pregunto esto a los novatos, siempre me dicen: "Te diré que salgas de ahí". Y entonces les respondo: "Bien, pues eso mismo es lo que quiero que hagas aquí siempre, con cada decisión que debas tomar".»

Cooper empezó a desarrollar las herramientas. «Se pueden hacer muchas cosas —asegura—. Pasar tiempo juntos fuera de aquí, quedar para ir a algún lado… Esos momentos ayudan. Una de las cosas que más contribuyen a la cohesión del equipo es organizarles un entrenamiento duro de verdad. Lo de descolgarse por un precipicio, bajo la lluvia y el frío, sintiéndose extenuados, une mucho al grupo.»

Una de las herramientas más útiles era la Evaluación Posterior a la Acción, la sesión de intercambio de verdades a la que hicimos referencia en el capítulo 7. Las EPA se convocan en cuanto finaliza la misión y consisten en una reunión breve durante la que el equipo discute y repasa las decisiones clave. Las EPA no las conducen los comandos sino los soldados rasos. No hay orden del día ni se levanta ninguna acta. El objetivo es facilitar un escenario horizontal, sin rangos, donde todos puedan entender lo que de verdad ha ocurrido y debatir acerca de los errores, sobre todo los propios.

«Tienen que sentirse seguros para hablar —dice Cooper—. Fuera rangos y bienvenida la humildad. Se busca ese momento en que uno pueda decir: "La cagué". De hecho, creo que es lo más importante que un mando puede decir: "La cagué".»

Las buenas EPA siguen un patrón. «Hay que convocarlas de inmediato —aconseja Cooper—. Dejas a un lado el arma, formas un círculo con los demás y se inicia la charla. Por lo general, se repasa la misión de principio a fin, de forma cronológica. Se habla sobre las distintas decisiones y sobre el proceso en sí. Hay que resistir la tentación de darse palmaditas para tratar de dilucidar lo que de verdad ha ocurrido, a fin de que realmente todos aprendan algo. Tienes que preguntarles por qué, y después, cuando te han contestado, les vuelves a preguntar por qué. ¿Por qué disparaste a ese punto en particular? ¿Qué viste? ¿Cómo lo sabías? ¿Qué otras opciones había? Hay que preguntar y preguntar y seguir preguntando.»

El objetivo de las EPA no es el de extraer la verdad solo por extraerla, ni el de adjudicar méritos y culpas, sino el de elaborar un modelo mental común que se pueda aplicar durante las siguientes misiones. «Mira, nadie puede verlo todo ni saberlo todo —dice Cooper—. Pero si tienes el hábito de juntarte con los demás y de determinar lo que ha ocurrido, con el tiempo todo el mundo puede entender lo que realmente está sucediendo, no solo su propia versión. La gente comparte sus experiencias y admite sus errores. Ve cómo las cosas que hace afectan a los demás, y a partir de ahí podemos empezar a construir una mente grupal a través de la cual todos pueden trabajar juntos y actuar conforme al potencial del equipo.»

Cooper utiliza la expresión «cura de humildad» para describir el tono de una buena EPA. Es una expresión muy apropiada porque refleja la naturaleza paradójica del proceso, la incesante disposición de conocer la verdad y aceptarla. Durante la EPA, al igual que durante el AF con tronco y el Harold, los miembros del grupo deben combinar la disciplina con la franqueza. Y esto, también como en el caso del AF con tronco y el Harold, es bastante complicado. Pero sin duda merece la pena.

Después de la epifanía de la carretera de Bagram, Cooper dedicó los diez años siguientes a liderar equipos, sobre todo en Oriente Próximo. Poco a poco llegó a ocupar el rango máximo de maestre comandante del Sexto Equipo, cargo desde el que pasó a ocuparse del adiestramiento de todo el grupo. En marzo de 2011 tanto él como otro mando del Sexto Equipo recibieron la llamada del almirante

William McRaven, comandante del Mando Conjunto de Operaciones Especiales, quien los instó a personarse en el cuartel general de la CIA, en McLean, Virginia.

McRaven les dijo sin preámbulos: «Creemos que hemos encontrado a Osama bin Laden». Tras el anuncio, pasó a detallar el plan. El Sexto Equipo volaría rumbo a Pakistán en helicópteros furtivos, se descolgarían sobre el techo del complejo y eliminarían al caudillo de Al Qaeda.

Cooper lo escuchó, con la atención puesta en uno de los elementos de la operación: los helicópteros furtivos. Sabía que a McRaven le gustaban porque eran invisibles para los radares, por lo que el equipo pasaría desapercibido en el espacio aéreo paquistaní, pero también que no se habían probado en combate y que la historia de las operaciones especiales estaba llena de desastres provocados por el uso de elementos experimentales en el campo de batalla. Y así lo manifestó.

«Con el debido respeto, señor —dijo Cooper—. Yo no emplearía esos helicópteros en esta misión. Propongo que se trace un plan alternativo. Si esto no fuera posible, procedería con los helicópteros.»

«No vamos a cambiar el plan ahora», zanjó McRaven.

Cooper insistió. Quería dejar las cosas claras.

«Señor, sería negligente por mi parte no expresarle mi parecer.»

McRaven levantó la voz.

«No vamos a cambiar el plan ahora», repitió.

«En ese momento, estaba seguro de que me darían la patada —me confiesa Cooper—. Pero no pensaba callarme la boca.» Así, porfió en su oposición.

McRaven volvió a cerrarse en banda. Fin de la discusión.

Cooper salió de aquella sala dándole vueltas a un problema: ¿cómo acatas una orden que entraña lo que tú consideras que es un riesgo demasiado alto? Podía decirse que se encontraba en la misma situación que había vivido en la carretera de Bagram durante la Nochevieja de 2001. ¿Debía cumplir el mandato o contravenirlo?

Cooper eligió una tercera opción. Accedió a utilizar los helicópteros furtivos, pero también empezó a prepararse por si fallaban.

Durante las semanas siguientes, los SEAL construyeron réplicas del complejo de Bin Laden en Carolina del Norte, en Nevada y en Afganistán. En todos esos lugares, Cooper escenificó, una y otra vez, distintas situaciones en las que alguno de los helicópteros había sido derribado. Simuló accidentes fuera del complejo, dentro, en el tejado, en el patio y a cientos de metros de distancia. Todas las situaciones eran muy parecidas. En plena operación, Cooper sorprendía al equipo con la orden de «Iniciad el descenso, ahora». Los pilotos hacían rotar el helicóptero hasta el suelo y a continuación el equipo asaltaba el falso complejo desde donde estuvieran. «Nunca había respuestas acertadas ni erróneas; tenían que organizarse y resolver el problema ellos mismos —explica Cooper—. Después hacíamos una EPA, lo hablábamos, determinábamos qué había pasado y qué podíamos hacer mejor la próxima vez.»

Los adiestramientos del helicóptero derribado no eran sencillos. Exigían un elevado nivel de atención, de cooperación y de improvisación. Durante las EPA que seguían a los ensayos, los miembros del equipo repasaban una y otra vez lo que había salido mal, admitían los errores propios y discutían acerca de cómo podrían hacerlo mejor. «Hicimos tantas pruebas que se convirtió en una broma —comenta Cooper—. Me decían: "Eh, Coop, anda, déjanos hacer otra vez el ejercicio del helicóptero derribado".»

El 1 de mayo, la Casa Blanca emitió la orden de entrar en acción. Dos helicópteros furtivos despegaron de la base aérea estadounidense de Jalalabad. En el centro de mando de la base, Cooper, McRaven y otros comandantes se congregaron frente a la pantalla para ver el vídeo recogido por el dron. En la Casa Blanca el presidente Barack Obama y el equipo de seguridad nacional se inclinaban para ver las mismas imágenes con expectación.

La misión empezó sin incidentes. Atravesaron el espacio aéreo paquistaní y llegaron a las inmediaciones del complejo de Bin Laden sin que los detectaran. Pero en el momento de iniciar el aterrizaje, las cosas se torcieron. El primer helicóptero pirueteó por el aire como si hubiera resbalado sobre una placa de hielo, y empezó a rotar según se precipitaba contra el suelo. El segundo helicóptero, que debía posarse sobre el tejado del edificio principal del complejo, vio que la otra aeronave tenía problemas y viró para aterrizar en el exterior. (Según la explicación que se dio con posterioridad, los altos muros del complejo originaban corrientes de aire descendentes que afectaban al vuelo. Los ensayos se habían realizado en distintas réplicas del complejo rodeadas de vallas de entramado metálico, no de paredes sólidas.) Después, las cosas se pusieron aún más feas. El piloto del primer helicóptero, incapaz de mantener la altitud, aterrizó de forma accidentada en el patio, con la cola hundida en la pared, la cabina de costado y el morro hincado en la tierra blanduzca. En el centro de mando los generales miraban la pantalla boquiabiertos. Durante tres o cuatro segundos la sala quedó invadida por un silencio insoportable.

Y entonces lo vieron: los miembros del Sexto Equipo empezaron a salir del helicóptero derribado, tal y como habían hecho durante el adiestramiento, listos para ponerse a trabajar. Siguieron adelante y empezaron a atajar el problema (baloncesto de barrio puro y duro). «No perdieron ni un segundo —dice Cooper—. En cuanto pusieron el pie en tierra, estuvo claro.» Treinta y ocho minutos más tarde todo había acabado, y el mundo podía dar las gracias por la pericia y la valentía del equipo. Pero más allá de las celebraciones, hay que tener en cuenta el cúmulo de habilidades, el adiestramiento constante y las repetidas EPA que sirvieron para cimentar semejante logro.

Visto desde fuera, el asalto al complejo de Bin Laden parecía una demostración de la fuerza, la eficacia y la destreza del equipo. Pero todo esto deriva de la voluntad de identificar y aceptar la verdad y de reunirse para hacerse una sencilla pregunta una y otra vez: «¿Qué está pasando aquí realmente?». Cooper y su equipo no necesitaban escenificar una y otra vez los accidentes de helicóptero. Tuvieron éxito porque comprendían que ser vulnerables juntos es la única manera que un equipo tiene de volverse invulnerable.

«Cuando hablamos de valentía, damos por hecho que se trata de enfrentarse a un enemigo armado con una ametralladora —dice Cooper—. La verdadera valentía es identificar la verdad y hablar de ella con los demás. A nadie le gusta ser el que dice: "Un momento, ¿qué es lo que está pasando aquí de verdad?". Pero dentro del escuadrón esa es la cultura, y eso es lo que nos permite alcanzar el éxito.»

11

Cómo fomentar la cooperación en las personas

El método Nyquist

A principios del pasado siglo, mucho antes de la era de Silicon Valley, el principal núcleo de innovación y desarrollo del mundo se ubicaba en una serie de grandes edificios anodinos de las afueras de New Jersey. Se llamaba Bell Labs. Nacida en 1925 con el propósito de ayudar a desplegar una red de comunicaciones nacional, Bell Labs se convirtió en la Florencia renacentista de la ciencia, en un hervidero de equipos de genios que duró hasta la década de los setenta. Encabezados por Claude Shannon, un brillante polímata que acostumbraba a recorrer las instalaciones en su monociclo mientras hacía juegos malabares, los equipos de científicos de Bell Labs inventaron y desarrollaron el transistor, las redes de datos, los paneles solares, el láser, los satélites de comunicaciones, la computación binaria y las comunicaciones móviles; en resumen, casi todos los dispositivos que utilizamos a diario en la actualidad.

A mediados de esa época dorada, algunos de los administradores de Bell Labs se preguntaron cuáles sería las razones por las que habían cosechado tantos éxitos. Decidieron investigar qué científicos habían hecho posibles más patentes por sus inventos y si tenían alguna característica en común. Para empezar, revisaron el archivo de Bell, donde las patentes se guardaban en carpetas organizadas alfabéticamente por el apellido de los científicos.

«La mayor parte de las carpetas eran más o menos del mismo grosor —rememora Bill Keefauver, un abogado que trabajaba en la oficina de patentes—. Pero el de algunas era más llamativo que el del resto. Correspondían a los más creativos, a los que habían registrado decenas y decenas de patentes. Serían unos diez.»

Los administradores se centraron en estos diez científicos, en busca de un rasgo común. ¿Se dedicaban a una misma especialidad? ¿Tenían el mismo bagaje educativo? ¿El mismo trasfondo familiar? Después de considerar y descartar una infinidad de posibles vínculos, hallaron una conexión, y esta no tenía nada que ver con las características propias de cada científico, sino con una costumbre que todos ellos tenían, la de almorzar con asiduidad en la cafetería de Bell Labs, en compañía del discreto ingeniero sueco Harry Nyquist.

El descubrimiento fue, cuando menos, una sorpresa. No porque Nyquist no fuese muy conocido, ya que sí lo era, después de haber encabezado importantes avances en el campo de la telegrafía y de la amplificación de la realimentación. Pero en un lugar que se caracterizaba por sus líderes dinámicos y excéntricos, Nyquist era todo lo contrario, un luterano de ademán apacible y sonrisa amable conocido sobre todo por su formalidad y su templanza. Criado en una granja de Suecia, afrontaba su trabajo con una disciplina propia del Viejo Mundo. Se levantaba cada mañana exactamente a las 6.45, salía hacia la oficina exactamente a las 7.30 y siempre estaba de vuelta en casa para cenar junto con su familia a las 18.15. Su hábito más idiosincrásico consistía en que, de vez en cuando, tomaba el transbordador en lugar del metro para regresar a casa (agradecía respirar el aire fresco). Era tan normal que parecía invisible. Es decir, la persona más importante de uno de los lugares más creativos de la historia era alguien a quien casi nadie prestaba la menor atención. Y por eso es primordial estudiar en detalle sus habilidades.

Nyquist, a decir de todos, poseía dos cualidades cruciales. La primera era la calidez. Hacía que los demás se sintieran apreciados; hoy en día se le describe como alguien «paternal». La segunda cualidad era una curiosidad insaciable. En un entorno donde se juntaban todo tipo de ámbitos científicos, él combinaba una gran riqueza de conocimientos con el deseo de establecer relaciones. «A

Nyquist se le ocurrían muchísimas ideas, nunca dejaba de hacerse preguntas —recuerda el ingeniero de Bell Labs Chapin Cutler—. Hacía que la gente se parase a pensar.»

«A Nyquist se le daba muy bien una cosa que Bell alentaba mucho por aquel entonces —cuenta Bill Keefauver—; que la gente que trabajase en la disciplina que fuese, en el proyecto que fuese, conversara sobre su trabajo con alguien que estuviera investigando algo que no tuviese nada que ver, con el fin de ver las cosas desde otra perspectiva. La gente como Harry Nyquist podía entender lo que otro estaba haciendo, proponerle nuevas ideas y preguntarle: "¿Por qué no pruebas esto otro?".»

Durante las visitas que hice a los distintos grupos para escribir este libro, conocí a mucha gente que poseía los rasgos de la calidez y la curiosidad (tantas que empecé a ponerles la etiqueta de «Nyquist»). Además de ser educadas y reservadas, sabían escuchar. Su mera presencia era enriquecedora. Tenían amplísimos conocimientos que abarcaban varios campos y sabían formular preguntas que motivaban y daban ideas. (La mejor forma de encontrar a los Nyquist suele ser preguntarle a alguien: «Si pudiera hacerme una idea de cómo es vuestra cultura hablando con una única persona, ¿quién sería esa persona?».) Si entendemos las culturas de éxito como motores de la cooperación humana, entonces los Nyquist actúan como bujías.

La persona con la que me reuní que mejor personificaba este proceso se llamaba Roshi Givechi.

Roshi Givechi trabaja en la oficina de Nueva York de IDEO, la multinacional del diseño con sede en Palo Alto, California. El lugar que IDEO ocupa en el mundo de hoy se asemeja al que ocupaba Bell Labs en su momento. Ha diseñado, entre otras muchas cosas, el primer ratón de Apple, los lápices de insulina para los diabéticos y el tubo de dentífrico firme. Ha ganado más premios de diseño que ninguna otra compañía. La organización se compone de seiscientas personas repartidas en equipos reducidos, a los que se les proponen desafíos que van desde diseñar planes globales de respuesta a las catástrofes, hasta fabricar un bolso con el que recargar el *smartphone*, pasando por cuanto haya en medio.

Oficialmente, Givechi es diseñadora; extraoficialmente, su función consiste en hacer de catalizadora itinerante, en implicarse en multitud de proyectos para ayudar a los equipos a completar el proceso de diseño. «Cuando un equipo se estanca o si la dinámica se complica, la intervención de Roshi obra milagros —dice Duane Bray, socio de IDEO—. Es muy buena en sacar a los equipos de un bloqueo, mediante preguntas que conectan a la gente y que brindan posibilidades. Lo cierto es que no terminamos de entender cómo lo hace. Solo sabemos que funciona a las mil maravillas.»

Givechi, una mujer menuda de cuarenta y tantos años, viste una falda holgada de bolsillos amplios. Es de cabello oscuro y rizado y tiene unos ojos negros y sagaces en cuyas comisuras confluyen las arrugas dibujadas por sus frecuentes sonrisas. Cuando nos saludamos no se esfuerza por caerme bien (no gasta bromas ni insiste en una charla trivial). No irradia esa teatralidad enérgica tan habitual en las personas que se dedican a una actividad creativa. Transmite, sin embargo, una calma ecuánime, como si ya nos hubiéramos visto muchas otras veces.

«Desde el punto de vista social, no soy la persona más conversadora —admite Givechi—. Me encantan las historias, pero no podría ganarme la vida como cuentacuentos. Soy de los que escuchan y hacen preguntas. Por lo general, son preguntas que podrían parecer obvias, simples o innecesarias. Pero me encanta hacerlas porque quiero entender qué es lo que ocurre de verdad.»

Las interacciones de Givechi con sus equipos tienen lugar sobre todo en lo que en IDEO se conoce como «vuelos», reuniones periódicas de todo el equipo que se celebran al comienzo, a la mitad y al término de cada proyecto. (Entendámoslos como el equivalente de IDEO de los *braintrust* y de las EPA.) Givechi se enfrenta a los vuelos de fuera adentro. Realiza una investigación, por lo general mediante conversaciones, para saber con qué problemas ha estado lidiando el equipo, tanto desde la perspectiva del diseño («¿Cuáles son las barreras?») como desde la de la dinámica de equipo («¿Dónde está la fricción?»). A continuación, conforme a ese contexto, reúne al grupo y le formula preguntas con la intención de desenterrar las tensiones y de ayudar al grupo a obtener claridad, sobre ellos mismos y sobre el proyecto en sí. El término con el que se refiere a este proceso es «afloramiento».*

«Me gusta la palabra "conectar" —me comenta Givechi—. Para mí, todas las conversaciones son iguales, porque se trata de ayudar a los demás a seguir adelante más concienciados, animados y motivados para conseguir un efecto. Porque todos somos distintos. Así que tienes que buscar distintos modos de hacer que la gente se sienta lo bastante cómoda para contarte lo que de verdad piensa. No es una cuestión de firmeza, es un proceso de descubrimiento. Para mí, se trata de hacer las preguntas adecuadas de la manera correcta.»**

Cuando hablas con los colegas de Givechi, te señalan una paradoja: la diseñadora es al mismo tiempo tierna y severa, empática pero también persistente. «Subyace tras Roshi cierta dureza —dice Lawrence Abrahamson, director de diseño de IDEO—. No parece ceñirse a ningún plan, pero desde luego que lo tiene, que es la orientación amable. Y uno de los mejores instrumentos de su caja de herramientas es el tiempo. Dedica muchísimo tiempo a ser paciente, a mantener conversaciones y a cerciorarse de que el proceso sigue un buen rumbo.»

«Siempre hay un momento con Roshi —comenta Peter Antonelli, director de diseño—. Se respira constantemente un espíritu de provocación que busca el empujoncito, ayudarnos a pensar más allá de lo evidente. Y suele brotar con preguntas que cuestionan las cosas más obvias. Nunca se trata de un enfrentamiento, Roshi nunca te dice: "Lo estás haciendo mal". Es algo orgánico, una parte integral de la conversación.»

---

* Durante la conversación, Givechi me preguntó por el título y el subtítulo de este libro. Cuando se los dije, se quedó callada, durante un largo rato, meditabunda. Al cabo, me preguntó: «¿Seguro que es un buen subtítulo?». Minutos después, tras intercambiar varias propuestas, este libro tenía un subtítulo nuevo y mejor. No sé si fui yo quien sugirió el cambio o si fue ella. Como diría Givechi, entre los dos lo hicimos aflorar.

** Robert Bales, uno de los primeros científicos en investigar la comunicación grupal, descubrió que, si bien las preguntas conforman solo el 6 % de las interacciones verbales, generan el 60 % de los debates subsiguientes.

Observar cómo escucha Givechi es como ver a un atleta de élite en acción. Escucha sobre todo con los ojos, cuya sensibilidad propia de un contador Geiger le permite detectar los cambios de humor y de expresión. Al percibir esos cambios mínimos, responde a ellos de inmediato. Si un tema causa la menor preocupación, ella lo capta y formulará una pregunta con la que explorar con delicadeza las razones de esa inquietud. Cuando habla, busca constantemente al otro con referencias sutiles («Puede que hayas tenido una experiencia similar», «Tu trabajo podría ser parecido», «El motivo por el que me detuve ahí fue que...»), que conforman un flujo constante de señales de conexión. Los demás se sienten cómodos abriéndose, asumiendo riesgos, diciendo la verdad.

Parece cosa de magia, pero en realidad es el fruto de la práctica. De niña, Givechi utilizaba una grabadora para registrar su voz mientras leía sus libros favoritos una y otra vez, fascinada por el modo en que las más leves variaciones que aplicaba en el tono y el ritmo transformaban el significado. En la etapa universitaria, cuando estudiaba Psicología y Diseño, se presentó como voluntaria para ayudar a las personas ciegas, e hizo su tesis sobre danza y coreografía. Recurre a la idea de la danza para describir las habilidades que emplea con los equipos de diseño de IDEO; pillar la música, apoyar a la pareja de baile y seguir el ritmo. «No me veo a mí misma como directora de orquesta —advierte—. Más bien, hago de impulsora; impulso la coreografía y procuro crear las condiciones necesarias para que ocurran cosas positivas.»

Hace un año, IDEO decidió extrapolar las habilidades de Givechi al resto de la organización. Le pidieron que escribiera una serie de módulos de preguntas que los equipos pudieran formularse ellos mismos y, después, dotaron de esos módulos a los equipos de diseño a modo de herramientas que los ayudasen a mejorar. Estas son algunas de esas preguntas:

- Esta oportunidad me entusiasma sobre todo porque...
- Confieso que esta oportunidad no me entusiasma del todo porque...
- Durante este proyecto, sobre todo me gustaría mejorar en...

Lo interesante de las preguntas de Givechi es su sencillez trascendental. Más que explorar el diseño en sí, lo que pretenden es conectar con las emociones más profundas (miedo, ambición, motivación…). Es de esperar que, confiadas a otras manos, estas preguntas caerían en saco roto sin llegar a iniciar conversación alguna. Esto se debe a que el verdadero poder de la interacción radica en las señales emocionales de dos direcciones, que crean una atmósfera de conexión en torno al diálogo.

«La clave es el término "sutilidad" —afirma Abrahamson—. Roshi no tiene pretensiones y desarma a la gente porque siempre se muestra receptiva, escucha y se preocupa. Tiene la habilidad de saber parar, de dejar a un lado aquello en lo que tenga ocupada la cabeza para poner toda la atención en la persona y en la pregunta en cuestión y ver adónde lleva esta. No trata de arrastrarte hacia ninguna dirección en concreto. Realmente considera la situación desde tu perspectiva, y ahí es donde radica su don.»

«El término "empatía" suena muy bien, muy amable, pero en realidad no se trata de eso —explica Njoki Gitahi, diseñador de comunicación sénior—. Lo que Roshi hace exige poseer un conocimiento muy claro de lo que motiva a la gente, y hay personas a quienes la amabilidad no siempre las motiva. Algo muy importante es que Roshi conoce tan bien a la gente que siempre sabe lo que necesita. A veces, es un poco de apoyo y algún elogio. Pero otras veces, lo que le hace falta es un toque, un recordatorio de que hay que emplearse más a fondo, un empujoncito que anime a probar cosas nuevas. Esa es su aportación.»

«Te escucha de verdad. Presta atención a lo que le dices, te pregunta qué significa y sigue indagando —comenta Nili Metuki, investigadora de diseño—. No deja que nada se quede sin resolver, por muy incómodo que sea enfrentarse a ello, y especialmente entonces.»

Y esto nos lleva a la siguiente pregunta: ¿qué hay en esa pausa, en ese momento «nyquistiano» de conexión vulnerable y auténtica? Es decir, ¿podemos echar un vistazo al interior de ese instante y conocer su mecanismo?

Esta es una cuestión a la que el doctor Carl Marci ha dedicado gran parte de su carrera. Marci, un neurólogo que enseña en Harvard, se quedó fascinado con el poder de la escucha durante una clase en la facultad de Medicina que trataba sobre una serie de sanadores no occidentales. Eran profesionales no convencionales, que empleaban un nutrido abanico de métodos de dudosa validez científica (por ejemplo, el de dar masajes sin que las manos llegaran a tocar al paciente o el de administrar gotas de agua con concentraciones de componentes cercanas al 0 %) y, sin embargo, obtenían resultados destacables. Una de las razones, concluyó Marci, era la conexión que el sanador establecía con el paciente.

«Lo que estos sanadores tenían en común era que todos poseían el don de saber escuchar. Se sentaban y dejaban que el paciente les contase su caso en detalle, y llegaban a conocerlos muy bien —dice Marci—. Todos ellos eran muy empáticos y se les daba muy bien conectar con la gente y establecer vínculos de confianza. Así que comprendí que lo interesante no era la sanación, sino la escucha y la relación que se gestaba. Eso es lo que teníamos que estudiar.»

Marci ideó un método que consistía en grabar en vídeo las conversaciones a la vez que registraba la respuesta galvánica de la piel, las variaciones de la resistencia eléctrica que miden la excitación emocional. Determinó que, durante gran parte de la sesión, las curvas de la excitación de dos interlocutores guardaban poca o ninguna relación entre ellas. Pero también observó que había momentos especiales, en algunas de las conversaciones, en que las dos curvas se sincronizaban a la perfección. A estos momentos Marci les dio el nombre de «concordancias».

«Las concordancias se dan cuando alguien reacciona con sinceridad ante la emoción que se proyecta en la sala —dice Marci—. Se trata de comprender de una manera empática y hacer algo, en términos de gestos, comentarios expresiones, que origine una conexión.»

En uno de los vídeos de concordancia, aparece el propio Marci. Está sentado en una silla frente a un hombre de mayor edad vestido con un traje gris, que resulta ser su terapeuta. Marci le habla del día en que le propuso matrimonio a su entonces novia. La máquina está situada entre ellos dos, para captar las fluctuaciones del escenario interior y proyectarlas en la pantalla, en la forma de dos líneas cambiantes de colores vivos, una azul, la de Marci, y la otra verde, la del hombre del traje gris.

MARCI: Solíamos ir a un supermercado ecológico a comprar samosas vegetarianas. Le dije «Venga, pago yo, nos llevaremos unas cuantas». Así que se imaginó que nos iríamos a merendar por ahí o algo.

TRAJE GRIS: [Asiente levemente repetidas veces].

MARCI: Luego pensó que, por un casual, subiríamos ver la puesta de sol, que quizá habría un cielo interesante.

TRAJE GRIS: [Asiente con firmeza].

MARCI: Como por un nanosegundo, intuyó la posibilidad de que yo fuera a pedirle matrimonio literalmente, pero la descartó [la posibilidad] sin llegar a considerarla en serio.

TRAJE GRIS: [Asiente de forma empática, ladea la cabeza].

MARCI: Así que se paró ahí, con su vestido, imponente como siempre, y dijo «¿Qué pasa?». En retrospectiva, creo que lo que quería era comer de una vez.

TRAJE GRIS: [Sonrisa leve].

MARCI: Le dije «Siéntate conmigo». Le recité la primera estrofa del poema de E. E. Cummings que dice «Así en lo eterno como en lo fugaz, el amor nace al igual que morirá».

TRAJE GRIS: [Inclina la cabeza hacia arriba, arquea las cejas].

MARCI: [Continúa con la cita] «Donde nada ha de respirar, de pasear, de nadar, el amor es el aire, la tierra y el mar». Y luego le dije: «Tú eres mi aire, mi tierra y mi mar».

TRAJE GRIS: [Inclina la cabeza, sonríe y asiente].

MARCI: Fue de lo más emotivo, porque entendió lo que estaba haciendo en cuanto saqué el anillo y se puso a llorar del modo más sincero, de corazón, abrumada. Fue conmovedor, realmente muy bonito. No terminaba de creérselo.

TRAJE GRIS: [Asiente levemente varias veces].

Al ver el vídeo, lo primero que se advierte es que la conversación recoge varios momentos de concordancia perfecta, en los que las líneas verde y azul se mueven con una coordinación impecable, ascendiendo y descendiendo como banderines agitados por la brisa. Lo segundo que se observa es que estos momentos tienen lugar sin que Traje Gris articule una sola palabra. Esto no significa que Traje Gris no esté interactuando. Mantiene una actitud de atención constante, de quietud equilibrada. Tiene las manos recogidas en el regazo; los ojos bien abiertos, alerta. Responde asintiendo con la cabeza, con inclinaciones leves. Dicho de otro modo: hace lo mismo que Roshi Givechi hace en IDEO y que Harry Nyquist debía de hacer en Bell Labs. Es la demostración de que las fases más relevantes de la conversación acontecen cuando uno de los interlocutores escucha al otro de forma activa y atenta.

«No es accidental que la concordancia se produzca cuando una de las dos personas habla y la otra escucha —apunta Marci—. Es muy complicado ser empático mientras se habla. Hablar es muy difícil porque hay que pensar y planear lo que se va a decir, y muchas veces uno se queda atascado dentro de su propia cabeza. Pero eso no pasa al escuchar. Cuando uno escucha de verdad, se deja llevar. Pierde la noción de sí mismo, porque ya no se trata de él; se trata de esa tarea, la de conectar de verdad con esa persona.»

Marci relaciona los aumentos de las concordancias con los de la empatía percibida; así, cuantas más concordancias se produzcan, más próximos se sienten los interlocutores. Es más, las variaciones de la proximidad no son graduales, sino repentinas. «Con frecuencia llega un momento en el que ocurre —dice—. Se produce un cambio acelerado en la relación cuando eres capaz de escuchar de verdad, de estar extraordinariamente cerca de la otra persona. Es un auténtico logro, del tipo "estábamos así, pero ahora vamos a interactuar de otra forma, y ambos somos conscientes".»

12

Ideas para entrar en acción

Fomentar hábitos de vulnerabilidad grupal es como desarrollar los músculos. Requiere tiempo, tenacidad y la voluntad de tener agujetas a cambio de cosechar los frutos. Y, como en el desarrollo muscular, la primera clave consiste en afrontar el proceso con un plan. Con esto en mente, se recoge a continuación una serie de ideas, para entrenar tanto de manera individual como en grupo.

Cerciórate de que el líder sea vulnerable primero y a menudo: como hemos visto, la cooperación del grupo se alimenta de los momentos de vulnerabilidad breves y repetidos con frecuencia. De estos, ninguno es tan eficaz como aquel en el que el líder señala su vulnerabilidad. Como asegura Dave Cooper, lo más importante que un líder puede decir es «la cagué».

Vi un claro ejemplo cuando fui testigo de cómo el hostelero Danny Meyer llevaba una de las habituales reuniones matutinas con la plantilla (de unos veinte empleados). Meyer, a quien conoceremos más a fondo en el capítulo 15, es el fundador de Union Square Cafe, Shake Shack, Gramercy Tavern y muchos otros restaurantes que, en conjunto, suman un valor de más de mil millones de dólares. La noche previa a mi visita, había dado su primera charla TED. La reunión de personal comenzó con el visionado de esta. Cuando terminó y se encendieron las luces, Meyer tomó la palabra.

«¿Veis cómo me tiemblan las piernas? —preguntó al grupo—. Estaba tan nervioso que temblaba como una hoja. He dado muchas charlas, pero la gente de TED quería otra cosa, algo más profundo y trascendente. La noche anterior no dormí más de tres horas, motivo por el que tengo esas ojeras. El ensayo fue fatal, y ni siquiera me aclaraba con el PowerPoint. Todo estaba saliendo como el culo; salvo porque tuve la suerte de contar con una ayuda inestimable. —Se detuvo para señalar—. Gracias, Chip y Haley. Con su apoyo todo funcionó como debía. Escribieron cosas magníficas, me dieron consejos estupendos y me tranquilizaron.» Todos miraron a Chip y a Haley y les dedicaron un aplauso breve, mientras Meyer observaba la escena con aprobación.

Meyer había transmitido el mensaje («Estaba asustado») con una serenidad, una seguridad y una comodidad que subrayaban otro mensaje más importante: «Aquí no pasa nada si digo la verdad». Su vulnerabilidad no es debilidad, es su fuerza.

Laszlo Bock, exdirector de analítica de personal de Google, recomienda que los superiores hagan tres preguntas a sus empleados:

- ¿Qué hago en la actualidad que crea que debería seguir haciendo?
- ¿Qué cree que no hago con frecuencia en la actualidad y debería hacer más a menudo?
- ¿Qué puedo hacer para aumentar su eficacia?

«La clave está en preguntar no por cinco o por diez cosas sino por una sola —revela Bock—. Así es más fácil obtener una respuesta. Y, cuando un líder solicita una evaluación de esta manera, hace que quienes trabajan con él se sientan seguros y hagan lo mismo. Se convierte en algo contagioso.»

Insiste en las expectativas: ninguno de los grupos de éxito que conocí daba por sentado que la cooperación se produciría por sí sola. Por ello, lo que hacían era enviar de forma explícita y persistente señales bien claras y visibles que establecieran esas expectativas, que definieran la cooperación y que alinearan el lenguaje y las funciones, con el propósito de maximizar el comportamiento colaborativo. IDEO es un buen ejemplo. Sus directivos hablan con frecuencia sobre las expectativas de cooperación. (Tim Brown, el director general, repite a cada momento el mantra de que cuanto más complicado sea el problema, más ayuda se necesitará para resolverlo.) Definen de forma clara las funciones de apoyo y modelan la vulnerabilidad. (Los tablones de noticias internas están llenos de solicitudes del tipo "¿Alguien conoce a un buen instructor de yoga?", "¿Alguien puede ayudarme a buscar un cuidador de gatos para las Navidades?".) En el caso de que se pasen por alto esas señales, también aparecen redactadas con letras grandes tanto en las paredes de la oficina de Nueva York como en el *Pequeño libro de IDEO*, del que todos los empleados reciben una copia. Dos de sus principios clave son «Colabora» y «Propicia el éxito de los demás. Esforzarse en ayudarlos es la salsa de la vida».

Comunica los aspectos negativos en persona: esta es una regla informal que observé en distintas culturas. Funciona así: si se tiene una noticia o una evaluación negativa que darle a alguien (aunque se trate solo de una propuesta rechazada o de un informe de costes), hay que transmitir esa información cara a cara. No es una regla fácil de seguir (tanto para el emisor como para el receptor es mucho más fácil comunicarse por vía electrónica), pero da resultado, porque la tensión se gestiona de una forma abierta y honesta con la que se evitan malentendidos y se crea una conexión clara entre los interlocutores.

Una de las mejores maneras de dar noticias negativas es la que aplica Joe Maddon, entrenador de los Chicago Cubs y enófilo declarado. En su despacho, Maddon tiene un cuenco de cristal lleno de tiras de papel, en cada una de las cuales figura el nombre de un vino caro. Cuando un jugador se salta alguna de las reglas del equipo, Maddon le insta a sacar una tira de papel del cuenco, tras lo que el infractor debe comprar ese caldo y descorcharlo con el gerente. Es decir, Maddon vincula la disciplina con la reconexión.

A la hora de formar nuevos grupos, céntrate en dos momentos clave: Jeff Polzer, el profesor de la Escuela de Negocios de Harvard que estudia el comportamiento organizativo (véase el capítulo 8), relaciona las normas de cooperación de los grupos con dos momentos clave que se dan en los primeros estadios de la vida de la organización, que son los siguientes:

1. La primera vulnerabilidad.
2. El primer desacuerdo.

Estos pequeños momentos abren dos posibles caminos para el grupo: «¿Esto va de parecer fuertes o de reconocer juntos el terreno? ¿Va de ganar interacciones o de aprender unidos?». «En esos momentos puede ocurrir que la gente se atrinchere, se ponga a la defensiva y empiece a justificarse, con lo que se genera muchísima tensión —explica Polzer—. O puede ocurrir que diga algo del tipo "Qué curioso. ¿O sea que no estás de acuerdo? Puede que me equivoque, así que tengo curiosidad y me gustaría hablar un poco más de esto". Lo que suceda en esa fase ayuda a definir el patrón de cuanto acontecerá después.»

Escucha como una cama elástica: saber escuchar es algo más que asentir mientras el otro habla. Se trata de aportar tu comprensión y de crear momentos de descubrimiento mutuo. Jack Zenger y Joseph Folkman, directores de una consultoría de liderazgo, tras analizar a los 3.492 participantes de un programa de desarrollo de gerentes, hallaron que quienes mejor escuchan muestran estos cuatro rasgos:

1. Interactúan de tal forma que hacen sentirse segura y apoyada a la otra persona.
2. Adoptan una postura sustentadora y cooperativa.
3. De vez en cuando, hacen preguntas que, de forma amable y constructiva, cuestionan aspectos que siempre se han dado por sentados.
4. De vez en cuando hacen sugerencias con las que abren vías alternativas.

Como señalan Zenger y Folkman, quienes mejor saben escuchar se comportan como camas elásticas. No son esponjas pasivas. Responden de forma activa, absorben lo que su interlocutor les confía, prestan su apoyo y añaden su energía para ayudar a que la conversación adquiera velocidad y altura.

Y, como ocurre con las camas elásticas, quienes mejor saben escuchar ganan amplitud a base de repeticiones. Cuando hacen preguntas, no suelen dejarlo con la primera respuesta, sino que buscan otras formas de explorar un área de tensión, con el fin de hacer surgir la verdad y las conexiones que harán posible la cooperación.

«He comprobado que cuando haces una pregunta, lo primero que te dicen no es la respuesta, sino solo un primer comentario —señala Roshi Givechi—. Por tanto, procuro hacer que las cosas surjan poco a poco, para sacar aquello que se debe compartir, para que pueda empezar a construirse algo a partir de ello. Hay que buscar mil maneras de hacer una misma pregunta, y enfocar una misma cuestión desde mil perspectivas distintas. Después tienes que elaborar más preguntas a partir de esa respuesta, para seguir explorando.»

Durante una conversación, resístete a aportar valor añadido: lo más importante a la hora de fomentar la vulnerabilidad a menudo consiste no en lo que dices sino en lo que no dices. Esto significa poseer la fuerza de voluntad necesaria para dejar pasar las oportunidades claras de proponer una solución y hacer sugerencias. Quienes saben escuchar de verdad no interrumpen a su interlocutor con expresiones del tipo «Mira, se me ocurre una idea» o «Te diré lo que me funcionó a mí en una situación parecida», porque comprenden que no se trata de ellos. En vez de eso, recurren a un surtido repertorio de gestos y expresiones que invitan al otro a seguir hablando. «Una de las cosas que repito con más frecuencia es, tal vez, lo más sencillo que pueda decir —comenta Givechi—: "Cuéntame más".»

No es que esté prohibido hacer sugerencias, sino que conviene hacerlas únicamente después de haber establecido lo que Givechi denomina «el andamio de la cortesía». Este soporte se levanta sobre la conversación y es el apoyo de los riesgos y las vulnerabilidades.

Con el andamio, la gente se sentirá apoyada a la hora de afrontar los riesgos que la cooperación requiere. Sin él, la conversación se desplomará.

Recurre a prácticas que promuevan la franqueza, como las EPA, los *braintrust* o la creación de equipos rojos: si bien las EPA se desarrollaron en sus orígenes para aplicarse en un entorno militar, la técnica se puede extrapolar también a otros campos. Una EPA bien estructurada puede abarcar cinco cuestiones:

1. ¿Qué resultados esperábamos obtener?
2. ¿Qué resultados hemos obtenido en realidad?
3. ¿Qué ha provocado estos resultados?
4. ¿Qué haremos de la misma manera la próxima vez?
5. ¿Qué haremos de otra manera?

Algunos equipos organizan además una Evaluación Anterior a la Acción, la cual se planifica en torno a una serie de preguntas similares.

1. ¿Qué resultados esperamos obtener?
2. ¿Qué retos prevemos?
3. ¿Qué hemos aprendido o qué han aprendido otros de situaciones similares?
4. ¿Qué hará que esta vez tengamos éxito?

Un par de recomendaciones: podría ser de ayuda adoptar la costumbre de los SEAL de convocar las EPA sin la implicación de los mandos, con el fin de fomentar la sinceridad y la honestidad. Del mismo modo, conviene registrar por escrito las conclusiones (sobre todo las referentes a lo que se hará de la misma o de otra manera la próxima vez) y compartirlas con todo el grupo. Al fin y al cabo, el propósito de las EPA no es solo el de determinar lo que ha ocurrido sino también el de construir un modelo mental colectivo que ayude al grupo a superar futuros obstáculos.

El *braintrust*, el método de análisis de proyectos ideado por Pixar, consiste en formar un equipo de mandos veteranos que no tengan autoridad oficial en el proyecto en cuestión, y en dejar que evalúen sus puntos fuertes y débiles de una manera franca y abierta. Una regla básica del *braintrust* es que al equipo no se le permite hacer sugerencias, tan solo señalar los problemas. Esta política hace que los líderes del proyecto sigan siendo los responsables de las mejoras y ayuda a evitar que asuman el papel pasivo de limitarse a obedecer órdenes.

La creación de equipos rojos es una técnica para probar estrategias tomada del ámbito militar; se forma un «equipo rojo» cuya labor es buscar ideas con las que cuestionar o tumbar el plan propuesto. La clave radica en reunir un equipo rojo que no esté vinculado en modo alguno al plan en cuestión y darle libertad para considerar opciones que los organizadores podrían no haber tenido en cuenta.

Tanto las EPA como los *braintrust* y los equipos rojos tienen la misma finalidad: implantar el hábito de mostrar las vulnerabilidades con el propósito de que el grupo entienda mejor lo que funciona y lo que no, y cómo corregirlo.

Fomenta la franqueza, evita la honestidad brutal: proporcionar una evaluación sincera es complicado, porque es muy fácil herir los sentimientos de la persona que la recibe o desmoralizarla. Una distinción útil, que está muy clara en Pixar, es fomentar la franqueza sin llegar al extremo de la honestidad brutal. Al buscar la franqueza (una evaluación más contenida, más precisa, menos personal, menos crítica e igual de eficaz) resulta más sencillo preservar el clima de seguridad y pertenencia al grupo.

Acepta la incomodidad: uno de los aspectos más complicados del fomento de los hábitos de vulnerabilidad es el hecho de que el grupo deba lidiar con dos tipos de molestias: el dolor emocional y la sensación de incompetencia. Durante una EPA o un *braintrust* se une la repetitividad de analizar algo que ya ha ocurrido («¿No deberíamos ir a otra cosa?») a la incomodidad lacerante que conlleva el enfrentarse a una verdad desagradable. Pero, como ocurre con el ejercicio físico, la clave radica en comprender que el dolor no es un problema, sino el camino que lleva a la formación de un grupo más fuerte.

Alinea el lenguaje con la acción: multitud de grupos con gran capacidad de cooperación aprovechan el lenguaje para reforzar la interdependencia. Por ejemplo, un piloto de la Armada que regresa a un portaaviones no «aterriza» sino que «se recupera». En IDEO, no hay «gestores de proyectos» sino «líderes de la comunidad de diseño». En Pixar, los grupos no «hacen comentarios» acerca de las primeras versiones de las películas, sino que las «optimizan» al proponer soluciones a los problemas. Podría decirse que estas no son más que interpretaciones semánticas triviales, pero tienen su importancia, porque enfatizan de manera constante la naturaleza cooperativa e interconectada del trabajo y refuerzan la identidad compartida del grupo.

Levanta un muro entre la crítica del desempeño y el desarrollo profesional: aunque pueda parecer natural mantener estas dos conversaciones al mismo tiempo, en realidad es más eficaz separar la crítica del desempeño del desarrollo profesional. La evaluación del desempeño suele consistir en una interacción muy arriesgada, inevitablemente sentenciosa y que, a menudo, termina por afectar al salario. El desarrollo, por otro lado, consiste en identificar los puntos fuertes y en proporcionar el apoyo y las oportunidades necesarios para el crecimiento. Mezclar los dos aspectos en la misma conversación acaba por enturbiar las aguas. Así, en muchos grupos se ha dejado de puntuar a los empleados para adoptar un modelo de monitorización, mediante el que los trabajadores reciben evaluaciones continuas que les permiten hacerse una idea clara de su desempeño y les muestran un camino a través del cual seguir evolucionando.

Recurre a la orientación relámpago: una de las mejores técnicas que conozco para fomentar la cooperación en los grupos es la «orientación relámpago». Es igual que la orientación tradicional en todos los aspectos (se elige a alguien de quien se quiera aprender y se lo sigue a todas partes como una sombra), con la excepción de que, en lugar de meses o años, el proceso solo dura unas horas. Estas interacciones breves ayudan a derribar las barreras en un grupo, a establecer relaciones y a concienciar sobre el comportamiento colaborativo.

Haz que los líderes desaparezcan de vez en cuando: algunos líderes de distintos grupos de éxito acostumbran a dejar que el grupo se las apañe por sí solo en los momentos clave. Gregg Popovich emplea este truco con mucha soltura. Muchos equipos de la NBA piden los tiempos muertos conforme a un protocolo muy bien calculado; primero, los entrenadores se apiñan durante unos segundos para acordar un mensaje y, después, se dirigen al banquillo para comunicárselo a los jugadores. Sin embargo, con una frecuencia de más o menos un tiempo muerto al mes, los entrenadores de los Spurs se apiñan durante la pausa… y después ya no dan ningún mensaje a los jugadores. Estos se sientan en el banquillo y esperan a que Popovich aparezca. Al cabo, cuando comprenden, demasiado tarde, que no va a salir, se hacen cargo ellos mismos y trazan un plan por su cuenta.

Los All-Blacks, el equipo de rugby de Nueva Zelanda, han hecho de esto una costumbre, de forma que los jugadores dirigen varias sesiones de preparación por semana sin apenas intervención de los entrenadores.

Cuando le pregunté a Dave Cooper qué característica tenían en común los equipos SEAL más eficaces, me dijo: «Los mejores equipos solían ser aquellos en los que yo no participaba demasiado, sobre todo en lo que al adiestramiento respectaba. Se ponían a trabajar y desaparecían sin depender de mí para nada. Eran mejores de lo que yo he sido nunca a la hora de decidir qué estrategia adoptar».

Habilidad 3
Definir un propósito

13

Trescientas once palabras

Un día de 1975, James Burke, presidente de la compañía de productos sanitarios Johnson & Johnson, convocó a treinta y cinco de los gerentes más veteranos de la organización para mantener una reunión inusual. No iban a debatir acerca de estrategias, de marketing, de planificaciones ni, en definitiva, de nada que tuviera que ver con el negocio. El propósito era discutir acerca de un documento de una sola página, redactado treinta y dos años antes, conocido como «el Credo».

El Credo había sido definido en 1943 por Robert Wood Johnson, antiguo presidente de la empresa y miembro de la familia fundadora. El comienzo dice así:

> Creemos que nuestra principal responsabilidad es para con los médicos, el personal sanitario y los pacientes; para con las madres y los padres y todos aquellos que recurran a nuestros productos y servicios. A fin de satisfacer sus necesidades, cuanto hagamos debe ofrecer la máxima calidad. Tenemos que esforzarnos en todo momento por reducir los costes, con el objeto de mantener unos precios razonables. Los pedidos de los clientes han de entregarse con diligencia y con exactitud.

El texto continúa así durante cuatro párrafos, describiendo las relaciones con los distintos grupos implicados y priorizándolos de la siguiente manera: 1.°, los clientes; 2.°, los empleados; 3.°, la comunidad, y 4.°, los accionistas de la compañía. En cuanto a la declaración de los valores, cabe destacar su contundencia, ya que es clara, directa y de una solemnidad propia del Antiguo Testamento (aparecen hasta veintiún sinónimos del verbo «deber»). El Credo se colocó en un lugar bien visible de todos los establecimientos de Johnson & Johnson y se grabó en un muro de granito en la sede de la organización en New Jersey.

El problema, a juicio de Burke, era que el Credo no parecía importar demasiado a muchos de los trabajadores y que, de hecho, ni siquiera él estaba convencido de que tuviera importancia alguna. Los tiempos habían cambiado. No era que hubiese una oposición declarada contra el Credo; más bien, se trataba de las sutilezas que Burke observaba en la labor y el comportamiento de los empleados de los distintos departamentos de la empresa. Como diría más adelante: «Muchos de los jóvenes que entraban en Johnson & Johnson no le prestaban la menor atención. Gran parte daba por hecho que era una ocurrencia del departamento de relaciones públicas. No era un documento que sirviera para unirnos».

La intención de Burke era mantener un encuentro para determinar qué papel tendría el Credo en el futuro de la compañía. Cuando así lo manifestó, muchos directivos de Johnson & Johnson rechazaron la idea de pleno. Ponerse a debatir sobre un documento tan básico para la organización parecía una pérdida de tiempo. Dick Sellars, presidente del consejo, tachó la propuesta de «absurda». Le dijo a Burke que cuestionar el Credo equivalía a que un católico cuestionase al Papa.

Burke, vermontés de voz guijarrosa que había comandado una lancha de desembarco durante la Segunda Guerra Mundial, no se achantó. «Yo lo cuestiono [al Papa] todos los días cuando me levanto —replicó—. A veces pienso que está loco. A veces pienso que nuestra religión es una locura. Por supuesto que lo cuestiono. Todo el mundo cuestiona sus valores, y eso es lo que tendríamos que hacer con el Credo.» Al final, se impuso.

La reunión se celebró en un amplio salón comedor. Una vez que los gerentes hubieron ocupado sus asientos, Burke les definió el papel que habían de desempeñar. «Por su posición, tienen el poder de cuestionar este documento, el alma de la corporación —dijo—. Si no pueden atenerse a los principios que en él se recogen, lo apropiado sería arrancarlo de las paredes, porque sería pretencioso dejarlo ahí; si quieren cambiarlo, dígannos qué es lo que habría que cambiar.»

Dicho esto, las conversaciones dieron comienzo. «Yo creo que [el Credo] debería quedarse como está», dijo uno de los gerentes.

«Será una broma —lo interrumpió otro—. El propósito del negocio es obtener un beneficio.»

Después, tomó la palabra otro de los gerentes. «¿No deberíamos, en ese caso, hacer lo que es mejor para el negocio, no solo lo correcto desde un punto de vista ético y moral, sino también lo que es mejor para el negocio sin dejar de ceñirnos al Credo, de tal modo que podamos satisfacer [las] necesidades de la sociedad y, así, podamos hacer las cosas mejor, desde la decencia y la humanidad?»

«Charlie, eso son los valores fundamentales, y todos estamos de acuerdo —intervino un hombre de voz afilada que intentaba disimular su calvicie con el pelo que le quedaba—. La cuestión es, cuáles son las exigencias legítimas de la sociedad y cuántas de ellas podemos satisfacer sin renunciar a los beneficios.»

Esa es la idea. No era una junta de negocios, sino algo más parecido a un seminario universitario de filosofía. Durante toda la jornada, las treinta y seis personas allí reunidas intentaron determinar el lugar de la empresa en el universo moral; algunos se quedaron hasta bien entrada la noche, para registrar sus conclusiones por escrito. Concluido el proceso, acordaron por consenso que volverían a comprometerse con el Credo existente.

En los años siguientes, Burke convocó de nuevo esta asamblea en varias ocasiones, para poner a prueba el Credo desde todos los niveles de la organización. Y la cosa parecía funcionar; Burke y otros notaron que los empleados volvían a tener el Credo en cuenta. Pero, por supuesto, este tipo de cosas son intangibles, difíciles de juzgar en el curso de la vida normal.

Siete años más tarde, el 30 de septiembre de 1982, la vida normal se detuvo de súbito. Burke recibió una llamada de teléfono con la que lo avisaron de que seis personas habían muerto en Chicago después de haber ingerido un producto de su compañía, las cápsulas de Tylenol Extrafuerte, a las que se les había añadido una parte de cianuro. No tardó en desatarse el pánico en Chicago. La policía salió a recorrer las calles para alertar a la ciudadanía por medio de megáfonos. Los Boy Scouts fueron de puerta en puerta para alertar a las personas mayores por si no estaban al tanto de los avisos. Al día siguiente, cuando fue hallada una séptima víctima, la preocupación fue en aumento. La policía de San Francisco le pidió a la población que no tirase las cápsulas de Tylenol por el retrete, por el riesgo de que el veneno contaminase el sistema de alcantarillado. Una agencia de noticias estimó que los envenenamientos por Tylenol habían motivado el mayor despliegue informativo acontecido en Estados Unidos desde el asesinato del presidente Kennedy.

En cuestión de horas, Johnson & Johnson había pasado de ser un proveedor de medicamentos a ser un distribuidor de veneno. En la sede principal imperaba un clima de conmoción e incredulidad. El mayor problema, desde el punto de vista de Johnson & Johnson, era que la compañía no estaba preparada para enfrentarse a una crisis de este calibre. No contaba con un gabinete de asuntos públicos ni con un canal de recogida de píldoras, y su sistema de relaciones con los medios se limitaba a una libreta de notas. «Parecía que hubiera llegado la peste —dijo David Collins, presidente de McNeil Products, la filial de Johnson & Johnson que elaboraba el Tylenol—. No teníamos ni idea de cómo iba a terminar todo. Y la única información con la que contábamos era que no sabíamos lo que estaba ocurriendo.»

Uno de los despachos de la sede de la compañía fue convertido en centro de mando improvisado. Alguien llevó papel de dibujo y un caballete. A medida que recibían más datos (número de víctimas, lugares, números de lote de las píldoras, puntos de venta, etc.), se anotaba en el papel y después se pegaba en la pared. Pronto todas las paredes quedaron cubiertas de preguntas urgentes para las que no había respuesta. Lo único seguro era que se podía dar por acabado el negocio del Tylenol. «No creo que puedan volver a vender ningún producto con ese nombre», declaró Della Femina, legendario gurú de la publicidad, para *The New York Times*.

Burke formó un comité de siete miembros, quienes empezaron a lidiar con la avalancha de decisiones difíciles. ¿Cómo colaborarían con las autoridades? ¿Qué le dirían a la población? Y, sobre todo, ¿qué harían con los demás productos de la marca Tylenol que ya estaban en los comercios de todo el país?

Cuatro días después de los envenenamientos, Burke y algunos otros miembros del comité volaron a Washington D. C. para trazar una estrategia junto con el FBI y la Administración de Alimentos y Medicamentos (AAM). Tanto el FBI como la AAM insistieron a Burke para que limitase la retirada del producto a Chicago, ya que hasta entonces no se había detectado ningún caso fuera de esa ciudad. Una retirada a escala nacional, arguyeron, sembraría el pánico de forma innecesaria y animaría a los criminales a elaborar más venenos con los que provocar intoxicaciones similares. Además, el FBI no necesitaba recordarle a Johnson & Johnson que una retirada general le costaría millones de dólares.

Burke y su grupo sopesaron la idea por un momento. Al cabo, decidieron ignorar la recomendación del FBI y la AAM y ordenaron la retirada inmediata y a nivel nacional de todos los productos de la marca Tylenol (trenta y un millones de píldoras en total), una operación que implicaba un coste de cien millones de dólares. Cuando le preguntaron qué le había llevado a tomar esta decisión, Burke no vaciló en su respuesta: «Creemos que nuestra principal responsabilidad es para con los médicos, los enfermeros y los pacientes; para con las madres y los padres y todos aquellos que recurran a nuestros productos y servicios».

Durante los días y las semanas siguientes, Johnson & Johnson básicamente pasó de ser una compañía farmacéutica a convertirse en un organismo de sanidad pública. Empezó a diseñar y a fabricar embalajes innovadores no manipulables; desarrolló programas de cambio, retirada y reembolso, y estableció relaciones con el gobierno, las autoridades y los medios. Cuatro semanas después de los incidentes, movilizó a más de dos mil comerciales para que visitaran a los médicos y farmacéuticos con el fin de que escucharan sus preocupaciones y les informaran de los futuros cambios.

Burke aterrorizó a los abogados de la compañía al dejarse entrevistar por los medios nacionales, a los que expresó sin ambages su dolor y su arrepentimiento, y con los que compartió los pasos que la compañía estaba dando en aras de la salud pública. Seis semanas después de los incidentes, presentó un tipo de embalaje nuevo y más seguro.

Y después ocurrió algo inesperado. La cuota de mercado de la marca Tylenol, tras haber caído a cero al producirse los envenenamientos, empezó a volver poco a poco a los índices previos, y siguió creciendo; un experto calificó el hecho como «la resurrección más sonada después de la de Lázaro». Durante los años siguientes, el caso del Tylenol se convirtió en modelo a seguir a la hora de resolver crisis corporativas.

«Tuvimos que tomar cientos de decisiones sobre la marcha; cientos de personas tomamos miles de decisiones —relataría Burke más adelante—. En retrospectiva, a decir verdad, no tomamos ninguna mala decisión. La verdad es que no. Aquellos miles de decisiones fueron muy coherentes, en el sentido de que lo prioritario era la población, porque estaba en peligro. Así que si surge el tema del Tylenol durante los debates sobre el Credo es porque el Credo motivó todo eso. Porque quienes formaban parte de Johnson & Johnson y quienes debían tomar las decisiones en las compañías más dispares […] sabían, en su mente y en su corazón, lo que tenían que hacer.»

En apariencia, la historia de la crisis del Tylenol trata de un grupo numeroso que reaccionó ante el desastre con una cohesión y una precisión extraordinarias. Pero tras esta historia subyace un hecho curioso: la clave de la magnífica respuesta de Johnson & Johnson radicaba en un sencillo documento de una página. Las trescientas once palabras del credo habían definido la forma de pensar y el comportamiento de miles de personas que tuvieron que luchar con una marabunta de decisiones.

La pregunta fundamental es: ¿cómo es posible que un puñado de párrafos sencillos y directos influyera tanto en el comportamiento de un grupo?

En las dos primeras secciones de este libro nos hemos centrado en la seguridad y en la vulnerabilidad. Hemos visto cómo las señales sutiles («Estás a salvo», «Aquí compartimos los riesgos») conectan a las personas y les permiten trabajar juntas, como si fueran una sola entidad. Pero ahora es el momento de preguntarse: «¿Para qué sirve todo esto?», «¿Qué pretendemos conseguir?».

Cuando visité a los grupos de éxito, observé que siempre que comunicaban algo referente a su propósito o sus valores, lo hacían con la sutileza de un puñetazo en la nariz. Se empezaba por el entorno. Uno espera que los grupos, por lo general, siembren el entorno de recordatorios de su misión. Estos grupos, no obstante, hacían algo más que eso, mucho más. Cuando entras en el cuartel general de los SEAL, ubicado en Dam Neck, Virginia, pasas junto a una viga retorcida procedente del World Trade Center después de los atentados, junto a una bandera de Mogadiscio y junto a una multitud de monumentos levantados en honor a los SEAL caídos, lo que induce a pensar que uno se encuentra en un museo militar. Del mismo modo, entrar en la sede de Pixar es como introducirse en una de sus películas. Desde las estatuas gigantes de Woody y de Buzz, levantadas con piezas de LEGO, hasta el flexo de Luxo de seis metros de altura que preside la entrada, todo irradia magia pixariana. En cuanto a la compañía de comediantes Upright Citizens Brigade, el teatro de la planta baja parece, más que un teatro, un salón de la fama improvisado, con las paredes cubiertas de fotos de los equipos de Harold más aplaudidos (en casi todos los retratos aparece una futura celebridad). Las escuelas KIPP, las exitosas escuelas subvencionadas de las áreas desfavorecidas, adoptan un enfoque similar y nombran y decoran cada una de las aulas para recordar la universidad en la que estudió el profesor, con el fin de alentar a los alumnos a seguir sus pasos, para lo cual incluso llegan a adornar los espejos de los aseos con una pregunta clave: «¿En qué universidad vas a estudiar TÚ?».

Por si esto no bastara, también se presta atención al lenguaje. Cuando te mueves por estos escenarios, sueles oír los mismos lemas y consignas expresados con igual énfasis. Resulta sorprendente porque uno podría dar por hecho que los pixarianos no necesitan que les recuerden que «La tecnología inspira al arte y el arte inspira a la tecnología», que los SEAL no necesitan que les recuerden la importancia de «Disparar, avanzar y comunicarse» y que los alumnos de las escuelas KIPP no necesitan que les recuerden los beneficios de «Trabajar duro y ser amable», puesto que repiten estas palabras decenas de veces al día. Y, sin embargo, así es como funcionan. Los miembros de estos grupos, que deberían tener muy claros sus valores, dedican una increíble cantidad de tiempo a narrar su propia historia, a recordarse los unos a los otros precisamente cuáles son esos valores y a repetirlos sin descanso. ¿Por qué?

Para dar con la respuesta, fijémonos primero en un pequeño pájaro cantor de aspecto común, el estornino. Al igual que otros pájaros, en ocasiones los estorninos se congregan en bandadas. Cuando estas se ven amenazadas por un depredador, como un halcón, se transforman en algo más. El fenómeno recibe el nombre de «murmullo» y es uno de los espectáculos más bellos y misteriosos de la naturaleza; una nube viviente que se arremolina y que cambia de forma al instante, conformando relojes de arena, hélices y zarcillos que fluyen por el cielo como si de los efectos especiales de una película de Harry Potter se tratara. Si un halcón se lanza contra uno de los estorninos, enseguida, en el otro extremo de la bandada (compuesta por millares de ejemplares), los pájaros sienten el peligro y reaccionan al unísono para dejarlo atrás. Cabe preguntarse, por supuesto, cómo es posible que tantas aves se comporten como un solo ser. Los primeros naturalistas opinaban que los estorninos estaban dotados de una suerte de percepción extrasensorial cuasimística que les permitía anticipar y planear los movimientos del grupo. Un científico británico lo calificó de «telepatía»; otro, de «radio biológica».

La verdadera razón, demostrada en un estudio llevado a cabo en 2007 por un equipo de físicos teóricos de la Universidad de Roma, es que la cohesión de los estorninos es el fruto de la atención incesante que prestan a un pequeño conjunto de señales. Básicamente, cada estornino se fija en los seis o siete ejemplares que tiene más cerca, con los que intercambia diversas pistas sobre la dirección, la velocidad, la aceleración y la distancia. Esta costumbre de mantenerse alerta en todo momento, compartida por toda la bandada, permite que las aves se comporten como un único ser. Es decir, el motivo por el que las bandadas de estorninos actúan de un modo tan inteligente no guarda relación alguna con la telepatía ni la magia, sino con una habilidad más sencilla: la de prestar mucha atención a un puñado de indicadores clave.

Esta idea abre una ventana desde la que ver cómo las culturas de éxito crean y mantienen su propósito. Los grupos de éxito se sustentan en la filosofía de los estorninos: el propósito no consiste en dejarse llevar por un impulso místico sino en desplegar balizas sencillas que permiten centrar la atención y el compromiso con el objetivo común. Las culturas de éxito consiguen esto mediante la constante exploración de formas de contar y volver a contar su historia. Para ello, construyen lo que llamaremos «entornos de propósito elevado».

Los entornos de propósito elevado están llenos de pequeñas y vívidas señales pensadas para establecer un vínculo entre el momento presente y un modelo futuro. Estas señales aportan las dos referencias básicas que se requieren en todo proceso de navegación: «Aquí es donde estamos» y «Aquí es adonde queremos llegar». Lo sorprendente, desde un punto de vista científico, es lo receptivos que somos a este tipo de señalizaciones.

Hace unos años, la profesora de psicología Gabriele Oettingen se propuso realizar el que podría definirse como el experimento de psicología más básico de la historia. De hecho, tú podrías hacer la prueba ahora mismo. El procedimiento sería el siguiente:

Paso 1: piensa en una meta realista que te gustaría alcanzar. Puede ser cualquier cosa (perfeccionar una habilidad deportiva, entregarte a una relación, perder unos kilos, encontrar otro trabajo). Dedica unos segundos a reflexionar sobre esa meta y a suponer que se ha hecho realidad. Imagina un futuro en el que la has alcanzado.

¿Ya lo tienes?

Paso 2: tómate unos segundos y considera, con tanto realismo como puedas, los obstáculos que te separan de esa meta. En lugar de restarles importancia a los aspectos negativos, intenta verlos como son de verdad. Por ejemplo, si te has propuesto perder peso, podrías visualizar esos momentos de debilidad en los que te llega el aroma de unas galletas recién horneadas y decides comerte una (o tres).

Ya está. El proceso, denominado «contraste mental», parece tener que ver menos con la ciencia que con un anuncio de los que se emiten en televisión a horas intempestivas («Imagine una meta factible e imagine también los posibles impedimentos»). La cuestión es, como concluyó Oettingen, que el método funciona, ya que provoca cambios significativos tanto en el comportamiento como en la motivación. Durante un estudio, un grupo de adolescentes que se estaban preparando para las pruebas de acceso a la universidad y que recurrieron a este método optaron por completar un 60 % más de preguntas prácticas que el grupo de control. Durante otro experimento, un grupo de personas que se habían puesto a dieta consumieron muchas menos calorías, realizaron actividades físicas con más frecuencia y perdieron más peso.

También se ha observado que el contraste mental sirve para desarrollar la habilidad de interactuar de forma positiva con personas desconocidas, de negociar, de hablar en público, de gestionar el tiempo y de comunicarse, además de ayudar a perfeccionar muchos otros aspectos. Como escribiera Oettingen: «La construcción en conjunto de las realidades del presente y del futuro hace que ambas sean accesibles de forma simultánea y las une en el sentido de que la realidad se interpone en el camino que lleva al futuro deseado».

El trabajo de Oettingen no se ajusta a la manera en que solemos concebir la motivación y los objetivos. Por lo general los interpretamos como algo intrínseco a la persona. O se está motivado o no se está motivado; en consecuencia, definimos la motivación como «lo que deseamos» o «lo que nos dicta el corazón». Pero, según estos experimentos, la motivación no es una posesión sino el resultado de un proceso de dos partes de canalización de la atención: «Aquí es donde estás» y «Aquí es adonde quieres ir».

Este futuro compartido podría ser un objetivo o un comportamiento («Ante todo, velamos por la seguridad del cliente», «Disparamos, avanzamos y nos comunicamos»). Eso no es lo importante. Lo importante es establecer un vínculo y empezar a generar un compromiso de forma constante en torno a él. Lo importante es contar la historia.

A menudo empleamos el término «historia» sin darle demasiadas vueltas, como si las historias y las narraciones fueran la decoración efímera de una realidad subyacente e invariable. La compleja verdad de la neurología es que las historias no nublan la realidad sino que la crean, originando torrentes de percepción y motivación. La prueba está en los escáneres cerebrales; cuando nos cuentan un hecho, varias áreas aisladas del cerebro se activan y traducen las palabras y los significados. Cuando nos cuentan una historia, no obstante, el cerebro se ilumina como Las Vegas, explorando las cadenas de causa, efecto y significado. Las historias no son solo historias; son la mejor forma de comunicar modelos mentales que perfilan el comportamiento.

Pensemos por un momento en el huracán de decisiones al que tuvieron que enfrentarse los mandos de Johnson & Johnson tras los envenenamientos por Tylenol. No es fácil decidirse a gastar cien millones de dólares en contra de lo aconsejado por los agentes federales, como tampoco lo es explicarles esa decisión a los accionistas y al consejo de fideicomisarios. No es fácil asignarles a miles de personas un papel nuevo y desconocido para ellas, como tampoco lo es explicarles por qué deberían aceptar ese cambio. Es de suponer que estas decisiones y estas acciones fueron trágicas y dolorosas.

Y, no obstante, Burke no las consideró ni trágicas ni dolorosas. Las consideró inevitables. «Bueno, recibí muchos elogios por aquello —le contó a un periodista—. Pero, a decir verdad, no es solo que para mí fuese muy sencillo, sino que [...] tampoco podría haber hecho otra cosa. Todos los empleados que Johnson & Johnson tenía distribuidos alrededor del mundo estaban pendientes del asunto de los envenenamientos [...]. De no haber actuado como lo hicimos, piense cómo se habrían sentido esos empleados. Quiero decir, el alma misma de la corporación tenía los ojos puestos en nosotros.»

Dicho de otro modo, Burke y su equipo se sentían en cierto modo como una bandada de estorninos. Actuaban como uno solo porque todos atendían a una única señal clara, la del Credo, que resonaba en todo el grupo. «Creemos que nuestra principal responsabilidad es para con los médicos, los enfermeros y los pacientes; para con las madres y los padres y todos aquellos que recurran a nuestros productos y servicios.» Las decisiones difíciles que tomaron no lo eran tanto. Se parecían más a un acto reflejo.

El mayor reto al investigar cómo las historias guían el comportamiento de grupo es que las historias son difíciles de aislar; son como el aire, están en todas partes y, al mismo tiempo, no están en ninguna. ¿Cómo se mide el efecto de una narración?

Por suerte para nosotros, en 1965, el psicólogo de Harvard Robert Rosenthal encontró la manera. Se puso en contacto con una escuela pública de primaria ubicada en California y le propuso evaluar a los alumnos con un nuevo instrumento desarrollado para identificar la inteligencia, el test de Harvard de adquisición flexiva, que podía predecir con exactitud qué niños destacarían en los estudios al año siguiente. Como era de esperar, la escuela accedió y sometió al test a todo el alumnado. Al cabo de unas semanas, los maestros recibieron los nombres de los niños (en torno a un 20 % de los alumnos) que habían obtenido una calificación de alto potencial. Estos niños en concreto, según se les dijo a los maestros, eran especiales. Aunque tal vez antes no destacaran, el test indicaba que poseían un «potencial extraordinario para el desarrollo intelectual». A los alumnos no se les informó de los resultados de la prueba.

Al año siguiente Rosenthal regresó para comprobar el desempeño de los alumnos de alto potencial. Tal y como el test había predicho, los alumnos de alto potencial de primer y segundo curso habían evolucionado de forma notoria; los de primer curso aumentaron en 27 puntos su cociente intelectual (frente a los 12 del resto de la clase), mientras que los del segundo curso lo aumentaron en 17 puntos (frente a los 7 del resto). Además, los alumnos de alto potencial mejoraron en otros aspectos que no podían medirse. Según los maestros, eran más curiosos y más felices, se adaptaban mejor y tenían más probabilidades de convertirse en adultos de éxito. Es más, los docentes comentaron que aquel año habían disfrutado de dar clase más que ningún otro.

Pero el guion da un giro inesperado: el test de Harvard de adquisición flexiva era un camelo. De hecho, los alumnos «de alto potencial» habían sido elegidos al azar. Los verdaderos sujetos de la prueba no eran los niños sino las narraciones que definen la relación entre los maestros y los alumnos.

Lo que ocurrió, concluyó Rosenthal, fue que sustituir una historia («Estos niños son normales») por otra («Estos niños son especiales y están destinados a triunfar») funcionó como una baliza que encaminó a los maestros, dando lugar a una sucesión de comportamientos que guiaban al estudiante hacia ese futuro. No importaba que la historia fuese falsa ni que los niños estuviesen elegidos al azar. La sencilla pero atractiva idea («Este tiene un potencial extraordinario para el desarrollo intelectual») alineó las motivaciones, la conciencia y los comportamientos. Rosenthal clasificó los cambios en cuatro categorías.

1. Calidez (los maestros se mostraban más amables, más atentos y más abiertos).
2. Contribución (los maestros aportaban más material para el aprendizaje).
3. Oportunidad de respuesta (los maestros preguntaban a los alumnos con más frecuencia y los escuchaban con más atención).
4. Evaluación (los maestros les hacían más comentarios, sobre todo cuando los alumnos cometían un error).

Lo más interesante de estos cambios es lo sutiles que son, el hecho de que suman millares de comportamientos mínimos a lo largo del año escolar. Cada vez que el maestro interactuaba con el alumno, en el cerebro del docente se encendía una conexión que unía el presente con el futuro. Cada vez que el alumno hacía algo ambiguo, el maestro le concedía el beneficio de la duda. Cada vez que el alumno cometía un error, el maestro daba por hecho que necesitaba comunicarse mejor con él. Por sí solos, estos comportamientos carecían de importancia. En conjunto, componían una espiral formidable que ayudaba a los alumnos a evolucionar hasta dejar atrás sus supuestas limitaciones.

Esta espiral formidable también se puede poner en marcha por medio de otros métodos. Un buen ejemplo es el del experimento llevado a cabo por Adam Grant, escritor y psicólogo organizativo de la Escuela Wharton, integrada en la Universidad de Pensilvania, cuyo trabajo exploramos en el capítulo 6. Hace unos años, la Universidad de Michigan solicitó a Grant que estudiara el bajo rendimiento de algunos de los trabajadores del centro de atención telefónica, que se encargaban de telefonear a los alumnos de la universidad para pedirles que donasen dinero. Era un trabajo repetitivo y tedioso, y el índice de rechazo ascendía nada menos que al 93 %. La universidad había probado varios incentivos para mejorar el rendimiento, como la celebración de concursos con entrega de premios, pero todo había sido en vano.

Grant sabía que parte del dinero que el centro de atención telefónica recaudaba se destinaba a las becas. Se preguntó si los trabajadores se sentirían más motivados si conocieran más a fondo el uso que se hacía en realidad de las donaciones. Así, decidió fijarse en uno de los beneficiarios de las becas, un alumno que respondía al nombre de Will, y le pidió que redactase una carta en la que plasmara lo que la beca que se le había adjudicado significaba para él. He aquí un extracto:

> Cuando llegó el momento de tomar la decisión, vi que formalizar la matrícula en otro estado era muy caro. Pero llevo esta universidad en el corazón. Mis abuelos se conocieron aquí. Mi padre y sus cuatro hermanos estudiaron aquí. Incluso debo darle las gracias a esta escuela por concederme a mi hermano menor, concebido la noche en que ganamos el torneo de baloncesto de la Asociación Nacional Atlética Universitaria. Llevo toda la vida soñando con ingresar aquí. No podía creérmelo cuando me concedieron la beca, y todos los días vengo a clase dispuesto a aprovechar al máximo las oportunidades que me brinda. La beca ha mejorado mi vida en muchos aspectos.

Cuando Grant compartió la carta de Will con los trabajadores del centro de atención telefónica, observó que las llamadas y las donaciones se disparaban al instante. Así, dio un paso más. En lugar de limitarse a pasarles una carta a los operarios del centro de atención telefónica, Grant hizo que los beneficiarios de las becas los visitaran. Cada encuentro duraba cinco minutos. No se hacía nada especial; sencillamente el estudiante compartía su historia como había hecho Will («Vengo de equis lugar. Esto es lo que el dinero recaudado con vuestro trabajo significa para mí»). Al mes siguiente, el tiempo que se dedicó a las llamadas aumentó en un 142 %, y los ingresos semanales aumentaron en un 172 %. Los incentivos no habían variado. La tarea no había variado. Lo único que había variado era el hecho de que los operarios habían encontrado una referencia clara de su propósito que marcaba la diferencia.

Lo que ocurrió durante los experimentos de Rosenthal y de Grant es lo mismo que ocurrió en la reunión de Johnson & Johnson para cuestionar el credo. Construyeron un entorno de propósito elevado, inundaron la zona de señales que vinculaban los esfuerzos del presente con un futuro trascendental, y aprovecharon una historia para orientar la motivación del mismo modo en que un campo magnético orienta la aguja de una brújula hacia el norte verdadero («Este es el motivo de nuestro trabajo. Esta es la manera en que debes emplear tus esfuerzos»).

Durante el capítulo siguiente, nos centraremos en métodos del mundo real para establecer y mantener entornos de propósito elevado. Y una buena forma de empezar es examinar dos casos en los que estos entornos se construyeron contra todo pronóstico. El primero implica un método innovador para controlar a algunos de los *hooligans* más violentos del planeta. El segundo, a varios equipos médicos que se están familiarizando con una innovación quirúrgica revolucionaria.

14

Los *hooligans* y los cirujanos

La domesticación de los *hooligans*

Portugal estaba a punto de ser arrasado.

Era la víspera de la Eurocopa de 2004, un torneo de fútbol que se celebra cada cuatro años y que solo la Copa del Mundo supera en alcance y espectacularidad. Cientos de miles de hinchas afluían hacia los relucientes estadios a lo largo y ancho del soleado país. Para Portugal, era un momento de gran importancia, su fiesta de presentación sobre la escena deportiva mundial. Solo había un problema, el mismo que llevaba décadas ensombreciendo el fútbol europeo: los *hooligans* ingleses.

Los organizadores portugueses sabían a qué se enfrentaban, porque el anterior campeonato, celebrado cuatro años atrás en Bélgica, les había enseñado algo muy útil. La policía belga se había preparado bien para recibir a los *hooligans*, invirtiendo millones en el adiestramiento de los agentes y abasteciéndose de los mejores equipos antidisturbios, cámaras de vigilancia y sistemas de información existentes. Habían colaborado estrechamente con el gobierno británico para identificar a los agitadores más conocidos e impedirles la entrada al país. En resumen, estaban todo lo preparados que podían estar. Pero no les sirvió de nada. Miles de *hooligans* ingleses, haciendo gala de la determinación unitaria de la que su equipo había carecido históricamente, invadieron la ciudad y empezaron a destrozar los escaparates y a dar palizas a los transeúntes mientras se encaraban con las tropas antidisturbios, equipadas con porras, mangueras de agua y gases lacrimógenos. Al término del torneo, más de un millar de hinchas ingleses habían sido detenidos, los organizadores sopesaban la posibilidad de expulsar al equipo inglés de la competición y los tertulianos se preguntaban si no habría llegado el momento de declarar las competiciones internacionales algo del pasado.

A decir de muchos científicos sociales, esta situación era tan lógica como históricamente inevitable, puesto que los *hooligans* ingleses encarnaban la agresividad de la clase obrera conocida como la «enfermedad inglesa». Las décadas de experiencia habían demostrado que la enfermedad no tenía cura, que lo único que podía hacerse era mitigar los síntomas. A medida que se acercaba el torneo de 2004, los disturbios empezaron a parecer inevitables. Como dijo un escritor inglés, el soleado Portugal estaba a punto de convertirse en el objetivo de «la mayor invasión inglesa desde el Día D». Para prepararse, el gobierno portugués destinó diecisiete millones de euros a la compra de material antidisturbios (cañones de agua, porras, aerosol de pimienta y perros policía). También consideró otras opciones, como el trabajo de Clifford Stott, un psicólogo social poco conocido de la Universidad de Liverpool.

Stott, de lenguaje llano y pelo corto, sobre todo en las sienes, es especialista en violencia grupal. Estudió los disturbios que estallaron en Los Ángeles en 1992 y los que se produjeron en el Reino Unido en 1990, a causa del impuesto de capitación, y cuando se acercaba el torneo de 2004 estaba trabajando en una nueva teoría que no tenía tanto que ver con las fuerzas de la historia social como con los indicadores sociales. Su idea era que se podía acabar con la violencia grupal si se cambiaban las señales que la policía enviaba. A su juicio, el material antidisturbios y los vehículos blindados eran indicadores que activaban el comportamiento agresivo de los hinchas, quienes, de no tenerlos delante, quizá se comportarían con normalidad. (El 95 % de los detenidos por violencia deportiva, según recogía su investigación, no tenía antecedentes por desorden público.) Stott creía que la clave para controlar los alborotos, básicamente, era dejar de controlar los alborotos.

Puesto que las primeras pruebas que había realizado en relación con esta idea resultaban lo bastante interesantes, y puesto que las autoridades portuguesas estaban lo suficientemente desesperadas, Stott se vio inmerso, para su asombro, en la dirección de un experimento crucial: ¿bastaría un puñado de indicadores sociales para parar los pies a los *hooligans* más peligrosos?

En primer lugar, Stott asumió el adiestramiento de la policía portuguesa. La regla número uno era mantener oculto el material antidisturbios: no se formarían falanges de agentes protegidos con cascos, no se sacarían los vehículos blindados ni se emplearían porras y escudos. En vez de eso, Stott entrenó a una unidad de agentes de enlace que vestirían un chaleco azul claro en lugar de la habitual prenda amarilla. Estos agentes fueron seleccionados no por su destreza a la hora de frenar los disturbios, sino por sus habilidades sociales, como su cordialidad y su capacidad de bromear. Stott los animó a ponerse al día en cuestión de equipos e hinchadas, y a que se preparasen para conversar sobre los entrenadores, las distintas estrategias de juego y los chismes que circulaban acerca de los clubes. «Buscábamos gente con labia —relata—, gente que pudiera sentarse junto a alguien y charlar de cualquier tema.»

Para Stott, el mayor desafío consistía en reconfigurar el instinto policial. Los *hooligans* ingleses tenían la costumbre de ponerse a darle patadas a un balón de fútbol en medio de los espacios públicos, lanzándolo tan alto como pudieran para que cayera sobre los viandantes o las mesas de las cafeterías, lo que originaba el tipo de disputas aisladas que derivan en un disturbio multitudinario. El procedimiento habitual de la policía era intervenir de inmediato y confiscar el balón por la fuerza, antes de que comenzara una trifulca. Pero, por recomendación de Stott, a los agentes portugueses se les indicó que hicieran algo aún más complicado: que aguardasen a que los *hooligans* pusieran el balón al alcance de las fuerzas de seguridad. Entonces, y solo entonces, la policía podría recogerlo y requisárselo.

«Tienes que respetar las reglas comunes —señala Stott—. La policía no puede presentarse y arrebatarles el balón sin más, porque esa es precisamente la clase de uso desproporcionado de la fuerza que alimenta el problema. Pero si esperas hasta que el balón caiga cerca de ti y después lo retienes, a los alborotadores les parecerá legítimo.»

Algunos policías portugueses creían que las ideas de Stott eran absurdas, cuando no disparatadas. Algunos protestaron y arguyeron que encararse con las bandas de *hooligans* violentos sin un traje protector era una imprudencia. Cuando el torneo dio comienzo, la prensa inglesa ya le había dado al programa el nombre burlón de «Dale un achuchón al matón». El mundo del deporte y el de la ciencia aguardaban poco convencidos a comprobar si el método de Stott funcionaría de verdad.

Funcionó. Más de un millón de aficionados visitaron el país a lo largo de las tres semanas que duró la competición, y en las áreas donde se aplicó la técnica de Stott solo se detuvo a un hincha inglés. Los observadores registraron dos mil interacciones entre la policía y la multitud, de las cuales solo el 0'4 % se categorizaron como altercados. Los únicos incidentes violentos tuvieron lugar en una zona donde la policía seguía patrullando conforme al viejo sistema del casco y el escudo.

Durante los años posteriores, el enfoque de Stott se ha convertido en la referencia a la hora de mantener controlados a los agitadores, tanto en Europa como en el resto del mundo. Uno de los motivos por los que funciona es porque crea un entorno de propósito elevado, al desplegar un abanico sin fisuras de pequeñas señales sólidas. Cada vez que un agente bromea con un hincha, cada vez que un hincha repara en que la policía no lleva traje protector, se envía una señal: «Estamos aquí para entendernos». Cada vez que la policía permite que los aficionados sigan dándole patadas al balón, esa señal se refuerza. Por sí sola, ninguna de estas señales importa. Pero juntas hilvanan una nueva historia.

Para Stott, el momento más revelador de los vividos en Portugal se produjo a mitad del torneo, cuando un policía portugués que llevaba el chaleco amarillo se enfrentó a un aficionado inglés demasiado eufórico. El agente le pidió que se tranquilizara, pero ante la renuencia del visitante, empleó la fuerza por instinto y lo sujetó con brusquedad. La multitud se agitó y se desató una oleada de gritos y empujones. Era justo el tipo de situación que más miedo daba a Stott; bastaba con usar la fuerza de forma desmedida una sola vez para que violencia se propagase como un incendio.

Sin embargo, no ocurrió así. En lugar de eso, lo que sucedió fue que los hinchas empezaron a llamar a gritos a uno de los agentes de enlace que vestían el chaleco azul. «Los aficionados lo llamaron y le dijeron: "Eh, ¿puedes venir y decirle a ese policía que pare?" —cuenta Stott—. Los papeles se habían intercambiado y ahora eran los hinchas los que controlaban a la policía. Habían establecido un vínculo social con los agentes de enlace. Los consideraban sus defensores».

Los aprendices más aventajados

Uno de los mejores indicadores de la cultura de un grupo es su velocidad de aprendizaje, la rapidez con la que pasa a aplicar las nuevas habilidades y así aumenta su rendimiento. En 1998 un equipo de investigadores de Harvard encabezado por Amy Edmondson (a la que conocimos en el capítulo 1) analizó la velocidad de aprendizaje de dieciséis equipos de cirujanos, que debían aprender una nueva técnica de intervención cardiovascular. Esta técnica, que recibía el nombre de CCMI (cirugía cardiaca mínimamente invasiva), consistía en practicar una derivación de la arteria coronaria y la reparación de las válvulas por medio de una pequeña incisión en el pecho en lugar de partiendo el esternón por la mitad. Los dieciséis equipos pasaron por un programa de formación de tres días y, después, regresaron a sus respectivos hospitales, donde comenzaron a ejecutar el procedimiento. La pregunta era ¿qué equipo adquiriría antes los nuevos conocimientos y los pondría en práctica con mayor eficacia?

Al principio parecía que ganaría el equipo del hospital de Chelsea.* Este era un hospital clínico de élite ubicado en un área metropolitana. El equipo de cirugía cardiaca lo encabezaba el doctor C, un experto de prestigio nacional que había participado en el desarrollo de la tecnología propia de la CCMI y que ya había realizado

* Los nombres de los hospitales y de los médicos se cambiaron durante el estudio.

más de sesenta intervenciones basadas en este método. Además, Chelsea tenía un importante compromiso organizativo con este procedimiento, lo que demostró al enviar a varios directores de departamento al curso de formación.

En el otro extremo de la balanza estaba el equipo del Mountain Medical Center, una institución más humilde y no vinculada a la enseñanza, ubicada en un área rural. El equipo lo encabezaba el doctor M, un joven cirujano que nunca había practicado una CCMI y cuyo equipo adolecía de una inexperiencia similar.

Si hubiera que predecir qué equipo demostraría un mayor rendimiento, el hospital de Chelsea sería la opción lógica. Tenía más técnica y más experiencia y disfrutaba de un mayor aparato organizativo que el Mountain Medical Center. Pero no fue el equipo del hospital de Chelsea el que ganó. De hecho, adquirió los conocimientos con más lentitud, y sus habilidades (determinadas por el tiempo que le llevó completar la CCMI con éxito) se estancaron al cabo de diez intervenciones. Es más, los miembros del equipo no se mostraban muy contentos; durante las entrevistas posteriores admitieron sentirse insatisfechos. Seis meses más tarde, el hospital de Chelsea ocupaba la décima posición del total de dieciséis.

El equipo del Mountain Medical Center, por el contrario, asimiló rápida y correctamente los nuevos conocimientos. En la quinta intervención demostraron ya más rapidez de la que evidenciaba el mejor registro del hospital de Chelsea. En la vigésima intervención, el Mountain Medical Center terminó la operación con éxito una hora antes que el hospital de Chelsea y, lo que era más importante, consiguió tasas más elevadas de eficiencia y de satisfacción. Al cabo de seis meses, el Mountain Medical Center se había posicionado segundo entre los dieciséis equipos.

Este panorama de extremos no se daba solo en estos dos hospitales. Cuando Edmondson plasmó los resultados en un gráfico, halló que los hospitales se dividían en dos categorías: la de los equipos que alcanzaban un gran éxito y la de los equipos con escaso éxito. La línea no describía una campana, sino que se asemejaba más a una pantalla dividida. Los equipos eran como el del Mountain Medical Center o como el del hospital de Chelsea; o triunfaban o fracasaban. ¿Por qué?

La respuesta, comprobó Edmondson, radicaba en los patrones de las señales enviadas en tiempo real a través de las que los miembros de los equipos conectaban (o no) con el propósito del trabajo. Estas señales se dividían en cinco tipos básicos:

1. Marco: los equipos con éxito entendían la CCMI como una experiencia de aprendizaje que beneficiaría a los pacientes y al hospital. Los equipos sin éxito la entendían como una ampliación de las prácticas en curso.
2. Papeles: los jefes de los equipos con éxito les decían de forma expresa a los miembros que sus habilidades, tanto a nivel individual como colectivo, eran importantes para el éxito del grupo, y por qué era importante para todos trabajar bien en conjunto. A los equipos sin éxito no se les decía nada.
3. Ensayos: los equipos con éxito hacían pruebas preliminares del procedimiento, para las cuales se preparaban con minuciosidad, repasaban los nuevos protocolos y hablaban de la comunicación. Los equipos sin éxito apenas se preparaban.
4. Invitación expresa a participar: los jefes de los equipos con éxito les decían a los distintos miembros que no dudasen en avisar si identificaban un problema; se les hacía un seguimiento de forma activa por medio del proceso de evaluación. Los jefes de los equipos sin éxito hacían un seguimiento pobre, por lo que los miembros del equipo dudaban si dar su opinión o no.
5. Reflexión activa: entre una intervención y otra, los equipos con éxito repasaban su actuación, comentaban los futuros casos y sugerían mejoras. Por ejemplo, el jefe del equipo del Mountain Medical Center llevaba una cámara fijada a la cabeza durante las operaciones, para después complementar el debate y la evaluación. Los equipos sin éxito rara vez aprovecharon esta posibilidad.

Cabe mencionar los factores que no aparecen en la lista: la experiencia, la condición de cirujano y el apoyo organizativo. Estos aspectos pesaban mucho menos que el flujo sencillo y constante de señales en tiempo real que canalizaba la atención hacia la principal meta. A veces estas señales tenían que ver con el hospital («La CCMI es una oportunidad excepcional para aprender»); a veces, con el paciente («Los pacientes saldrán beneficiados»); a veces, con los miembros del equipo («En este grupo tienes un papel y un futuro») y, a veces, enfatizaban el valor de los ensayos y de la reflexión. Pero todas cumplían la misma función vital: inundar el entorno de vínculos narrativos entre lo que estaban haciendo entonces y lo que significaba.

El otro factor de esta lista es que muchas de estas señales podrían parecer obvias y redundantes. Por ejemplo, ¿de verdad a los profesionales de amplia experiencia, como los enfermeros y los anestesistas, hay que recordarles de forma expresa que su papel durante una operación de cirugía cardiaca es importante? ¿De verdad hay que informarles de que si ven que el cirujano comete un error están autorizados a avisar?

La respuesta, como concluyó Edmondson, es un rotundo sí. El valor de estas señales no radica en la información, sino en el hecho de que orientan a los miembros del equipo hacia la tarea en cuestión y también a los unos hacia los otros. Lo que parece algo repetitivo aporta, en realidad, una guía. Estas señales calaban de una manera que podía apreciarse en las opiniones de los miembros del equipo. Como en estos comentarios de los equipos con éxito:

> Cirujano: «Que el cirujano sea capaz de colaborar como un compañero más en lugar de comportarse como un dictador es vital. Por ejemplo, es imprescindible atender a los cambios necesarios [durante una operación] en base a la sugerencia de otro miembro del equipo».

> Enfermera: «Todos tenemos que compartir nuestros conocimientos. Por ejemplo, en el último caso, teníamos que introducir un cable guía, pero cogí el cable que no era y, al principio, no me di cuenta. Entonces el enfermero auxiliar me dijo: "Sue, has cogido el cable equivocado". Esto demuestra que los distintos papeles no son decisivos. Todos tenemos que saber de todo. Hay que trabajar en equipo».

Enfermero: «Siempre que vamos a realizar una [CCMI], me siento privilegiado. Ves que los pacientes se recuperan tan bien […]. Es una experiencia muy reconfortante. Doy gracias por haber sido elegido».

Ahora fijémonos en los comentarios de los equipos sin éxito:

Cirujano: «Una vez que el equipo está formado, ya no aparto los ojos [de la mesa de operaciones]. Son los demás quienes deben cerciorarse de que todo vaya bien».

Anestesista: «No diría nada si no estuviera seguro de que un error podría tener consecuencias fatales. No me gusta andar con hipótesis».

Enfermera: «Cuando veo un caso de CCMI en la lista [para mañana], pienso "Ay, ¿de verdad tenemos que hacer eso? Que alguien me dé una cuchilla para que pueda cortarme las venas ahora mismo"».

Estos comentarios parecen proceder de universos distintos. Pero, por irónico que parezca, todas estas personas habían realizado los mismos procedimientos después de recibir la misma formación. La única diferencia era que uno de los grupos podía ver señales claras de significado durante todo el proceso, mientras que el otro no. La diferencia no radicaba en quiénes eran sino en el conjunto de vínculos sutiles, específicos y sólidos entre el lugar donde estaban y la meta hacia la que se dirigían.

Así es como funcionan los entornos de propósito elevado. En estos, lo que se busca no es tanto enviar una señal bien visible como un puñado de señales constantes y clarísimas que se alineen con un objetivo común. Asimismo, tampoco se pretende tanto inspirar como ser consistente. Estas señales, más que en los discursos grandilocuentes, se encuentran en los momentos cotidianos en los que la gente puede captar el mensaje: «Esta es la razón por la que trabajamos; este es el propósito que queremos cumplir».

Ahora que hemos determinado el mecanismo básico de los entornos de propósito elevado, exploremos la siguiente cuestión: ¿cómo se crean? La respuesta, en realidad, depende del tipo de habilidades que se busca que caractericen a un grupo. Los «entornos de excelencia elevada» ayudan al grupo a registrar un desempeño satisfactorio y bien definido, mientras que los «entornos de creatividad elevada» ayudan al grupo a crear algo nuevo. Esta distinción es importante, porque incide en los dos desafíos esenciales que todo grupo debe asumir: la solidez y la innovación. Y, como veremos ahora, para perfilar un propósito en estas dos áreas se deben aplicar distintos enfoques.

15

Cómo guiar hacia la excelencia

Cuando se piensa en los entornos más duros del planeta, vienen a la cabeza lugares como el Valle de la Muerte o la Antártida, escenarios despiadados que exponen toda nuestra debilidad. No pensamos en la hostelería de Nueva York. Hasta que se consideran los índices de supervivencia.

Todos los años se inauguran alrededor de mil restaurantes nuevos en Nueva York. Abren sus puertas con muchas ganas, repletos de confianza en sí mismos y con un marcado deseo de alcanzar el éxito. Al cabo de cinco años, ochocientos de ellos habrán desaparecido sin dejar rastro, por distintos motivos que son, en esencia, el mismo. Para que un restaurante o una expedición a la Antártida tengan éxito es preciso mantener la excelencia en el tiempo. No basta con servir buenos platos. No basta con tener una buena ubicación. No basta con trabajar el servicio, la formación, la marca, el liderazgo y la adaptabilidad. Y tampoco basta la suerte. Para sobrevivir es preciso combinar todos estos factores, una noche tras otra. El fracaso es la desaparición.

En este ecosistema cruel, Danny Meyer ha establecido un récord que, más que improbable, parece inconcebible. A lo largo de los últimos treinta años, ha abierto veinticinco restaurantes. A excepción de uno, todos son un éxito (de hecho, un grandísimo éxito). El Union Square Cafe, el primer restaurante de Meyer, se ha ganado el primer puesto de los mejores restaurantes enumerados por Zagat en nueve ocasiones, un hecho inaudito; sus otros locales suelen ocupar la cuarta parte de los primeros veinte, y entre los establecimientos y los chefs han conseguido veintiséis premios James

Beard. Lo que se antoja aún más asombroso es que todos los restaurantes de Meyer son únicos, de manera que entre ellos podemos encontrar desde una taberna hasta un merendero, pasando por una cafetería italiana o por la cadena de hamburgueserías *fast-casual* Shake Shack.

El motivo por el que los negocios de Meyer tienen éxito es el cálido clima de conexión que generan, un clima que podría resumirse en una palabra: «hogar». Cuando se entra en uno de sus locales, se nota que se preocupan por los clientes. Esta sensación proviene tanto de las instalaciones como de los platos, pero sobre todo de la gente, que afronta cada interacción con una candidez familiar. Cuando les pedí a los clientes y a los empleados de Meyer que me hablasen de algún momento en el que hubieran experimentado esta sensación, destacaron estas dos historias.

Una chica, que acababa de mudarse a Nueva York procedente del Medio Oeste, había llevado a sus padres a cenar al 11 Madison Park para celebrar el comienzo de su nueva vida en la gran ciudad, además de para aquietar la preocupación que tenían por las dificultades propias de residir en Nueva York. Hacia el final de la cena, mientras consultaban el menú de los postres, el padre señaló una copa de Château d'Yquem que costaba cuarenta y dos dólares y dijo algo sobre su precio desorbitado. El camarero oyó el comentario y, al cabo de un momento, regresó con una botella de Château d'Yquem y tres copas. Al acercarse, les dijo: «Estamos muy agradecidos por que nos hayan visitado esta noche. He oído que conversaban acerca del Château d'Yquem. Es uno de los mejores y más exclusivos vinos de postre, por lo que nos encantaría dárselo a probar». Los comensales se quedaron tan sorprendidos como deleitados.

También hubo una vez en que una de las personas que cenaban con el senador de Nebraska Bob Kerrey en Gramercy Tavern encontró un escarabajo en su ensalada. Al día siguiente, Kerrey y sus amigos fueron a otro de los locales de Meyer. Cuando se hubieron sentado, se les sirvió una ensalada aderezada con un papelito en el que ponía RINGO. El camarero les dijo: «Danny quería cerciorarse de que supieran que Gramercy Tavern no es el único de sus restaurantes dispuesto a sazonar su ensalada con algún miembro de los Beatles».*

Si uno menciona que es su aniversario o su cumpleaños, el restaurante lo recordará; si se prefiere una mesa junto a la ventana, lo recordará; si se prefieren los picos del pan, lo recordará.** Estas tareas no son sencillas, porque dependen de que la cadena de atención y acción no se rompa. El camarero que llevó el Château d'Yquem (1) estaba al tanto de la dinámica entre la chica emocionada e ilusionada y sus padres preocupados, (2) se dio cuenta del comentario que el padre hacía sobre el vino, (3) lo conectó con una idea, (4) estaba autorizado a cargar el gesto a cuenta del restaurante e (5) hizo el ofrecimiento con elegancia. La cadena podría haberse roto en cualquier momento sin que nadie se percatara. Pero al no romperse, sirvió para crear esa atmósfera cálida y característica que ha llevado las empresas de Meyer al éxito. La cuestión es, ¿cómo hace Meyer para obtener estos resultados con tanta infalibilidad y en tantos locales?

Al sentarse a la mesa frente a Danny Meyer, este clava unos ojos que observan con una mezcla de interés y empatía. Su lenguaje corporal es relajado y atento, ajeno a las prisas. Su voz suena entera, con una formalidad propia del Medio Oeste que recuerda un tanto a la de James Stewart. Al preguntarle (por ejemplo, ¿cuál es la mejor hamburguesa que puede probarse en Nueva York?), se lo piensa antes de dar una respuesta. Puesto que ha dedicado cientos de horas a investigar esta cuestión, sabe mucho al respecto. Pero cuando responde, la contestación no tiene nada que ver con sus conocimientos, sino que se centra en ti.

* En inglés, el término *escarabajo*, «beetle», se pronuncia igual que «Beatle». *(N. del T.)*

** Una buena parte de estos recordatorios figura en el sistema de reservas, donde los camareros y los jefes de sala anotan con minuciosidad las preferencias de los clientes. Pude ver la nota de un cliente en la que constaba: «Le gusta tomar el pan con extra de mantequilla. Necesita mucho amor».

«Bueno —comienza—. El tipo de hamburguesa que te apetezca depende de tu estado de ánimo.»

Nos encontramos en el Maialino, uno de sus restaurantes, ubicado en las inmediaciones del Gramercy Park, y es la hora del desayuno. El universo meyeriano nos envuelve con su alborozo (ramilletes de flores recién cortadas que rebosan de sus jarrones de cerámica y comensales animados que charlan con solícitos camareros). Conversamos acerca de la época durante la que Meyer estudió Ciencias Políticas en el Trinity College y de su trabajo en una campaña presidencial (lo que lo ayudó a ver a cada trabajador, en esencia, como a un voluntario) cuando, a mis espaldas, al camarero se le escurre la bandeja y varios vasos de agua se estampan contra el suelo.

Durante una fracción de segundo, toda actividad se congela. Meyer levanta el índice para poner nuestra conversación en pausa y ver qué ha ocurrido. El camarero al que se le han caído los vasos empieza a recoger los cristales y enseguida un compañero se acerca con un cepillo y un recogedor. La limpieza concluye en cuestión de instantes y todo el mundo continúa desayunando con normalidad. Le pregunto a Meyer por qué se ha parado a observarlo todo con tanta atención.

«Me fijo en lo que ocurre justo después, y observo si su nivel de energía aumenta —dice—. Conectan para solucionar el problema, y el nivel de energía puede aumentar o descender, pero si estamos haciendo bien nuestro trabajo, el nivel aumentará. —Aprieta un puño contra el otro e imita una explosión con los dedos—. Generan una energía inspiradora que no tiene nada que ver con la tarea en cuestión, sino con la relación que los une y lo que viene después. Es algo parecido a lo que sucede en una colonia de hormigas o en una colmena. Cada acción influye en todas las demás.»

Le pregunto a Meyer cómo se identifica una interacción pobre. «Una de dos —resume—, o bien esas personas muestran desinterés, del tipo "Yo me limito a hacer mi trabajo", o bien están enfadadas entre ellas o por las circunstancias. Y en el caso de ver algo así, sabría que detrás hay un problema mayor, porque el trabajo más importante es cuidar los unos de los otros. No es algo que haya sabido siempre, pero ahora sí lo sé.»

Meyer empieza a hablarme de su trayectoria; de su juventud, durante la que residió en San Luis; de su temprana fascinación por la gastronomía y los viajes; de su padre desafecto, que trabajaba en el negocio de la hostelería; de cuando dejó la carrera de Derecho en el último segundo para introducirse en el negocio de la restauración y, por último, de los años ochenta y de los inicios del Union Square Cafe, donde comenzó su verdadero aprendizaje.

«No sabía interpretar una hoja de balance —recuerda—. No sabía gestionar el flujo de clientes ni dirigir una cocina. No sabía nada. Pero sabía cómo quería que se sintiera la gente. Quería que fuera como si no recordasen si habían cenado fuera o si no habían llegado a salir de casa.»

Para ello, Meyer confió en su instinto. Contrató a varias personas del Medio Oeste para generar un clima amigable. Formó al personal él mismo, escenificando diversas conversaciones entre el camarero y el cliente. Cuando el servicio era lento (algo que ocurría a menudo en los comienzos), apaciguaba a los comensales con vino gratis y daba margen al personal para ofrecerles otras compensaciones. Adquirió la costumbre de recabar información con la que hacer que los clientes se sintieran más como en casa. Prestaba especial atención al lenguaje. Odiaba las expresiones típicas de los camareros, como por ejemplo «¿Ya ha terminado?» (¡No es una carrera!) o «¿Está todo a su gusto?» (¡Tan impersonal!). En su lugar, pretendía desarrollar un lenguaje con el que dar a los clientes la impresión de que los empleados estaban de su parte. Por ejemplo, cuando no era posible hacer una reserva, decía: «¿Puede decirme qué horario le vendría mejor, para avisarle si se produce una cancelación?».

El Union Square Cafe fue un éxito muy sonado, y Meyer estaba siempre presente, recibiendo a los clientes, atendiendo las mesas y limpiando cuanto cayera al suelo. Más adelante, en 1995, abrió un segundo restaurante, el Gramercy Tavern. Y ahí fue cuando todo se complicó de verdad. Los empleados empezaron a fallar. Los platos salían mal con frecuencia. Los clientes estaban insatisfechos. Meyer dividía el tiempo entre los dos locales, haciendo lo imposible por mejorar el servicio, pero no funcionaba. «Era una pesadilla —rememora—. Estaba hundido. No dejaba de ir de un restaurante al otro, pero ninguno funcionaba como yo quería. Era una situación típica. Quiero decir, es la razón por la que quien abre un restaurante después ya no piensa en abrir otro.»

Todo llegó a un punto crítico aquel otoño en el Gramercy Tavern, cuando una clienta habitual que había organizado un almuerzo para seis pidió salmón. Después de haberse comido algo más de la mitad, le dijo al camarero que ya no le apetecía y le preguntó si podía pedir otra cosa. El camarero le cambió el plato y consultó con el gerente de Gramercy si debía añadir el salmón a la factura. El gerente dijo que sí. Al fin y al cabo, la clienta había comido más de medio filete, con el que no había habido ningún problema. Cuando la mujer fue a pagar, se le entregó una caja para que se llevara las sobras del salmón. Apenas llegó a su casa, le escribió a Meyer: «No puedo creer lo insultante y pasivo-agresivo que ha sido este episodio, y desde luego no es lo que me esperaba de uno de sus restaurantes».

«Tenía toda la razón —admite Meyer—. Pero lo peor no fue aquello, sino que todo el personal de Gramercy creía que eso era lo correcto. El gerente creía que eso era lo correcto. El camarero creía que eso era lo correcto. Todo el mundo estaba ahí, viendo lo que ocurría, pero nadie hizo nada por corregirlo. Habíamos invertido infinidad de horas en la formación del personal para que no sucedieran este tipo de cosas, pero estaban sucediendo, y no sabíamos reaccionar. Fue entonces cuando me di cuenta de que debía idear un nuevo lenguaje, de que tenía que definir otras pautas de actuación. No podía limitarme a decirle al personal lo que debía hacer y confiar en que lo entendiera y lo hiciera. Tenía que empezar a ponerles nombre a las cosas.»

Semanas más tarde, Meyer invitó a todo el personal a pasar un sábado de retiro junto al río Hudson, donde inició una conversación acerca de los valores: «¿Cuál era su verdadero propósito?», «¿Qué representaban?», «¿Quién estaba primero?».

«El incidente del salmón marcó un punto de inflexión —afirma Richard Coraine, director de promoción del Grupo Hostelero de Union Square, la casa matriz de los restaurantes de Meyer—. Danny concluyó que tenía que estar en los dos sitios al mismo tiempo. Lo cual significaba que debía dar con un modo de transmitir las señales. El personal siempre responde a lo que el jefe considera importante. Por eso Danny tenía que definir y expresar qué era importante.»

Aquel día, Meyer y el personal clasificaron sus prioridades:

1. Compañeros.
2. Clientes.
3. Comunidad.
4. Proveedores.
5. Inversores.

Para Meyer, esto supuso un paso de gigante. «Poner nombre a estas cosas fue algo glorioso —dice—. Se pusieron las cartas sobre la mesa. El gerente que había ocasionado el problema con el salmón terminó por dimitir, y ahí fue cuando las cosas empezaron a despegar, y yo entendí que la forma en que nos tratamos los unos a los otros es lo que más vale. Si eso lo hacemos bien, todo lo demás saldrá solo.»

Asimismo, Meyer intentó nombrar los comportamientos e interacciones específicos que quería aplicar en sus restaurantes. Ya había elaborado una colección de lemas que empleaba de manera informal durante las sesiones formativas (se le daba bien condensar sus ideas en máximas prácticas). Pero ahora empezó a prestar más atención a estos dichos, a interpretarlos como herramientas. He aquí algunos ejemplos:

Lee al cliente.
Hospitalidad atlética.
Escribe el mejor final de capítulo.
Activa el modo hogar.
Ama los problemas.
Busca el sí.
Recoge los puntos y conéctalos.
Organiza juergas para los clientes.
No hay modelo único.
Enmofeta.

Haz suposiciones benévolas.
Planta semillas de genialidad en jardines geniales.
Arruínanos con tu generosidad.
Sé consciente de tu estela emocional.
Para recibir un abrazo, antes debes dar un abrazo.
El instinto de la excelencia.
¿Atiendes la puerta o vigilas la puerta?

En apariencia, estas fórmulas no eran más que aforismos corporativos baratos. No obstante, cada una de ellas constituía una pequeña narración con la que se daba un ejemplo claro de cómo resolver los problemas cotidianos a los que se enfrentaba el personal. «Haz suposiciones benévolas» significa que cuando alguien obra mal hay que evitar juzgarlo y concederle el beneficio de la duda. «Recoge los puntos» significa recabar información sobre los clientes; mientras que «conecta los puntos» significa emplear esa información para hacerlos felices. «Enmofeta» significa esparcir energía negativa por el lugar de trabajo, igual que hacen las mofetas cuando se asustan. Por sí solos, estos términos tienen poco de memorables. Pero juntos, cuando se repiten sin cesar y se labran con la conducta, conforman un marco conceptual general que conecta con la identidad del grupo y expresa su propósito principal: «Nos preocupamos por las personas».

Meyer decidió tomarse aún más en serio la inclusión de los lemas y la definición de las prioridades durante la formación, las reuniones del personal y al realizar cualquier tipo de comunicación. Instó a los encargados a buscar oportunidades de emplear y modelar las conductas clave. Empezó a definir su papel como el de un emisor de cultura. Y funcionó. En cuestión de meses, la atmósfera de ambos restaurantes había mejorado de forma notoria. Meyer siguió por ese camino, expandiendo y refinando el lenguaje con constancia. «Las prioridades están ahí, les pongas nombre o no —dice—. Si quieres crecer, más te vale ponérselo, y más te vale ponerles un nombre también a los comportamientos que sustentan esas prioridades.»

Dos años después del incidente del salmón, Susan Reilly Salgado, doctoranda de la Universidad de Nueva York especializada en Comportamiento Organizativo, se preguntó por qué el ambiente de los restaurantes de Meyer era tan distinto del de la competencia. Mientras conversaba con los camareros, observó que tendían a describir su trabajo con los mismos términos: «hogar», «familia», «calidez». Se dirigió a Meyer y le preguntó si le permitiría centrar su investigación en el restaurante, a lo cual él accedió, a condición de que ella entrase a trabajar allí. Salgado formó parte de la plantilla del Union Square Cafe durante seis meses. Observó el modo en que los empleados interactuaban tanto entre ellos como con los clientes y reparó en lo que denominó «microprocesos», los cuales encauzaban esas interacciones. Estas son las conclusiones que plasmó en su tesis: «Los resultados indican que el Union Square Cafe sustenta su estrategia de diferenciación u "hospitalidad iluminada", mediante una serie sinérgica de prácticas de gestión de recursos humanos, fundamentadas en tres factores clave: la selección del personal basada en las capacidades emocionales, el trato respetuoso con los empleados y una administración determinada por un sencillo conjunto de reglas que estimulan unos comportamientos complejos e intrincados en beneficio del cliente».

«Un sencillo conjunto de reglas que estimulan unos comportamientos complejos e intrincados en beneficio del cliente.» Dicho de otro modo, Salgado había descubierto que Meyer tenía éxito por la misma razón que James Burke tuvo éxito al cuestionar el Credo. Generar compromiso en torno a un conjunto de prioridades claro y sencillo puede funcionar a modo de faro, orientando el comportamiento e iluminando el camino hacia la meta.

Todo lo cual nos lleva a plantearnos la verdadera cuestión: cómo ocurre todo esto exactamente, cómo un puñado de lemas y una lista de prioridades llegan a motivar un desempeño tan afinado y profesional. La respuesta puede dárnosla un ser insospechado, un organismo diminuto que recibe el nombre de «moho mucilaginoso».

El moho mucilaginoso es una forma de vida primitiva con aspecto de grumo, que se compone de millares de amebas. La mayor parte del tiempo permanece en estado pasivo, sosegado, y pasa totalmente desapercibido. Pero cuando la comida escasea, los millares de amebas empiezan a coordinarse de una forma tan bella como inteligente. En la década de los cuarenta, John Tyler Bonner, un estudiante de Harvard, fotografió un grumo de moho mucilaginoso por intervalos de tiempo y, con las imágenes obtenidas, compuso una película que proyectó ante el público académico. Empezó a correr la voz y enseguida las salas de conferencias se llenaron de investigadores embelesados. Albert Einstein solicitó visionar la película en privado. J. J. O'Neill, del *New York Herald Tribune*, le dijo a Bonner que su trabajo era más relevante que la invención de la bomba atómica.

Los primeros fotogramas muestran una multitud dispersa de grumos grisáceos diminutos. Pero después, como si respondieran a una señal invisible, las amebas se deslizan con decisión hacia el centro, donde se congregan por miles para formar un organismo único que empieza a desplazarse. En la parte superior del ser se produce otra transformación cuando algunas de las amebas se apiñan a modo de ramificación. Seguidamente, otro grupo se encarama sobre ellas, donde se convierte en un conjunto de esporas que, arrastradas por el viento, comenzarán a reproducirse. Se trata de algo completamente mágico y orquestal, como si un director oculto susurrase las instrucciones («Tú aquí, ahora allá, ahora todas juntas»). La película causó sensación porque encarnaba un gran misterio: ¿cómo es posible que este tipo de comportamiento grupal inteligente se dé en criaturas carentes de inteligencia?

Durante años, los investigadores dieron por hecho que este comportamiento lo regía una «célula organizadora» que hacía de sargento instructor biológico, al indicar a las demás lo que tenían que hacer y cuándo. El caso es que esta célula organizadora, en realidad, no existe. Lo que sí existe es algo mucho más eficaz: un sencillo conjunto de reglas que recibe el nombre de «heurística» y que determina el comportamiento.

«Damos por sentado que, como nosotros somos seres complejos, el modo en que tomamos decisiones también es complejo —dice Madeleine Beekman, que estudia el moho mucilaginoso en la Universidad de Sidney—. Pero, en realidad, actuamos conforme a unas reglas muy básicas. El moho mucilaginoso nos demuestra que es posible que los grupos resuelvan problemas de extrema complejidad sirviéndose de unas pocas reglas básicas.»

En el caso de las amebas del moho mucilaginoso, estas reglas básicas serían las siguientes:

Si no hay alimento, hay que conectarse las unas con las otras.

Si estamos conectadas, hay que permanecer conectadas y avanzar hacia la luz.

Si llegamos a la luz, hay que permanecer conectadas y escalar.

«Dentro de las colmenas, las abejas funcionan de un modo parecido —añade Beekman—. Y también las hormigas y muchas otras especies de insectos. Todas se rigen por la heurística de la toma de decisiones. No hay razón para pensar que nosotros no podemos emplearla. Si te fijas en estas especies, puedes percibir lo conectados que están sus miembros. Al igual que nosotros, todos persiguen un objetivo común.»

Beekman y el moho mucilaginoso nos brindan otra manera de entender por qué los lemas de Danny Meyer funcionan tan bien. No son meros lemas; son un sistema heurístico que sirve de guía al presentar escenarios posibles de una forma vívida y fácil de recordar. Desde un punto de vista estructural, no hay diferencia alguna entre «Si alguien es grosero, haz suposiciones benévolas» y «Si no hay alimento, hay que conectarse las unas con las otras». Ambos casos funcionan como una baliza conceptual al permitir una toma de conciencia de la situación y aportar claridad en momentos de posible confusión. Por eso muchos de los lemas de Meyer se centran en cómo reaccionar a los errores.

Los errores son inevitables, pero se pueden solucionar los problemas con elegancia.

Si no está roto, arréglalo.

Los errores son las olas; los camareros son los surfistas.

El camino al éxito está embaldosado de errores bien resueltos.

El truco no es solo enviar la señal sino también generar un compromiso en torno a ella. Aquí es donde Meyer destaca. Afronta el proceso de la creación de lemas con el ímpetu concentrado de un escritor de canciones pop. Primero los idea y después comprueba si funcionan o no, así una y otra vez. Busca fórmulas breves, viscerales, que sugieran imágenes claras, para ayudar a conectar a los miembros del equipo. Richard Coraine tiene en su despacho una pizarra blanca llena de propuestas experimentales.

Nos pagan por solucionar problemas. Asegúrate de solucionarlos junto a gente divertida.
No hay error sin gloria.
Granito a granito se hace una montaña.

Meyer no está solo. Muchos líderes de grupos de excelencia elevada se centran en la definición de prioridades, en la asignación de nombres para los comportamientos clave y en inundar el entorno de una lógica heurística que vincule lo uno con lo otro. Por ejemplo, si se pasa un tiempo con el equipo de rugby de los All-Blacks de Nueva Zelanda, se los oirá hablar de «dejar la camiseta en mejor lugar» o decir «Si no creces en ninguna parte, no vas a ninguna parte», «Ante la tempestad, frialdad» (en referencia a mantener la calma en momentos de estrés), «La presión es un privilegio», «BMC (balón de máxima calidad)», «MVB (mantén vivo el balón)», «Ven a darlo todo o vete a la mierda», «Es un honor, no un trabajo», «Perfecciona lo perfecto» o «Las mejores personas hacen mejores los All-Blacks».

La exitosa red de escuelas subvencionadas KIPP también es rica en lemas similares, como «Sin atajos», «Trabaja duro y sé amable», «Resístete a la golosina», «Equipo y familia», «Si surge un problema, buscamos la solución», «Lee, cariño, lee», «Todos aprenderemos», «Los kipperos hacen lo correcto incluso cuando nadie mira», «Todo se gana», «Sé la constante, no la variable», «Si un compañero necesita ayuda, se la ofrecemos; si yo necesito ayuda, la pido», «No somos robots» o «Demuestra a los escépticos que se equivocan».

En un primer momento, las culturas de abundantes en heurística resultan un tanto chocantes. Allison Staad, directora de marketing y comunicación de Shake Shack, cuenta que «Cuando empecé a trabajar allí y me topé con ese tipo de lenguaje, pensé "¿me habré metido en una colonia de verano?". Te suena supercursi y sentimentaloide. Pero después empiezas a ver cómo funcionan esas expresiones y las vas incorporando a tu rutina. Y entonces, un día, ya no te parecen sentimentaloides, son como una parte de tu oxígeno».

«Lo mejor de todas esas fórmulas es cómo las encarna Danny —dice Coraine—. Es extraordinario, porque sabe que la gente se fija en él a cada momento, así que envía esos mensajes constantemente, todos los días. Es como una señal wifi ultrapotente. Algunos nunca llegan a más de tres barras, pero Danny funciona a diez y nunca baja de nueve.»

16
Cómo guiar hacia la creatividad

En esencia, tanto Danny Meyer como las escuelas KIPP y los All-Blacks emplean la misma técnica para determinar su propósito. Podríamos denominarla «el método del faro»: fijan un propósito al generar un haz de señales bien visible que vincula A (el lugar donde estamos) con B (el lugar adonde queremos llegar). Existe otra dimensión del liderazgo, no obstante, en la que el objetivo no es pasar de A a B, sino poner rumbo a un destino desconocido, X. Esta es la dimensión de la creatividad y la innovación.

El liderazgo creativo puede parecer algo misterioso, porque solemos entender la creatividad como un don, como la habilidad cuasimágica de ver las cosas que todavía no existen y de inventarlas. En consecuencia, tendemos a creer que los líderes creativos son artistas, que tienen acceso a manantiales de inspiración y genialidad inaccesibles para los demás. Y, desde luego, muchos de esos líderes encajan en esta descripción.

Lo curioso es que, cuando visité a los líderes de las culturas creativas de éxito, no conocí a muchos artistas. Conocí, sin embargo, a otro tipo de personas, gente que hablaba con discreción y que acostumbraba a pasar mucho tiempo observando, gente introvertida a la que le gustaba hablar de sistemas. A este tipo de personas empecé a considerarlas como «ingenieros creativos».

Ed Catmull es ese tipo de líder. Con setenta y dos años, de voz serena, barba hirsuta y ojos ágiles y atentos, es el presidente y cofundador de Pixar, una de las culturas creativas de mayor éxito de la historia. Los demás estudios sueñan con conseguir un taquillazo algún día. Pixar, sin embargo, puede considerarse una máquina de fabricar taquillazos. Desde 1995, ha lanzado diecisiete largometrajes, los cuales han recaudado una media de más de quinientos millones de dólares, ganado trece premios de la Academia e introducido algunas de las referencias culturales más queridas de nuestro tiempo. Hace diez años, Catmull pasó a coliderar además Walt Disney Animation Studios, donde ayudó a producir una serie de hitos, entre ellos *Frozen*, *Big Hero 6* y *Zootrópolis*.

Me reúno con Catmull en la sede de Pixar, ubicada en Emeryville, California, dentro del impecable edificio Brooklyn del estudio. El Brooklyn, construido en 2010, es un cubo de cristal y madera reciclada bañado por el sol y rebosante de toques pixarianos, como una taberna clandestina, una chimenea, una cafetería de servicio integral y un salón en la azotea. Puedo asegurar sin ningún género de dudas que es uno de los edificios de oficinas más impresionantes que he pisado nunca. (Como ha dicho un visitante a primera hora, «Gracias por arruinarme la vida».) Mientras Catmull y yo paseamos entre los haces de luz solar, hago un comentario de pasada acerca de la belleza del edificio.

Se detiene y se vuelve hacia mí. Su voz fluye tranquila y autoritaria, propia de un médico que estuviera dando un diagnóstico: «A decir verdad, este edificio fue un error».

Me inclino, creyendo no haberlo oído bien.

«La razón por la que es un error —se explaya Catmull sin inmutarse— es que no propicia el tipo de interacciones que buscamos. Deberíamos haber hecho los pasillos más anchos. Deberíamos haber hecho la cafetería más amplia, para acoger a más personas. Deberíamos haber distribuido las oficinas por la cara exterior, para abrir más espacios comunes en el centro. Así que no es que se cometiera solo un error. Se cometieron muchos errores, aunque, por supuesto, el más grave de todos fue el de no haberlos detectado hasta que ya era demasiado tarde.»

No es habitual que el presidente de una compañía admita algo así. Lo usual es que si felicitas a un líder por lo bonito que es su edificio de varios millones de dólares, te dé las gracias, de corazón. Muy pocos líderes reconocen haber cometido errores de esta magnitud, porque consideran que la confesión desprendería cierto tufillo a incompetencia. Pero no es el caso de Catmull. A él le encantan estas situaciones; en cierto modo, vive para ellas. No se aprecia traza alguna de culpa ni de juicio en su mirada, solo una satisfacción sosegada fruto de la claridad. «Cometimos varios errores con este edificio, y ahora lo sabemos, y nos sentimos un poco mejor porque lo sabemos.»

Si uno imaginase una vida que supusiera la combinación perfecta de arte y ciencia, sería una muy parecida a la de Catmull. Hijo de un matrimonio de profesores, pasó su juventud idolatrando a Einstein y a Disney, estudiando Dibujo y Física y soñando con hacer largometrajes de animación. Tras la universidad, entró a trabajar con George Lucas, lo que desembocó en la asociación con Steve Jobs y en la creación de Pixar, un estudio humilde que ambicionaba fusionar la informática con la cinematografía.

Los primeros años de Pixar fueron inciertos. Después, en 1995, llegó un punto de inflexión, con los 360 millones de dólares recaudados por *Toy Story*. Y ahí fue cuando Catmull empezó a sospechar que algo no marchaba del todo bien. Sabía que otras empresas habían pasado por esta misma situación, que habían alcanzado la cima del mundo, donde nadaban en dinero y eran elogiadas por su creatividad y su innovación. Y, sin embargo, muchas habían terminado por perder el rumbo y desplomarse. La pregunta era ¿por qué? ¿Y cómo podía eludir Pixar ese destino? Catmull habló de aquel momento en un *podcast*.

«Entonces, la cuestión era "Vale, ¿cómo hacer para que esto sea sostenible?". Porque la gente que yo conocía en esas empresas [desplomadas], y tenía muchos amigos en Silicon Valley, era inteligente, creativa y muy trabajadora. Por ello, fuera cual fuese el problema que originaba el derrumbe, era muy difícil de identificar, y en consecuencia, se tratara de lo que se tratase, terminaría por afectar a Pixar. Por tanto, se convirtió en una cuestión muy interesante. Esos factores están ahí; ¿podemos dar con ellos antes de que se nos lleven por delante? Y así, a finales de año, comprendí que esta era en realidad la siguiente meta. No se trataba de una película. Se trataba de establecer un entorno donde pudiéramos identificar y resolver esos problemas.»

Salimos del edificio Brooklyn y atravesamos el campus en dirección al edificio Steve Jobs, que presume de muchas de las características de las que el Brooklyn carece: un inmenso y acogedor vestíbulo central, pasillos amplios para poder juntarse y un ambiente bullicioso. Cerca de las escaleras de la segunda planta hay dos despachos que simbolizan los dos pilares del enfoque creativo de Pixar. El despacho de la izquierda es el de John Lasseter, la brújula creativa, maestro de la narración y musa de Pixar. El compartimento está invadido por una colorida morrena de juguetes: figuras de acción, muñecas (unas más nuevas que otras), decenas de versiones de Mickey Mouse, Woody y Buzz Lightyear. El de la derecha es el despacho de Catmull, el cual parece sacado de una compañía aeroespacial alemana, compuesta de fríos y prácticos elementos rectangulares, unos negros, otros blancos y otros grises.

Catmull se sienta y empieza a explicar, con su sosegada voz de médico, cómo se gesta la creatividad de Pixar. «Al principio, todas las películas son malas —admite—. Algunas son peor que malas. *Frozen* y *Big Hero 6*, por ejemplo, eran un desastre absoluto. Las historias eran planas, los personajes no funcionaban. Eran un bodrio. No es falsa modestia. Asistí a las reuniones. Vi las primeras versiones, y eran malas. Malas a rabiar.»

Este patrón no es infrecuente en Pixar. En el primer *Toy Story*, Woody era mandón y antipático («Un gilipollas sarcástico», especifica Catmull). Las primeras versiones de *Up* eran tan lamentables que se cambió todo el argumento. «Lo único que se conservó, en el sentido literal, fue el título, *Up*.»

Por lo general, cuando alguien habla de un proceso creativo llevado a buen puerto, la historia va en esta línea: «Al principio, el proyecto era un completo desastre, pero entonces, en el último segundo, de alguna manera logramos salvarlo». Es una línea atractiva, porque incide en la improbabilidad de que el proyecto se salvara, lo que hace que quien cuenta la historia quede en buen lugar. Pero el enfoque de Catmull es muy diferente. Para él, el desastre y la salvación no son factores improbables, sino que guardan una relación de causa y efecto. El hecho de que al principio los proyectos sean desastres frustrantes y penosos no es un accidente sino una necesidad. Esto se debe a que todos los proyectos creativos son rompecabezas cognitivos que implican millares de opciones y de ideas, y casi nunca se da con la respuesta correcta a la primera. Definir un propósito en un grupo creativo no consiste en dar lugar a un momento de brillantez que conduzca a la innovación, sino más bien en construir sistemas con los que sondar montones de ideas, con el fin de desenterrar las opciones adecuadas.

Por esta razón Catmull ha aprendido a centrarse menos en las ideas y más en las personas y, en concreto, a dar a los equipos las herramientas y el apoyo necesarios para determinar un camino a seguir, tomar decisiones difíciles y afrontar en común el arduo proceso. «En este negocio, como en cualquier otro, se tiende a dar más importancia a las ideas que a la persona o al equipo —dice—. Pero eso no es acertado. Ofrécele una buena idea a un equipo mediocre y encontrará la manera de destrozarla. Ofrécele una idea mediocre a un buen equipo y encontrará la manera de mejorarla. El objetivo tiene que ser enderezar el equipo, hacer que avance en la dirección correcta, y hacerle ver dónde se equivoca y dónde acierta.»

Le pregunto a Catmull cómo sabe cuándo un equipo está haciendo un buen trabajo.

«Es algo que se palpa en el ambiente —asegura—. Cuando un equipo no funciona, ves en el lenguaje corporal de la gente que está a la defensiva, que se bloquea. O se hace el silencio. Dejan de fluir las ideas o no se ven los problemas. Antes traíamos a Steve [Jobs] para que sacase el látigo e hiciera ver a la gente los fallos de la película. Se le daba muy bien.

»Aunque con el tiempo se va haciendo más difícil, porque a veces, a medida que los directores ganan experiencia, son más renuentes a escuchar otros puntos de vista que podrían serles de ayuda. Hay muchos aspectos que cuidar y es muy fácil perderse en toda esa vorágine de detalles. Las primeras conclusiones siempre son erróneas y también las segundas y las terceras. Por tanto, hay que crear mecanismos con los que los equipos puedan seguir trabajando juntos, para ver qué está pasando en realidad y, después, para solucionar los problemas.»

Pixar concreta estos mecanismos en un conjunto de hábitos organizativos. Durante las diarias, que se celebran por la mañana, todos los empleados de la compañía se reúnen para ver y comentar el metraje elaborado durante la jornada previa; la animación es un proceso que se desarrolla con extrema lentitud; cada día se producen tan solo unos segundos de película. En los viajes de familiarización, los equipos se imbuyen del ambiente de las obras que estén creando (el equipo de *Buscando a Nemo* realizó varias salidas de submarinismo, el de *Brave* tomó clases de tiro con arco y el de *Ratatouille* asistió a un curso de cocina). Durante los *braintrust* (de los que hablamos en el capítulo 7), un equipo compuesto por varios de los principales guionistas de Pixar aporta una evaluación constante, totalmente franca y bastante dolorosa acerca de las películas en desarrollo. En la Universidad de Pixar, se imparten una serie de clases que funcionan como una especie de mezcladora y, en ellas los empleados de los distintos departamentos de la empresa aprenden juntos. En estas clases se enseña de todo, desde esgrima hasta pintura, pasando por taichí. Y durante los *post mortem*, retiros que tienen lugar fuera de las instalaciones y que Catmull organiza una vez que concluye el desarrollo de la película, los miembros del equipo debaten y comparten las principales conclusiones del proceso.

En cada reunión, los miembros del equipo se congregan en un entorno seguro, horizontal y de extrema franqueza, gracias al cual pueden comentar los problemas y generar ideas, para avanzar de forma escalonada hacia una mejor solución. No es de extrañar que Catmull sea un apasionado partidario del concepto japonés del *kaizen*, la mejora continua. Así, estos encuentros hacen aflorar el potencial intelectual del grupo y, al mismo tiempo, permiten que el equipo creativo siga llevando las riendas del proyecto.*

* Este patrón se observa en multitud de grupos de creatividad elevada, como el famoso programa Skunk Works de Lockheed (que llevó en un tiempo récord al diseño del U-2, del Blackbird, del Nighthawk y de otras aeronaves legendarias), el Xerox PARC (donde se inventó la interfaz de usuario que Steve Jobs «tomó prestada» para Apple), el Google X, el Clay Street de Procter & Gamble o el Project Platypus de Mattel, todos los cuales son, en esencia,

Por consiguiente, Catmull apenas se implica en la toma de decisiones creativas. Esto es así porque entiende que, en primer lugar, los equipos estarán mejor preparados para resolver los problemas y, en segundo lugar, que cuando alguien que ocupa un cargo relevante hace una sugerencia, por lo general se le hace caso. Algo que repite con mucha frecuencia es «Ahora depende de ti». Por esta razón suele dejar que los proyectos en los que surge un inconveniente se queden atascados durante «un par de días de más», como él dice, antes de descartarlos o de volver a comenzar con un equipo distinto. «Si vuelves a empezar de cero antes de que todo el mundo esté listo, te arriesgas a estropear las cosas —comenta—. Tienes que esperar a que todos tengan claro que es necesario volver a empezar.»

Catmull tiene alergia a los lemas y los dichos, pues cree que pueden distorsionar la realidad sin que uno se dé cuenta. No obstante, entre los pasillos de Pixar siempre puede oírse algún que otro «edismo». He aquí unos ejemplos:

Contrata a personas más inteligentes que tú.
Erra pronto, erra a menudo.
Escucha las ideas de todo el mundo.
Afronta los problemas.
Conformarse con un Notable es malo para el alma.
Es más importante invertir en buenas personas que en buenas ideas.

Como se puede observar, al contrario de lo que ocurre con el lenguaje claro y específico de Danny Meyer, estas recomendaciones carecen de gancho e incluso se antojan un tanto zen por su sencillez y su universalidad. Esto refleja la diferencia fundamental que existe entre dirigir para alcanzar la excelencia y dirigir para desarrollar la creatividad; Meyer quiere que el equipo sepa y sienta exactamente qué tiene que hacer, mientras que Catmull quiere que el equipo lo descubra por sí mismo.

Catmull se pasa el día deambulando entre Pixar y Disney, ob-

---

lo mismo: departamentos separados físicamente del grupo principal, libres de jerarquía y dotados de autonomía plena.

servando. Ayuda a integrarse a los nuevos empleados y asiste como oyente a las reuniones de *braintrust*, durante las que se fija en las interacciones en busca de señales de conflicto o éxito inminente. Acostumbra a mantener conversaciones extraoficiales para ver qué se cuece entre bastidores. Se preocupa cuando nota un silencio incómodo o que los miembros de un equipo se evitan los unos a los otros; celebra cuando un grupo toma la iniciativa sin pedir permiso (como cuando un grupo de animadores pasó la noche de acampada, al estilo de los Boy Scouts, en el césped de Pixar). Defiende a los equipos cuando cometen un error (y pueden llegar a cometer errores desorbitadamente caros).

Si Danny Meyer es un faro que proyecta señales de propósito, Catmull actúa más bien como el jefe de máquinas de un barco. No lo timonea, sino que permanece bajo cubierta, comprobando que el casco no haga agua, cambiando algún que otro émbolo, añadiendo un poco de aceite aquí y allá. «Para mí, la dirección es una actividad creativa —dice—. Consiste en resolver problemas, algo que a mí me encanta hacer.»

Si hubiera que planificar un experimento para comprobar los métodos de liderazgo de Catmull, podría componerse de las siguientes fases: (1) buscar un estudio de cine con dificultades; (2) poner al mando a Catmull y, sin sustituir a ningún empleado, permitirle reconfigurar la cultura del grupo. Después solo faltaría esperar a ver qué sucede.

Esto, de hecho, es justo lo que ocurrió en 2006. Resulta que el estudio que estaba pasando dificultades era Walt Disney Animation.

Tras la racha de éxitos vivida en los noventa, Disney llevaba diez años padeciendo una sequía de creatividad, tiempo durante el cual había producido una serie de películas planas, insípidas y, en consecuencia, poco rentables (entre ellas, *El imperio perdido*, *Hermano oso*, *El planeta del tesoro* o *Zafarrancho en el rancho*, en la que aparecía una vaca que eructaba con la voz de Roseanne Barr). Así, el director general de Disney, Bob Iger, decidió practicar un trasplante de corazón corporativo y compró Pixar para que Catmull y Lasseter se encargaran de insuflarle una nueva vida a la más ilustre compañía del mundo de la animación, y tal vez del mundo del espectáculo.

Los analistas daban por hecho que la combinación fracasaría. Para empezar, estaba la diferencia de tamaño. Pixar era relativamente pequeña mientras que Disney era un leviatán, por lo que costaba confiar en que Catmull y Lasseter pudieran llegar a controlarla de verdad. «Como si Nemo pretendiera engullir a la ballena», según lo expresó la revista *Fortune*. También había que tener en cuenta el reto geográfico; Pixar se ubicaba en Emeryville, cerca de Oakland, mientras que Disney estaba en Burbank, a más de quinientos kilómetros de distancia. La historia de la industria del espectáculo demostraba que este tipo de adquisiciones entrañaban un riesgo considerable y que, a menudo, solían terminar por perjudicar a las dos partes.

Completada la compra, Catmull y Lasseter viajaron a Burbank y pronunciaron un discurso para los empleados de Disney. El de Lasseter, que habló del legado asumido y del proceso de rejuvenecimiento, fue muy inspirador. Catmull, como de costumbre, no se extendió más allá de un par de frases. «No pretendemos convertir Disney en un clon de Pixar. Lo que pretendemos es levantar un estudio que se sustente en vuestro talento y vuestra pasión.»

Se pusieron manos a la obra, empezando por la estructura física. En el momento de la adquisición, los empleados de Disney se encontraban distribuidos entre las cuatro plantas de un edificio gigantesco, divididos en grupos según la especialización (animadores, componedores, diseñadores, etc.), en lugar de conforme a la necesidad que tenían de colaborar entre ellos. Catmull encabezó una reconstrucción que juntó a los creativos y los técnicos en torno a un punto de encuentro central, lo que se dio en llamar el «parche de cafeína». A continuación, puso el despacho de Lasseter y el suyo (se habían comprometido a pasar dos días por semana en Disney) cerca del centro.

Después Catmull se centró en la estructura creativa. Disney se regía por el viejo modelo de desarrollo de películas, que funcionaba de la siguiente manera: (1) los ejecutivos del estudio forman los equipos de desarrollo, encargados de elaborar las historias; (2) los ejecutivos del estudio evalúan esas ideas, deciden cuáles seguirán desarrollándose y asignan un director a cada una; (3) los directores hacen sus respectivas películas y los ejecutivos evalúan las primeras versiones, aportan comentarios y, de vez en cuando, celebran las llamadas «hornadas», torneos con los que se decide qué obras están listas para el lanzamiento.

Catmull le dio la vuelta a este proceso, de manera que les quitó el poder creativo a los ejecutivos para entregárselo a los directores. Bajo la nueva estructura, los directores debían ofrecer una idea propia y defenderla en lugar de limitarse a llevar a cabo los proyectos que los ejecutivos del estudio les asignasen. El trabajo de los ejecutivos no consistía en ser los jefes que lo decidían todo, sino más bien en apoyar a los directores y a sus equipos durante el turbulento viaje que partía de una idea, continuaba en la mesa de trabajo y concluía en la gran pantalla. A comienzos de la transición, Catmull invitó a las instalaciones de Pixar a varios directores y ejecutivos de Disney para que asistieran a un *braintrust*. Allí vieron cómo el equipo trabajaba en conjunto para seleccionar una película y se enfrascaba en el duro proceso de su reconstrucción.

No tardó en observarse un cambio en el clima que se respiraba en Disney. Los directores lo describieron como un soplo de aire fresco comparable al de la caída del muro de Berlín. Era un momento de esperanza, sentimiento que se vio reforzado por el hecho de que se consideraba que las reuniones que empezaron a celebrarse en Disney para perfeccionar las películas (las cuales se dieron en llamar *story trust*) eran las mejores y más útiles que allí se habían convocado nunca.

Catmull, sin embargo, no quería descorchar el champán demasiado pronto, consciente de que el verdadero cambio no se produciría de la noche a la mañana. «Lleva tiempo —dice—. Es preciso cometer errores, pifiarla unas cuantas veces y reponerse, y que todos apoyen a todos durante el proceso. Después de eso, es cuando empieza a haber confianza mutua.»

Y eso fue lo que ocurrió. Ya en las primeras películas que se lanzaron justo después de la adquisición se apreció una mejora, lo que se tradujo en críticas más halagüeñas y en sucesivos éxitos de taquilla. Llegado 2010, los equipos de Disney empezaron a encajar al nivel de los pixarianos, con *Enredados* (591 millones de dólares de recaudación mundial), *Rompe Ralph* (471 millones), *Frozen* (1.200 millones), *Big Hero 6* (657 millones) y *Zootrópolis* (931 millones). Catmull destaca que la transformación tuvo lugar sin que apenas variase la plantilla. «Las personas que hicieron estas películas son las mismas que ya estaban allí cuando las cosas no marchaban bien —apunta—. Nosotros implantamos un sistema diferente y ellas adoptaron una nueva forma de interactuar y cambiaron su comportamiento, por lo que ahora conforman un grupo totalmente distinto cuando trabajan juntas.»

«Nosotros implantamos un sistema diferente y ellas adoptaron una nueva forma de interactuar.» Resulta asombroso que semejante oleada de creatividad e innovación pueda nacer de algo tan sencillo como cambiar de sistema y aprender a interactuar de otro modo. Pero así es, porque, en realidad, asentar un propósito creativo no es una cuestión de creatividad. Es una cuestión de fomentar la autoría, de prestar apoyo y de canalizar la energía del grupo durante el viaje arduo, plagado de obstáculos y, a su término, gratificante que es hacer algo nuevo.

17

Ideas para entrar en acción

He aquí un dato llamativo acerca de las culturas de éxito: muchas se forjaron en momentos de crisis. La de Pixar se produjo en 1998, cuando se disponía a lanzar directamente en vídeo una secuela de la aclamada *Toy Story*. El estudio se embarcó en el proyecto dando por hecho que sería un proceso relativamente sencillo (al fin y al cabo, ¿qué dificultad había en hacer una simple secuela?). Sin embargo, las primeras versiones eran espantosas. El argumento carecía de emoción, los personajes eran planos y, en general, la película no tenía la chispa ni el alma de la obra original. Catmull y Lasseter se dieron cuenta de que debían replantearse el verdadero propósito de Pixar. ¿Eran un estudio que hacía títulos pasables o un estudio que perseguía las metas más altas? Así, tras su requerimiento, Pixar descartó las primeras versiones y empezó de cero a última hora, con el objeto de estrenar en cine en lugar de en vídeo. Este hábil empujón en el último momento cristalizó la identidad de Pixar y desembocó en la implantación de muchos de sus sistemas de colaboración característicos, incluido el *braintrust*.

Los SEAL pasaron por una fase similar en 1983, durante la invasión de Granada. En principio, sería una misión rápida: un equipo se lanzaría al mar en paracaídas, nadaría hasta la orilla y se apoderaría de la única antena de radio que había en la isla. Por desgracia, la combinación de un clima adverso, una comunicación pobre y una serie de decisiones desacertadas llevó a que se lanzase al equipo en plena noche, con tormenta y un equipamiento excesivo. Como consecuencia, cuatro SEAL murieron ahogados, lo cual llevó a rehacer los programas de toma de decisiones y de comunicación del grupo.

Los primeros días como hostelero de Danny Meyer también se vieron nublados por una racha de pequeños desastres. «Estuvimos a punto de matar a un cliente cuando una lámpara se descolgó de la pared —relata—. En otra ocasión llegué a las manos con un cliente que había tomado una copa de más. Y la cosa no se quedó en un par de empujones, sino que nos liamos a puñetazos delante de todo el comedor. Él me atizó en la mandíbula y me estampó la cabeza contra una puerta, y yo le solté una patada en las pelotas. Digamos que tuvimos suerte de que por aquel entonces todavía no existiera internet.»

La diferencia con las culturas de éxito parece radicar en que estas aprovechan las crisis para reforzar su propósito. Ahora, cuando los dirigentes de estos grupos reflexionan acerca de aquellos fracasos, se sienten agradecidos (incluso embargados por la nostalgia, en algunos casos) por haber vivido esos momentos, por muy dolorosos que resultaran, porque fueron el crisol que ayudó al grupo a descubrir lo que podía llegar a ser.

Esto nos da una idea de lo importante que es establecer un propósito. No es tan sencillo como grabar el objetivo de la misión en granito o como animar a todo el mundo a cantar a coro un himnario de lemas. Es un continuo ciclo de prueba, error, reflexión y, sobre todo, aprendizaje. Los entornos de propósito elevado no caen del cielo; el grupo tiene que trabajarlos, con constancia, mientras supera las dificultades hombro con hombro y evoluciona para enfrentarse a los retos de un mundo que cambia a pasos agigantados.

He aquí unas ideas para conseguirlo.

Pon nombre a tus prioridades y clasifícalas: para avanzar hacia un objetivo, primero hay que tener un objetivo. Elaborar una lista de prioridades, es decir, enfrentarse a las opciones que definen la propia identidad, es el primer paso. Los grupos de éxito suelen quedarse con un puñado de prioridades (cinco o menos) y, en muchos casos, no por casualidad, terminan poniendo las relaciones internas del grupo (el trato mutuo) al principio de la lista. Esto refleja esa verdad que muchos grupos de éxito descubren: el principal proyecto es levantar y sostener el propio grupo. Si se enfocan bien las relaciones, todo lo demás vendrá solo.

Sé diez veces más claro con tus prioridades de lo que creas que debes ser: tiempo atrás la revista *Inc.* preguntó a los ejecutivos de seiscientas empresas qué porcentaje de sus respectivas plantillas creían que podría citar las tres principales prioridades de la empresa. Los ejecutivos predijeron que el 64 % sabría citarlas. Cuando *Inc.* les pidió a los empleados que citaran las prioridades, solo el 2 % supo hacerlo. No es la excepción, sino la regla. Los líderes, de forma intrínseca, tienden a dar por hecho que la totalidad del grupo ve las cosas igual que ellos, cuando en realidad no es así. Por eso es necesario comunicar las prioridades sin descanso. Los líderes con los que me entrevisté no tenían el menor reparo en ello. Las prioridades estaban escritas en las paredes, al pie de las firmas de los correos electrónicos, entretejidas en los discursos, filtradas en las conversaciones, y se repetían una y otra vez hasta que se convertían en parte del oxígeno.

Una manera de concienciar es crear el hábito de poner a prueba los valores y el propósito de la compañía, como hacía James Burke al cuestionar el Credo. Esto requiere iniciar un diálogo que anime a la gente a plantearse las preguntas fundamentales: «¿Cuál es nuestro cometido?», «¿Adónde queremos llegar?». Muchos de los líderes que conocí parecían hacer esto de forma instintiva, mediante el cultivo de lo que podría denominarse «insatisfacción productiva». Le tenían cierto recelo al éxito. Presumían que había maneras mejores de hacer las cosas, y cambiar no les suscitaba ningún temor. Se inclinaban a pensar que no conocían todas las respuestas, así que buscaban orientación y claridad de manera constante.

Determina cuándo tu grupo persigue la excelencia y cuándo la creatividad: todas las habilidades del grupo se engloban en dos categorías básicas: habilidades de excelencia y habilidades de creatividad.

Las habilidades de excelencia consisten en ejecutar una determinada tarea siempre del mismo modo. Consisten en demostrar la fiabilidad propia de una máquina y suelen aplicarse en ámbitos donde los comportamientos orientados hacia un objetivo están muy bien definidos, como el sector servicios. Fomentar el propósito para implementar estas habilidades es como trazar un mapa realista, en el sentido de que quieres destacar el objetivo y dar indicaciones clarísimas que lleven a los puntos de control repartidos a lo largo del camino. Algunas formas de lograr esto son las siguientes:

- Llena el parabrisas del grupo de modelos de excelencia claros y accesibles.
- Integra un tipo de formación que incida en la repetición y en las críticas.
- Establece reglas generales claras y fáciles de recordar («Si X, entonces Y»).
- Destaca y cumple los fundamentos de la habilidad.

Las habilidades creativas, no obstante, consisten en autorizar a un grupo a encargarse de la ardua tarea de construir algo que hasta ahora no existía. Fomentar el propósito en estos ámbitos es como abastecer a una expedición, en el sentido de que hay que facilitar la asistencia, el combustible y las herramientas, además de actuar como figura protectora que refuerza al equipo encargado del trabajo. Algunas formas de lograr esto son las siguientes:

- Presta mucha atención a la composición y la dinámica del equipo.
- Define, refuerza y protege sin descanso la autonomía creativa del equipo.
- Haz que el equipo se sienta seguro cuando falle y cuando se hagan valoraciones.
- Celébralo por todo lo alto cuando el equipo tome la iniciativa.

Huelga decir que la mayor parte de los grupos reúnen una combinación de estos tipos de habilidades, ya que persiguen la excelencia en unos ámbitos y la creatividad en otros. La clave consiste en identificar esos ámbitos y en confeccionar un liderazgo a la medida.

Emplea lemas: si nos fijamos en los grupos de éxito, su lenguaje interno está plagado de lemas que a menudo suenan obvios, bobos o cursis. Solemos ignorarlos de forma instintiva porque nos parecen propios de una secta. Pero esto es un error. Dichas obviedades, bastante rudimentarias a veces, no son una tara, sino un activo. Su claridad, que tanto rechina en los oídos de las personas ajenas al grupo, es precisamente lo que hace que funcionen.

El truco para elaborar un lema eficaz es que sea sencillo y directo y que implique cierta acción, como por ejemplo: «Añade diversión y un poco de rareza» (Zappos), «Menos hablar y más hacer» (IDEO), «Trabaja duro y sé amable» (KIPP), «Machaca la roca» (San Antonio Spurs), «Deja la camiseta en mejor lugar» (All-Blacks de Nueva Zelanda), «Organiza un festival para el cliente» (restaurantes de Danny Meyer). Estas fórmulas no tienen mucho de poéticas, pero tienen claridad de acción. Más que sugerencias amables son recordatorios claros, empujoncitos que orientan sin posibilidad de perder el rumbo del grupo.

Determina qué es lo que de verdad importa: el mayor desafío que se presenta a la hora de inspirar el sentimiento de propósito es el hecho de que el mundo esté lleno de ruido, de distracciones, de infinidad de metas alternativas. Una solución es establecer medidas sencillas y universales que pongan el foco en lo importante. Un buen ejemplo de esto es cuando, en los inicios de Zappos, Tony Hsieh observó que a los trabajadores de los centros de atención telefónica se los medía conforme al número de llamadas que despachaban por hora. Se dio cuenta de que esta medida tradicional no encajaba con el propósito del grupo y que provocaba comportamientos no deseados (prisas y brevedad, para empezar). Así, suprimió esta métrica y la sustituyó por el sistema de conexiones emocionales personalizadas (CEP), que consistía en establecer un vínculo que trascendía la conversación acerca del producto. Por supuesto, es imposible medir el CEP con exactitud, pero en este caso el objetivo no es la precisión, sino concienciar, alinear y orientar el comportamiento hacia la misión del grupo. En consecuencia, cuando un trabajador del servicio de atención al cliente estableció un récord al pasar diez horas y veintinueve minutos atendiendo una misma llamada, Zappos lo celebró y envió un comunicado de prensa.*

Emplea símbolos: si un marciano viniera a la Tierra para conocer las culturas de éxito, enseguida comprendería su filosofía. Sus respectivos entornos están sembrados de símbolos que representan su propósito y su identidad. Estos símbolos son de lo más variopintos (en el cuartel general de los SEAL, los pertrechos de los soldados caídos en combate; en la sede de Pixar, las estatuillas de los Oscar, acompañadas de los primeros bocetos trazados a mano, y en las instalaciones donde entrenan los San Antonio Spurs, la piedra y la almádena cubiertas por una vitrina, en representación del lema del equipo «Machaca la roca»), pero todos refuerzan la misma señal: «Esto es lo importante».

Céntrate en los comportamientos que sirvan de baremo: uno de los desafíos a los que nos enfrentamos al inspirar el propósito es el de transformar las ideas abstractas (los valores, la misión) en términos concretos. Una de las maneras que los grupos de éxito tienen de hacerlo es centrarse en una única tarea y utilizarla para definir su identidad y aplicar un baremo a sus expectativas.

Un buen ejemplo es el del equipo de hockey masculino de la Universidad de Quinnipiac, una pequeña escuela de Hamden, Connecticut. Este equipo cuenta con pocos jugadores de lo más solici-

---

* Durante la llamada, trabajador y cliente hablaron de multitud de temas, como por ejemplo, de cine, de los platos preferidos de cada uno y de cómo era vivir en Las Vegas. La conversación culminó con la venta de un par de botas Ugg.

tados, aunque desde hace cinco años es una de las formaciones mejor clasificadas del país. El entrenador del Quinnipiac, Rand Pecknold, ha construido una cultura en torno a un comportamiento específico que él denomina «cuarenta de cuarenta». La expresión hace referencia a la técnica de la defensa en retroceso, que consiste en regresar deprisa a la franja de defensa para contener el ataque del equipo adversario o, en resumidas cuentas, en perseguirlo. La defensa en retroceso tiene lugar unas cuarenta veces por partido, y el objetivo de Pecknold es que sus jugadores se entreguen al máximo cada una de esas veces, es decir, cuarenta de cuarenta. No es una labor fácil. La defensa en retroceso es una estrategia agotadora, exige mantenerse alerta en todo momento y, he aquí la clave, pocas veces marca la diferencia en el partido.

«Casi nunca merece la pena —admite Pecknold—. Puede que hagas una defensa en retroceso treinta y nueve veces seguidas y que no te sirva de nada. Pero puede que la cuadragésima vez sí que ocurra algo. Cuelas el bastón, robas el disco, impides un gol o inicias una jugada que termina en otro tanto a tu favor. Esa defensa en retroceso en concreto no aparecerá en ninguna estadística, pero sí que puede invertir el curso del partido. Por eso vamos a por cuarenta de cuarenta. Es lo que nos hace ser quienes somos.»

Los miembros del equipo de Quinnipiac hablan del cuarenta de cuarenta a todas horas. Durante los entrenamientos, durante los partidos y durante las reuniones periódicas que Pecknold mantiene en privado con cada uno de los jugadores. Y en esas infrecuentes ocasiones en que una defensa en retroceso sale bien, Pecknold destaca el momento.

«Al día siguiente lo pongo en vídeo y lo vivo al máximo —dice—. No soy de los que se pasan el día diciendo tacos delante del equipo, hay que tener mucho cuidado con eso. Pero en ese momento sí. Salto al fragmento de la defensa en retroceso y lo paso como si fuese una película. Les digo "Mirad a Shutty [el delantero Tommy Shutt] ahí. Mirad cómo corre el cabrón de Shutty. Mirad cómo quita de en medio a ese tío". Y todos se vuelven locos. Y si la defensa en retroceso de Shutty culmina en gol, no menciono siquiera al que ha marcado el tanto ni al que lo apoyaba, porque es como si no existiesen. Me limito a hablar de Shutty, de su formidable defensa en retroceso y de cómo ha sido posible porque íbamos a por cuarenta de cuarenta. Ves que los muchachos lo viven, y cuando volvemos a entrenar, todo el mundo está ahí, entregado al juego, amándolo.»

Pecknold no es el único líder que fomenta el propósito centrándose en un comportamiento concreto y agotador. En sus restaurantes, Danny Meyer es famoso por recolocar el salero cuando se mueve, aunque sea mínimamente, de su sitio en el centro de la mesa. Los maestros de KIPP Infinity, en Harlem, aún hoy hablan de la costumbre que tenía el fundador, Dave Levin, de poner las botellas de agua de los alumnos alineadas al milímetro con los cuadernos el primer día de clase. Pixar invierte cientos de horas de trabajo en cuidar la calidad técnica y argumental de los cortometrajes de animación que se proyectan antes de los largometrajes. Con los cortometrajes se pierde dinero, pero merecen la pena en otros aspectos. Invierten en los jóvenes talentos del estudio, experimentan y, lo que es más importante, demuestran la atención y la excelencia con las que ejecutan todas y cada una de las tareas. Dicho de otro modo, estos pequeños esfuerzos son eficaces porque transmiten, amplifican y celebran el propósito de todo el grupo.

Epílogo

Después de escribir un libro, al igual que al concluir un viaje, uno ya no es el mismo. Durante los cuatro años que he pasado inmerso en este proyecto, he sido consciente de algunos momentos de conexión sutil de los que antes no me habría percatado. He observado cómo en determinados lugares (la panadería de mi ciudad, el colegio de mis hijos, la gasolinera, etc.) empleaban interacciones mínimas para construir una cultura cohesionada. He admirado a líderes que admitían sus defectos sin tapujos para entablar conversaciones sinceras. En casa, he introducido algunos cambios en mi papel de padre y he pasado a hablar menos y a centrarme más en buscar maneras de infundir el sentimiento de pertenencia (aquí los juegos de cartas son, sin lugar a dudas, la mejor opción). No es que de repente me despertara con rayos X en los ojos, más bien fue como si aprendiera a practicar un deporte. Al principio, uno se mueve con torpeza, pero a medida que pasa el tiempo, se adquiere pericia.

Cuando más me serví de estas habilidades fue al empezar a llevar a un equipo. No uno deportivo, sino un grupo de escritores del colegio Ruffing Montessori, en Cleveland Heights, Ohio, al que asistían mis dos hijas menores. El equipo debía competir en «El poder de la pluma», un concurso estatal. Los alumnos practican durante todo el año para prepararse de cara a un concurso que solo dura un día y en el que se les dan tres pies breves (como, por ejemplo, «Mantener el secreto» o «El tesoro enterrado»), a partir de los que desarrollan tres historias que los jueces puntúan y clasifican. Es un evento divertido e inspirador porque combina la creatividad de la escritura con la adrenalina propia de todo reto deportivo.

Se trata, además, de un evento en el que el Ruffing nunca ha destacado. En los últimos diez años (yo llevo dos como preparador), algunos alumnos han superado la primera ronda, pero rara vez han llegado más allá. Este resultado tenía su lógica (al fin y al cabo, el Ruffing es un colegio minúsculo de solo cuarenta alumnos que compite contra escuelas titánicas de todo el estado). No obstante, me pregunté si nuestro equipo podría llegar más lejos. Así, en 2014, a modo de experimento, decidí aplicar algunas de las ideas que había recogido durante la investigación que llevé a cabo para escribir este libro.

A la primera sesión de ensayo semanal, celebrada en octubre, acudieron nueve alumnos. Catherine, Carson, Ellie, Vala, Caroline, Natsumi, David, Nathan y Zoe conformaban un grupo enérgico con diversos grados de habilidad y distintas motivaciones. Vala y Ellie tenían experiencia y confianza en sí mismas como escritoras, mientras que Carson y Caroline titubeaban más, ya que estaban empezando a ejercitar su músculo creativo. Yo también titubeaba. En años anteriores tendía a preparar al equipo de una forma tradicional (es decir, autoritaria); hablaba mucho, daba charlas que parecían conferencias y evaluaba las historias de práctica. Por emplear la jerga de los docentes, era «el sabio del escenario», un lugar muy cómodo para mí. Este año, sin embargo, sería distinto.

En primer lugar, cambié la disposición de las sillas. Otros años nos habíamos sentado más o menos cerca los unos de los otros, cada uno en un pequeño pupitre. Esta vez opté por juntar cuatro pupitres para formar una sola mesa, lo bastante grande para que cupiéramos los diez, sentados los unos junto a los otros. A continuación, en lugar de soltar un sermón sobre cómo escribir bien, le pregunté al equipo: «¿Cuál es vuestro libro favorito en este momento?». Los muchachos respondieron uno tras otro (*Harry Potter* fue mencionado más de una vez, así como *Los juegos del hambre*).

Les pregunté por qué esos libros les parecían tan buenos.

«Porque es huérfano —contestó Ellie—. En todas las buenas historias aparece un huérfano.»

«Porque estalla una guerra brutal —dijo Nathan—. Muere un montón de gente, es una salvajada, pero tú no quieres que esas personas mueran.»

«Porque, en fin, es muy muy bueno», resumió Carson.

«¿Por qué», le pregunté.

Carson tragó saliva. Era un chico alto, esbelto, de grandes ojos negros y ademán formal. Hablaba midiendo las palabras. «Porque la historia hace que te preocupes por los personajes», respondió.

«Sí», dije. Cuando choqué mi puño con el suyo, él sonrió.

Después le hice otra pregunta al equipo. «¿Qué es lo que no os gusta cuando os sentáis a escribir?»

Las respuestas brotaron al momento. No les gustaba ponerse a buscar ideas que desarrollar. Algunas historias llegaban por sí solas, pero lo habitual era que no surgiera ninguna, con lo que se quedaban mirando una página en blanco y preguntándose acerca de qué escribir.

«A veces te atascas sin más —contestó Catherine, en nombre de todo el grupo—. Te quedas a mitad de camino y luego ya no sabes cómo seguir.»

Les dije a los chicos que tenía algo que compartir con ellos. Introduje la mano en mi mochila y, con un gesto descaradamente teatral, extraje un fajo de papeles, los primeros borradores de este libro. Cogieron las hojas con avidez. Sabían que yo era escritor y esperaban encontrarse con un manantial de prosa inmaculada.

Sin embargo, a medida que avanzaban en la lectura, comprobaron que el texto se alejaba mucho de esa perfección. De hecho, se toparon con un zarzal de correcciones introducidas a mano, de marcas y anotaciones apiñadas en los márgenes. Había páginas enteras tachadas. No parecía el trabajo de un escritor que tuviera obras publicadas. De hecho, parecía una redacción para clase con la que me hubiera ganado un contundente suspenso.

«¿Esto es tuyo?», preguntó Nathan.

«Sí», dije.

«¿Siempre se hacen tantos cambios?», preguntó Vala.

«Siempre», confirmé.

Les dije que yo nunca escribía nada perfecto, que me atascaba a menudo y que encontraba arduo el proceso de tejer una historia. Les dije que cometía muchos errores y que darme cuenta de esos fallos y enmendarlos era lo que mejoraba la escritura.

Entonces le di un pie al equipo. Cuando llevaban un cuarto de hora escribiendo, les pedí que dejaran a un lado el bolígrafo y les expliqué una regla sencilla, consistente en que todos podían leer su historia en voz alta y en que todos podían evaluarla. Algunos de los alumnos no sabían muy bien si querían compartir su historia con el resto, y otros carecían de los conocimientos apropiados para elaborar una crítica sobre una obra ajena. Pero poco a poco, con el paso de las semanas, fuimos mejorando. Caroline, que al principio no quería leer sus historias en alto, se animó a compartirlas y nos introdujo en los mundos de ciencia ficción que le gustaba crear. Natsumi, a la que en un primer momento no le atraía la idea de criticar los escritos de sus compañeros, comenzó a intervenir y a aportar pautas amables y definidas.

En las sesiones de evaluación implantamos el sistema de «lo que funciona bien / puede ser aún mejor si», que consistía en mencionar primero los aspectos positivos de la historia para después sugerir alguna manera de perfeccionarla. Con el tiempo, estos diálogos se convirtieron en una costumbre; el grupo dejó de funcionar como una clase al uso y empezó a comportarse como los preescolares del reto de los espaguetis y el malvavisco; trabajaban hombro con hombro para solucionar los problemas y pensaban como si fuesen uno solo.

Mientras tanto, me centré en dar soporte a esas interacciones. Cada vez que alguien escribía una historia interesante o aportaba un comentario más incisivo de lo habitual, yo, en lugar de decir nada, chocaba el puño con ese alumno. Al igual que Danny Meyer, inundé la zona de lemas para guiarlos durante el proceso de escritura y corrección. Una de estas fórmulas era «El poder del problema», la cual les recordaba que las historias con más gancho incluían personajes que se enfrentaban a grandes problemas, cuanto más complicados, mejor (al fin y al cabo, el capitán Ahab no perseguía pececillos). Otra era «Utiliza tu cámara», con la que recordaban la necesidad de controlar el punto de vista (¿quieres meter al lector en la cabeza del personaje o prefieres que lo vea desde fuera?). Una y otra vez les repetía: «Toda historia debe tener su VOA (voz, obstáculos y anhelos). Cuanto mayor sea el problema, mejor será la historia. Sois atletas de la creatividad, tenéis que ayudaros a mejorar los unos a los otros».

En algunos aspectos, esta forma de preparar a los alumnos era más exigente para mí. Me obligaba a reflexionar más, a pensar en distintas maneras de iniciar un debate y a motivarlos. También se me presentó el reto de no hacer ciertas cosas: dejar que a veces la conversación se desviara por completo del asunto a tratar en lugar de intervenir para reconducirla. En otros aspectos, sin embargo, este nuevo método me facilitó las cosas. En lugar de ponerme a impartir teoría (algo que exigía mucha preparación y precisión), podía hacer de guía, podía dejar que el grupo funcionara por sí mismo, atento a las ocasiones de participar y, mediante un lema o el lenguaje corporal, hacerles entender algo o, mejor aún, destacar una buena decisión que hubieran tomado.

El torneo del distrito se celebró el día de San Valentín. Aquella mañana, una borrasca azotaba el nordeste de Ohio, extendiendo una alfombra de quince centímetros de nieve y desatando vientos de setenta kilómetros por hora. Salimos en coche hacia el colegio bajo la nevada, dejando atrás los turismos y los tráileres que se habían salido de la carretera, a los trabajadores de los servicios de emergencias, apiñados en la cuneta, en medio de un enfurecido y blanco paisaje lunar que parecía más propio de un apocalipsis zombi. «Deberíamos escribir una historia sobre esta tempestad», propuso Zoe, y al instante todos se pusieron a hilvanar narraciones a partir de las escenas que los rodeaban.

Cuando llegamos al colegio, encontramos una mesa junto a la ventana. Los muchachos chocaron los puños y se dirigieron a las distintas aulas para recibir los pies y empezar a escribir sus historias. Al cabo de dos horas salieron, con los ojos como platos y el cuerpo agarrotado. A las tres en punto, tras haber puntuado y clasificado todas las obras, los organizadores del torneo nos instaron a pasar al gimnasio, a nosotros y a los demás participantes, que se contaban por cientos, donde anunciarían los ganadores.

En resumen, obtuvimos un buen resultado. En la división de séptimo curso, Zoe quedó decimocuarta. En la división de octavo curso, Nathan quedó duodécimo; Vala, décima; Natsumi, cuarta, y

Ellie, primera. Al término de la jornada, estábamos levantando el trofeo de los vencedores de octavo curso. Semanas más tarde, el equipo consiguió resultados similares en otro torneo del distrito, donde Zoe quedó primera y se alzó como mejor de la ronda. Cuatro alumnos se clasificaron para la estatal, un récord en la historia del colegio, y Ellie ganó además uno de los premios para jóvenes talentos.

Pero para mí eso no era lo importante. El mayor logro tenía que ver con Carson, el discreto alumno de octavo curso que nunca había escrito demasiado. Aunque no llegó más allá del torneo del distrito, continuó asistiendo a las sesiones de práctica de los martes. Ya no le daba tanta vergüenza compartir sus escritos y, de hecho, comenzó a demostrar su creatividad en otros aspectos (aquella primavera, para sorpresa de profesores y padres, interpretaría a un formidable Atticus Finch en la representación de *Matar a un ruiseñor* que organizó el colegio).

Dentro del equipo, la especialidad de Carson era escribir cómics protagonizados por el legendario personaje Johnny McTough, un alumno de instituto alto, apuesto y rebosante de confianza en sí mismo que se tenía, de forma equivocada, por el mejor jugador de fútbol americano que el mundo había conocido jamás. Los cómics de Johnny McTough eran una maravilla, en parte porque la firme convicción que tenía de que no necesitaba a nadie (ni al entrenador, ni al equipo, ni a sus padres… y tampoco creía que le hiciera falta el casco) lo llevaba a meterse en todo tipo de desternillantes apuros. Pero, sobre todo, por el modo en que interactuaban Carson y el equipo. Todas las semanas, con voz de machote jactancioso, Carson nos narraba la última aventura de Johnny McTough, con la que todo el grupo terminaba deshaciéndose en carcajadas. Nos lo pasábamos en grande con las andanzas de este desorientado héroe que creía poder comerse el mundo sin la ayuda de nadie. A continuación, nos poníamos a trabajar todos juntos para hacer esa última historia aún mejor.

Agradecimientos

Escribir este libro ha sido un proyecto de equipo, y me considero afortunado por haber recibido el apoyo de varios consejeros excepcionales. Entre ellos se cuentan Andy Ward, mi brillante editor, y David Black, mi magnífico agente.

Mi hermano Maurice es un escritor y editor de increíble talento, y su colaboración ha sido inestimable a lo largo del proceso de investigación y redacción, para el que ha aportado conceptos, cuestionado ideas, corregido manuscritos y tomado parte en cientos de conversaciones. Estas conversaciones, más que ninguna otra cosa, fueron lo que acabó de dar forma a este libro.

De Random House, me gustaría dar las gracias a Kaela Myers, Cindy Murray, Susan Corcoran, Kim Hovey, Kara Walsh, Simon Sullivan, Amelia Zalcman y Paolo Pepe. De Black Inc, a Susan Raihofer, Emily Hoffman, Sarah Smith y Jenny Herrera. De Pixar, a Ed Catmull, Michelle Radcliff, Wendy Tanzillo y Mike Sundy. De los San Antonio Spurs, a R. C. Buford, Chip Engelland, Chad Forcier y Sean Marks. De Zappos, a Maggie Hsu, Joe Mahon, Lisa Shufro, Angel Sugg, Jeanne Markel, Zubin Damania, Zach Ware y Connie Yeh. De IDEO, a Duane Bray, Nili Metuki, Njoki Gitahi, Lawrence Abrahamson, Peter Antonelli y Nadia Walker. De KIPP, a Dave Levin, Mike Feinberg, Joe Negron, Allison Willis Holley, Lauren Abramson, Angela Fascilla, Jeff Li, Carly Scott, Alexa Roche y Glenn Davis. De la Upright Citizens Brigade, a Kevin Hines y Nate Dern. Del Grupo Hostelero de Union Square, a Danny Meyer, Erin Moran, Haley Carroll, Richard Coraine, Rachel Hoffheimer, Susan Reilly Salgado, Stephanie Jackson, Kim DiPalo, Allison Staad y Tanya Edmunds. Asimismo, me gustaría transmitir mi agradecimiento a la comunidad de los Navy SEAL, quienes han preferido que no citara sus nombres.

Multitud de miembros de la comunidad científica renunciaron a una parte de su tiempo para relatarme sus experiencias. Me gustaría dar las gracias en especial a Jay Van Bavel, Amy Edmondson, Sigal Barsade, Gregory Walton, Geoff Cohen, Jeff Polzer, Carl Marci, Will Felps, Tom Allen, Jeffry Simpson, Clifford Stott, Andy Molinsky, Bradley Staats, Oren Lederman, Alex Pentland y Ben Waber.

Innumerables colegas y amigos tuvieron la generosidad de compartir sus conocimientos sobre el comportamiento y la cultura de los grupos, en muchos casos porque formaban parte de organizaciones admirables. Me gustaría dedicarles un agradecimiento especial a Chris Antonetti, Mike Chernoff, Terry Francona, Paul y Karen Dolan, Derek Falvey, Carter Hawkins, James Harris, Ceci Clark, Brian Miles, Oscar Gutierrez Ramirez, Alex Eckelman, Eric Binder, Matt Forman, Tom Wiedenbauer, Sky Andrecheck, Victor Wang, Alex Merberg, Matt Blake, Johnny Goryl, Marlene Lehky, Nilda Tafanelli, Ross Atkins, Mark Shapiro, Adam Grant, Peter Vint, John Kessel, Chris Grant, Jerry Azzinaro, Josh Gibson, Steve Gera, Rich Diviney, Sam Presti, Billy Donovan, Mark Daigneault, Oliver Winterbone, Dustin Seale, Scott McLachlan, Mike Forde, Henry Abbott, David Epstein, Alex Gibney, Laszlo Bock, Tom Wujec, Bob Bowman, David Marsh, Finn Gunderson, Richie Graham, Anne Buford, Troy Flanagan, Shawn Hunter, Dennis Jaffe, Rand Pecknold, Brett Ledbetter, Pete Carroll, Cindy Bristow, Michael Ruhlman, Bill Pabst, Jay Berhalter, Nico Romeijn, Wim van Zwam, Scott Flood, Dan Russell y Doug Lemov.

Por la parte personal, me gustaría dar las gracias a Jon Coyle, Marian Jones, John Giuggio, Rob Fisher, Fred y Beeb Fisher, Tom Kizzia, Todd Balf, Jeff y Cindy Keller, Laura Hohnhold, Mike Paterniti, Sara Corbett, Mark Bryant, Marshall Sella, Kathie Freer, Tom y Catie Bursch, Paul Cox, Kirsten Docter, Rob y Emily Pollard, Dave Lucas, George Bilgere, Doug y Lisa Vahey, Carri Thurman, John Rohr, Geo Beach, Sydney Webb y Lisa Damour, por su afilado ojo de editora.

Por último, me gustaría dar las gracias a mis padres, Maurice y Agnes Coyle, estrellas polares de inspiración y apoyo desde el primer momento. Me gustaría dar las gracias a mis hijos, Aidan, Katie, Lia y Zoe, las mayores fuentes de felicidad y sentido de mi vida, y de los que no podría estar más orgulloso. Y, sobre todo, deseo dar las gracias a mi esposa, Jen, cuya calidez, inteligencia y amabilidad llenan de amor cada uno de nuestros días. Si este libro existe, es gracias a ti.

Notas

Introducción. Cuando dos más dos suman diez

Para saber más sobre la influencia de la cultura en la hoja de balance, véase John Kotter y James Heskett, *Corporate Culture and Performance*, Nueva York, The Free Press, 1992; D. Denison y A. Mishra, «Toward a Theory of Organizational Culture and Effectiveness», en *Organization Science* n.º 6, 1995, pp. 204-23, y G. Gordon y N. DiTomaso, «Predicting Corporate Performance from Organizational Culture», en *Journal of Management Studies* n.º 29, 1992, pp. 783-798.

1. Las manzanas sanas

Para saber más sobre los indicadores de pertenencia, véase W. Felps, T. Mitchell y E. Byington, «How, When, and Why Bad Apples Spoil the Barrel: Negative Group Member and Dysfunctional Groups», en *Research in Organizational Behavior* n.º 27, 2006, pp. 175-222; J. Curhan y A. Pentland, «Thin Slices of Negotiation: Predicting Outcomes from Conversational Dynamics Within the First Five Minutes», en *Journal of Applied Psychology* n.º 92, 2007, pp. 802-811, y la tesis magistral de William Stoltzman, «Toward a Social Signaling Framework: Activity and Emphasis in Speech», MIT, 2006. Para una exploración sociométrica, véase Alex Pentland, *Honest Signals*, Cambridge, Massachusetts, MIT Press, 2008, y *Social Physics*, Nueva York, The Penguin Press, 2014, así como Ben Waber, *People Analytics*, Upper Saddle River, New Jersey, Pearson FT Press, 2013.

El concepto de seguridad psicológica lo introdujo William Kahn en «Psychological Conditions of Personal Engagement and Disengagement at Work», *Academy of Management Journal* n.º 11, 1990, pp. 692-724. El trabajo realizado por Amy Edmondson en este ámbito es sobresaliente; una buena parte puede encontrarse en *Teaming: How Organizations Learn,*

Innovate, and Compete in the Knowledge Economy, San Francisco, Jossey-Bass Pfeiffer, 2012.

2. EL DÍA DE LOS MIL MILLONES EN QUE NO OCURRIÓ NADA

Para saber más sobre cómo Google desarrolló el motor de AdWords, véase Steven Levy, *In the Plex*, Nueva York, Simon & Schuster, 2011. Para saber más sobre los índices de éxito de distintos modelos organizativos, véase J. Baron y M. Hannan, «Organizational Blueprints for Success in High-Tech Startups: Lessons from the Stanford Project on Emerging Companies», *California Management Review* n.º 44, 2002, pp. 8-36, y M. Hannan, J. Baron, G. Hsu y O. Kocak, «Organizational Identities and the Hazard of Change», *Industrial and Corporate Change* n.º 15, 2006, pp. 755-784.

Para saber más sobre los indicadores de pertenencia y los cambios de comportamiento, véase G. Walton, G. Cohen, D. Cwir y S. Spencer, «Mere Belonging: The Power of Social Connections», *Journal of Personality and Social Psychology* n.º 102, 2012, pp. 513-532; G. Walton y P. Carr, «Social Belonging and the Motivation and Intellectual Achievement of Negatively Stereotyped Students» en *Stereotype Threat: Theory, Processes, and Application*, M. Inzlicht y T. Schmader, eds., Nueva York, Oxford University Press, 2012; A. Brooks, H. Dai y M. Schweitzer, «I'm Sorry About the Rain! Superfluous Apologies Demonstrate Empathic Concern and Increase Trust», *Social Psychological and Personality Science* n.º 5, 2014, pp. 467-474; G. Carter, K. Clover, I. Whyte, A. Dawson y C. D'Este, «Postcards from the Edge Project: Randomised Controlled Trial of an Intervention Using Postcards to Reduce Repetition of Hospital Treated Deliberate Self Poisoning», BMJ, 2005; y P. Fischer, A. Sauer, C. Vogrincic y S. Weisweiler, «The Ancestor Effect: Thinking about Our Genetic Origin Enhances Intellectual Performance», *European Journal of Social Psychology* n.º 41, 2010, pp. 11-16.

Para saber más sobre cómo la pertenencia y la identidad influyen en el cerebro, véase J. Van Bavel, L. Hackel y Y. Xiao, «The Group Mind: The Pervasive Influence of Social Identity on Cognition», *Research and Perspectives in Neurosciences* n.º 21, 2013, pp. 41-56; D. Packer y J. Van Bavel, «The Dynamic Nature of Identity: From the Brain to Behavior», *The Psychology of Change: Life Contexts, Experiences, and Identities*, N. Branscombe y K. Reynolds, eds., Hove, Reino Unido, Psychology Press, 2015, y D. de Cremer y M. van Vugt, «Social Identification Effects in Social Dilemmas», *European Journal of Social Psychology* n.º 29, 1999, pp. 871-893.

3. La Tregua de Navidad, el experimento de una hora y los misileros

La historia de la tregua de la Navidad se ha registrado en multitud de escritos; las versiones más detalladas se encuentran en Tony Ashworth, *Trench Warfare 1914–1918: The Live and Let-Live System*, Londres, Pan Books, 2000, y Stanley Weintraub, *Silent Night*, Nueva York, Plume, 2002. Para obtener una perspectiva amplia sobre cómo funciona el altruismo, véase Robert Axelrod, *The Evolution of Cooperation*, Nueva York, Basic Books, 1984, y Michael Tomasello, *Why We Cooperate*, Cambridge, Massachusetts, MIT Press, 2009.

Para saber más sobre el experimento de WIPRO, véase D. Cable, F. Gino y B. Staats, «Breaking Them In or Revealing Their Best? Reframing Socialization Around Newcomer Self-Expression», *Administrative Science Quarterly* n.º 58, 2013, pp. 1-36. Para saber más sobre los equipos de lanzamientos nucleares, recomendaría Eric Schlosser, *Command and Control*, Nueva York, The Penguin Press, 2013.

4. Cómo infundir el sentimiento de pertenencia

Para saber más sobre el estudio que Neil Paine realizó acerca de las extraordinarias dotes de entrenador de Popovich, véase: <fivethirtyeight.com/features/2014-nba-preview-the-rise-of-the-warriors>. Para saber más sobre el estudio de por qué los jugadores de la NBA tienden a comportarse de un modo egoísta, véase E. Uhlmann y C. Barnes, «Selfish Play Increases During High-Stakes NBA Games and Is Rewarded with More Lucrative Contracts», *PLoS ONE* n.º 9, 2014.

Para saber más sobre el estudio de la evaluación mágica, véase D. Yeager, V. Purdie-Vaughns, J. Garcia, N. Apfel, P. Brzustoski, A. Master, W. Hessert, M. Williams y G. Cohen, «Breaking the Cycle of Mistrust: Wise Interventions to Provide Critical Feedback Across the Racial Divide», *Journal of Experimental Psychology: General* n.º 143, 2013, pp. 804-824.

5. Cómo planificar el sentimiento de pertenencia

Para saber más sobre el trabajo de Thomas Allen, véase *Managing the Flow of Technology: Technology Transfer and the Dissemination of Technological Information Within the R&D Organization*, Cambridge, Massachusetts, MIT Press, 1984.

El afán de Hsieh por macgyverizar el mundo sigue intacto. Cuando lo visité, había empezado a implementar un método de gestión nuevo y radical, la denominada «holocracia», que consiste en reemplazar a los gestores tradicionales por «círculos» autoorganizados cuyos miembros determinan sus respectivos papeles y tareas. Decir que la holocracia no fue un éxito inmediato sería quedarse corto. El nuevo sistema provocó una oleada de dimisiones y, en 2016, la empresa, por primera vez en siete años, se quedó fuera de la lista de las cien mejores compañías donde trabajar elaborada por la revista *Fortune*. Después Hsieh adoptó otra forma de gestión todavía más abstracta, la llamada «cerceta». Si la organización y la cultura pueden seguir prosperando es algo que aún está por ver.

6. IDEAS PARA ENTRAR EN ACCIÓN

Para saber más sobre el poder de la gratitud, véase L. Williams y M. Bartlett, «Warm Thanks: Gratitude Expression Facilitates Social Affiliation in New Relationships via Perceived Warmth», *Emotion* n.º 15, 2014, y A. Grant y F. Gino, «A Little Thanks Goes a Long Way: Explaining Why Gratitude Expressions Motivate Prosocial Behavior», *Journal of Personality and Social Psychology* n.º 98, 2010, pp. 946-955. Para saber más sobre las desventajas de las evaluaciones emparedadas, véase C. Von Bergen, M. Bressler y K. Campbell, «The Sandwich Feedback Method: Not Very Tasty», *Journal of Behavioral Studies in Business* n.º 7, 2014.

Los correos electrónicos son auténticas minas de indicadores de pertenencia. Dos estudios que muestran cómo en ellos se revela el forro interior de los grupos son L. Wu, «Social Network Effects on Productivity and Job Security: Evidence from the Adoption of a Social Networking Tool», *Information Systems Research* n.º 24, 2013, pp. 30-51; y S. Srivastava, A. Goldberg, V. Manian y C. Potts, «Enculturation Trajectories: Language, Cultural Adaptation, and Individual Outcomes in Organizations», *Management Science*, pendiente de publicación.

7. «DIME LO QUE QUIERES Y TE AYUDARÉ»

La grabación de las conversaciones mantenidas en la cabina del vuelo 232 está disponible en <https://aviation-safety.net/investigation/cvr/transcripts/cvr_ua232.pdf>. El capitán Al Haynes relató el accidente en detalle el 24 de mayo de 1991, durante el discurso que pronunció para el Centro de Investigación Ames de la NASA, en el Centro Dryden para la Investigación del Vuelo, en Edwards, California, cuya transcripción se puede encontrar en <clear-prop.org/aviation/haynes.html>. Véase también Laurence Gonzales, *Flight 232*, Nueva York, W. W. Norton & Company, 2014, y Jan U. Hagen, *Confronting Mistakes*, Londres, Palgrave Macmillan, 2013.

Otro elemento de la historia del vuelo 232 hace referencia a un conjunto de procedimientos de formación denominado «gestión de recursos de la tripulación», establecido por la Junta Nacional de Seguridad del Transporte a finales de los setenta, tras una sucesión de accidentes causados por error del piloto. Este tipo de formación pretendía sustituir la cultura verticalista de «el piloto siempre lleva la razón» por una comunicación sincera y rápida que pasaba por instruir al capitán y a la tripulación en una serie de conductas y costumbres sencillas, concebidas para detectar y resolver los problemas juntos. Antes del accidente del vuelo 232, el capitán Haynes había pasado unas semanas formándose en GRT; le dio las gracias al programa por salvarles la vida a él y a los demás supervivientes.

8. EL BUCLE DE LA VULNERABILIDAD

Para saber más sobre las formas de generar cercanía individual y grupal, véase A. Aron, E. Melinat, E. Aron y R. Bator, «The Experimental Generation of Interpersonal Closeness: A Procedure and Some Preliminary Findings», *Personality and Social Psychology Bulletin* n.º 23, 1997, pp. 363-377; W. Swann, L. Milton y J. Polzer, «Should We Create a Niche or Fall in Line? Identity Negotiation and Small Group Effectiveness», *Journal of Personality and Social Psychology* n.º 79, 2000, pp. 238-250, y J. Chatman, J. Polzer, S. Barsade y M. Neale, «Being Different Yet Feeling Similar: The Influence of Demographic Composition and Organizational Culture on Work Processes and Outcomes», *Administrative Science Quarterly* n.º 43, 1998, pp. 749-780.

Para saber más sobre la maquinaria de la confianza, véase D. DeSteno, M. Bartlett, J. Baumann, L. Williams y L. Dickens, «Gratitude as a Moral Sentiment: Emotion-Guided Cooperation in Economic Exchange», *Emotion* n.º 10, 2010, pp. 289-293, y B. von Dawans, U. Fischbacher, C. Kirschbaum, E. Fehr y M. Heinrichs, «The Social Dimension of Stress Reactivity: Acute Stress Increases Prosocial Behavior in Humans», *Psychological Science* n.º 23, 2012, pp. 651-660. Para una exploración más a fondo, véase: David DeSteno, *The Truth About Trust*, Nueva York, Hudson Street, 2014.

Para saber más sobre el desafío de los globos rojos, véase J. Tang, M. Cebrian, N. Giacobe, H. Kim, T. Kim y D. Wickert, «Reflecting on the DARPA Red Balloon Challenge», *Communications of the ACM* n.º 54, 2011, pp. 78-85, y G. Pickard, I. Rahwan, W. Pan, M. Cebrian, R. Crane, A. Madan y A. Pentland, «Time-Critical Social Mobilization», *Science* n.º 334, 2011, pp. 509-512.

9. LOS SUPERCOOPERADORES

Para saber más sobre los orígenes de los SEAL de la Armada estadounidense, véase Elizabeth Kauffman, *America's First Frogman*, Annapolis, Maryland, Naval Institute Press, 2004. Para saber más sobre la Upright Citizens Brigade, véase Brian Raftery, *High-Status Characters*, Nueva York, Megawatt Press, 2013; Matt Besser, Ian Roberts y Matt Walsh, *The Upright Citizens Brigade Comedy Improvisational Manual*, Nueva York, The Comedy Council of Nicea LLC, 2013; Kelly Leonard y Tom Yorton, *Yes, And*, Nueva York, HarperBusiness, 2015, y Kim Howard Johnson, *The Funniest One in the Room: The Lives and Legends of Del Close*, Chicago, Chicago Review Press, 2008.

11. CÓMO FOMENTAR LA COOPERACIÓN EN LAS PERSONAS

Para saber más sobre Bell Labs, véase David Gertner, *The Idea Factory: Bell Labs and the Great Age of American Innovation*, Nueva York, Penguin Press, 2012. Para saber más sobre IDEO, véase Tom Kelley, *The Art of Innovation*, Nueva York, Currency Doubleday, 2001, y Tom Brown, *Change by Design*, Nueva York, HarperBusiness, 2009.

Para saber más acerca de los estudios sobre la concordancia, véase C. Marci, J. Ham, E. Moran y S. Orr, «Physiologic Correlates of Perceived Therapist Empathy and Social-Emotional Process During Psychotherapy», *Journal of Nervous and Mental Disease* n.º 195, 2007, pp. 103-111, y C. Marci y S. Orr, «The Effect of Emotional Distance on Psychophysiologic Concordance and Perceived Empathy Between Patient and Interviewer», *Applied Psychophysiology and Biofeedback* n.º 31, 2006, pp. 115-128.

13. TRESCIENTAS ONCE PALABRAS

Para saber más acerca del sistema de orientación de los estorninos, véase M. Ballerini, N. Cabibbo, R. Candelier, A. Cavagna, E. Cisbani, I. Giardina, V. Lecomte, A. Orlandi, G. Parisi, A. Procaccini, M. Viale y V. Zdravkovic, «Interaction Ruling Animal Collective Behavior Depends on Topological Rather than Metric Distance: Evidence from a Field Study», *PNAS* n.º 105, 2008, pp. 1.232-1.237.

El trabajo de Gabriele Oettingen sobre el contraste mental se puede encontrar en *Rethinking Positive Thinking*, Nueva York, Current, 2014, así como en G. Oettingen, D. Mayer, A. Sevincer, E. Stephens, H. Pak y

M. Hagenah, «Mental Contrasting and Goal Commitment: The Mediating Role of Energization», *Personality and Social Psychology Bulletin* n.° 35, 2009, pp. 608-622.

Para saber más sobre el efecto Pigmalión, véase R. Rosenthal y L. Jacobson, «Teachers' Expectancies: Determinates of Pupils' IQ Gains», *Psychological Reports* n.° 19, 1966, pp. 115-18. Para saber más sobre cómo las narraciones influyen en la motivación, véase A. Grant, E. Campbell, G. Chen, K. Cottone, D. Lapedis y K. Lee, «Impact and the Art of Motivation Maintenance: The Effects of Contact with Beneficiaries on Persistence Behavior», *Organizational Behavior and Human Decision Processes* n.° 103, 2007, pp. 53-67.

14. Los *HOOLIGANS* Y LOS CIRUJANOS

Véase C. Stott, O. Adang, A. Livingstone y M. Schreiber, «Tackling Football Hooliganism: A Quantitative Study of Public Order, Policing and Crowd Psychology», *Psychology Public Policy and Law* n.° 53, 2008, pp. 115-141; C. Stott y S. Reicher, «How Conflict Escalates: The Inter-Group Dynamics of Collective Football Crowd "Violence"», *Sociology* n.° 32, 1998, pp. 353-377; A. Edmondson, R. Bohmer y G. Pisano, «Speeding Up Team Learning», *Harvard Business Review* n.° 79, 9 de noviembre de 2001, pp. 125-132, y A. Edmondson, R. Bohmer y G. Pisano, «Disrupted Routines: Team Learning and New Technology Implementation in Hospitals», *Administrative Science Quarterly* n.° 46, 2001, pp. 685-716.

15. CÓMO GUIAR HACIA LA EXCELENCIA

Véase S. Reilly Salgado y W. Starbuck, «Fine Restaurants: Creating Inimitable Advantages in a Competitive Industry», disertación doctoral, Escuela de Administración de Empresas de la Universidad de Nueva York, 2003.

16. CÓMO GUIAR HACIA LA CREATIVIDAD

Véase Ed Catmull con Amy Wallace, *Creativity Inc.*, Nueva York, Random House, 2014.

LECTURAS RECOMENDADAS

Bock, Laszlo, *Work Rules*, Nueva York, Grand Central Publishing, 2015.

Brooks, David, *The Social Animal*, Nueva York, Random House, 2011.

De Geus, Arie, *The Living Company*, Boston, Massachusetts, Harvard Business Review Press, 2002.

Duckworth, Angela, *Grit: The Power of Perseverance and Passion*, Nueva York, Scribner, 2016.

Duhigg, Charles, *The Power of Habit: Why We Do What We Do in Life and Business*, Nueva York, Random House, 2012.

Edmondson, Amy, *Teaming: How Organizations Learn, Innovate, and Compete in the Knowledge Economy*, San Francisco, Jossey-Bass Pfeiffer, 2012.

Grant, Adam, *Give and Take*, Nueva York, Viking, 2013.

Hackman, Richard, *Leading Teams*, Boston, Massachusetts, Harvard Business Review Press, 2002.

Heath, Chip y Dan, *Switch: How to Change Things When Change is Hard*, Nueva York, Broadway Books, 2010.

Junger, Sebastian, *Tribe: On Homecoming and Belonging*, Nueva York, HarperCollins, 2016.

Kerr, James, *Legacy*, Londres, Constable & Robinson, 2013.

Lencioni, Patrick, *The Five Dysfunctions of a Team: A Leadership Fable*, San Francisco, Jossey-Bass, 2002.

McChrystal, Stanley, *Team of Teams: New Rules of Engagement for a Complex World*, Nueva York, Portfolio, 2015.

Pagel, Mark, *Wired for Culture*, Nueva York, W. W. Norton & Company, 2012.

Pink, Daniel, *Drive: The Surprising Truth About What Motivates Us*, Nueva York, Riverhead Books, 2009.

Ripley, Amanda, *The Smartest Kids in the World: And How They Got That Way*, Nueva York, Simon & Schuster, 2013.

Schein, Edgar H., *Helping*, Oakland, California, Berrett-Koehler Publishers, 2009.

—, *Humble Inquiry*, Oakland, California, Berrett-Koehler Publishers, 2013.

Senge, Peter M., *The Fifth Discipline*, Nueva York, Doubleday Business, 1990.

Tomasello, Michael, *Why We Cooperate*, Cambridge, Massachusetts, MIT Press, 2009.

Índice alfabético

Abrahamson, Lawrence, 146, 148
Abrashoff, Michael, 89-90
   It's Your Ship, 90
Adler, Franklin, 90
All-Blacks de Nueva Zelanda, 87
   ética de equipo, 91
   heurística y lemas para, 199, 216
   practicar sin intervención del entrenador, 160
Allen, Ray, 68
Allen, Thomas, 77-80, 233 n.
altruismo, 233 n.
Amazon, 71
Antonelli, Peter, 146
Aron, Arthur y Elaine, 107 n.
Ashworth, Tony: *Trench Warfare 1914-1918*, 45
atención, 22, 27, 28, 66, 82, 92, 122, 125, 140, 171, 172, 185, 219
   bandadas de estorninos y, 170-171
   escucha y, 151, 155-156
autoridad, obediencia a la, 136, 207

Baldwin, Christopher, 24, 133
Bales, Robert, 146 n.
Bank of America, 88
baremo, comportamientos con los que poner, 196, 199, 217-219

Barnes, Christopher, 60 n.
Baron, James, 36 n.
Beekman, Madeleine, 197-198
Belinelli, Marco, 62
Bell Labs, 142-144, 151, 236 n.
Benedicto XVI, papa, 42
Big Hero 6, película, 202, 204, 211
bin Laden, Osama, 116
Blair, Bruce, 56
Bock, Laszlo, 153
Bonner, John Tyler, 197
Bosh, Chris, 36 n., 68
Brave, película, 206
Bray, Duane, 24, 145
Brooklyn Nets, 65
Brooks, Alison Wood, 38
Brown, Brett, 68
Brown, Tim, 154
Buford, R. C., 62, 64, 69, 83
Burke, James, 163-168, 173, 196, 214
   desafío del Credo y, 163-165, 168, 177, 196, 214
Buscando a Nemo, película, 206

Cable, Daniel, 49
Carey, Michael, 54 y n.
Catmull, Ed, 88, 103-104, 203
   crisis de la secuela de Toy Story, 212

«edismos», 207
en Disney, 208-211
en Pixar, 201-208
kaizen y, 206
liderazgo de creatividad elevada, 201-211
CCMI, cirugía cardiaca mínimamente invasiva, formación, 182-185, 186
centros de atención telefónica, 50
Bank of America, 88
Universidad de Michigan, 176-177
WIPRO, 49-51, 233 n.
Zappos, 216-217 y n.
cerceta, forma de gestión, 234 n.
cerebro
cerebro social, 16
experimento del consejo y, 36-37
funciones de la amígdala, 39, 48, 51
historia o narración y, 172-173, 175
número de Dunbar y, 78 n.
pertenencia, identidad y, 16, 36-38, 39-40, 48, 51, 233 n.
propiciamiento de la confianza y, 16, 110
proximidad física y, 79
seguridad psicológica y, 28, 39, 66
Chicago Cubs, 154
Close, Del, 125, 127
colisiones, 33, 74, 75, 87-88
Collins, David, 166
comunicación, 14, 25, 26-27, 36
acciones y reacciones subconscientes en los grupos, 30, 116
científicos que estudian los cambios personales en, 81-82

cinco factores mensurables del rendimiento del equipo, 30-31
comportamiento frente a palabras, 31
comunicación entre los miembros de los grupos, 146 n.
concordancias y, 149-151, 236 n.
contacto visual y, 78-80
contacto visual, 25, 27, 30, 107 n.
conversaciones gestuales o secundarias, 31
digital, 79, 84 n.
escucha efectiva, 25, 143-151, 155-156, 236 n.
humor, risas y, 25
imitación, 26
indicadores de pertenencia y, 27, 35
interrupciones, 25, 27, 82, 156-157
investigación de Allen sobre los «núcleos de grandes comunicadores», 77-78
manifestar la escucha, 82
mezcla de miembros del grupo, 25, 27
notificaciones, 25, 30, 35, 100, 101
prácticas que promueven la franqueza, 157-158
preescolares, 13, 14-15, 35
preguntas, 15, 23, 25, 101, 144, 145, 146 n., 147-148, 153-154, 155, 156, 157, 190, 214
repetición y, 156
sincronía y, 122
sucesión de turnos, 27, 36, 82
tono de voz, 27
concordancias, 149-151, 236 n.
conexión, 15, 25, 27, 35, 38, 221

ausencia de, equipos de lanzamientos nucleares, 55-56, 57
cerebro y, 28, 39, 40
concordancias y, 49-51
empatía y, 148
escucha y, 149-151
experimento de «¿Le prestarías tu móvil a un desconocido?», 37-38
experimento del consejo y, 37
formación del equipo y, 120
Hsieh, director general de Zappos y, 71, 73-74, 75
liderazgo y, 83, 89
lista de interacciones para, 25
Navy SEAL y AF con tronco, 122
pensar en los ascendientes, 38 n.
Popovich, entrenador de los Spurs y, 62-65, 64 n., 66, 69
risas y, 93
señales emocionales de dos direcciones, 148
Tregua de Navidad de 1914, 45-47
véase también cooperación; seguridad psicológica
conexiones sociales, *véase* conexión
confianza
braintrust de Pixar y, 103
Disney, estructura creativa y, 211
experimento de «¿Le prestarías tu móvil a un desconocido?», 37-38
función cerebral y, 110
Popovich-Duncan, relación y, 62-63
provocación de la vulnerabilidad, 106-115
Tregua de Navidad de 1914 y, 45
véase también cooperación

contacto físico, 25, 26, 62, 67, 69
contacto visual, 25, 27, 30, 107 n.
contraste mental, 171-173, 236 n.
control del entorno, 134
Cooper, Dave, 133-141, 152, 160
cooperación
accidente del vuelo 232 y, 97-102, 108
comportamiento colaborativo y, 153-154, 155, 160
desafío de los globos rojos de la DARPA y, 110-114, 235 n.
emplear el lenguaje para reforzar, 159
establecimiento de las normas de, 155
estudio del «gracias» de Grant y Gino y, 86
fomentar la cooperación en las personas, 142-151
fomentar la cooperación en los grupos pequeños, 133-141, 222-226
fomentar la interdependencia y, 132, 136, 159
formación del equipo y, 120, 123
Gramercy Tavern y, 105
grupos cohesionados y, 102
insistir en las expectativas, 153-154
interacciones repetidas y, 115
juego del toma y daca y, 110
liderazgo y formación, 23
maquinaria del trabajo en equipo y, 115, 235 n.
mostrar gratitud y, 85-86, 234 n.
obediencia a la autoridad y, 136
orientación relámpago, 160
Panteras Rosas y, 129-132, 129 n.

pedir ayuda y, 109, 113

provocación de la vulnerabilidad, 97-115

riesgo y, 15, 16, 114, 115, 123, 156-157, 169

SEAL de la Armada estadounidense y, 102-103, 116-123, 133-141

supercooperadores, 116-132

traducir la conexión en, 102

Upright Citizens Brigade y, 125-128

véase también supercooperadores; confianza

Coraine, Richard, 193, 199, 200

correos electrónicos, 79, 84 n., 234 n.

Coughlin, Tom, 91

Crane, Riley, 111

creatividad e innovación, *véase* entornos de creatividad elevada

cultura corporativa, *véase* culturas de empresa

culturas de empresa, 13-16, 16 n., 32-36, 232 n.

contratar y, 36 n., 80, 87, 192, 195-196

crear entornos de creatividad elevada, 187, 201-211, 212-213

crear entornos de excelencia elevada, 187, 188, 200

crítica del desempeño frente a desarrollo profesional, 159

determinar lo que importa, 216-217

estudio de Baron y Hannan, 36 n.

fórmulas de familiaridad, 24 n., 196

modelo de monitorización para, 159

propósito y, 163-165, 168-170, 173, 176-177, 192-195, 196, 212-219

proximidad física, diseño, y desempeño, 70-76, 78-80, 78 n., 87-89, 235 n.

retención de empleados y, 40, 49-51, 84 n., 233 n.

seguridad y, 24, 33-36 y n., 84 n.

sociometría y, 29

vulnerabilidad y, 24, 83, 101, 113, 123-128, 133-160

véase también evaluación; liderazgo; empresas específicas

culturas familiares, 15, 221

Curhan, Jared, 29

curva de Allen, 78-80, 78 n., 79

Cutler, Chapin, 144

Damania, Zubin, 75

DARPA, desafío de los globos rojos de la, 110-114, 235 n.

Dean, Jeff, 33-35, 40, 51, 77

Della Femina, Jerry, 166

deportes, 16

All-Blacks de Nueva Zelanda, 87, 160, 216

aprovechar los momentos iniciales, 92

egoísmo en la NBA, 60 n.

equipo masculino de baloncesto de la UCLA, 90

equipo masculino de baloncesto de la Universidad de Florida, 91

heurística y lemas para, 199, 216, 217

líderes sirven al equipo, 90-91

mostrar gratitud y, 85-87

Ohio State football, 86

Oklahoma City Thunder, 61, 63, 91, 92

Saint Louis Cardinals, 84

San Antonio Spurs, 59-65, 67-69 y n., 83-85, 160, 216, 217

Universidad de Quinnipiac, equipo de hockey masculino, 217-218

violencia grupal, 179-182

Dern, Nate, 24, 128

desafío de los globos rojos *véase* DARPA, desafío de los globos rojos de la

DeSteno, David, 109-110, 115

Deutschman, Alan, 90

Diaw, Boris, 61

Dillon, Dan, 120

Disney (Walt Disney Animation Studios), 16

Catmull y la creatividad elevada en, 207-211

racha de películas malas en, 208-209

rediseño del entorno, 209

reuniones de *story trust*, 210

taquillazos, 202

Donovan, Billy, 91

Duke, baloncesto de la Universidad de, 91

Dun & Bradstreet Credibility Corporation, mural de los errores, 114

Dunbar, número de, 78 n.

Duncan, Tim, 2-3, 68

Dvorak, Dudley, 97, 99

Edmondson, Amy, 28, 81-82, 182-186, 231 n.

Einstein, Albert, 197

empatía, 45, 46-47, 148, 151

Engelland, Chip, 62

Enredados, película, 211

entornos de creatividad elevada, 187, 201-211, 215

céntrate en los equipos, no en las ideas, 205

desarrollar habilidades para, 215

en Disney, 208-211

en Pixar, 202-208

equipo de escritores del autor y, 221-229

espacio físico e interacción, 87-88, 202

liderazgo para, 201-202

mecanismos organizativos para, 204-208, 206 n.

proyectos como rompecabezas cognitivos, 205

entornos de excelencia elevada, 187, 188-200, 207, 208, 214-215

All-Blacks de Nueva Zelanda y, 198

desarrollar habilidades para, 214-215

escuelas KIPP, 199

heurística y, 197-200

moho mucilaginoso y, 196-197

restaurantes de Meyer, 188-196

entornos de propósito elevado, 171

crear entornos de creatividad elevada, 187, 201-211, 214-215

crear entornos de excelencia elevada, 187, 188-200, 214-215

formación de cirujanos y, 182-187

gestionar la violencia en el deporte y, 178-182

ideas para fomentar, 214-219

señales sutiles y consistentes y, 181, 184-185, 187

Universidad de Michigan, centro de atención telefónica, 176-177

equipos de lanzamientos nucleares (misileros de los Minuteman), 51-52, 53

equipos rojos, creación de, 157-158

escucha, 25

como una cama elástica, 155-156

cuatro rasgos de quienes mejor escuchan, 155-156

Givechi y, 144-148

Marci, concordancias, y, 149-151, 236 n.

Nyquist y, 143-144

estatus, gestión del, 15, 35

estorninos, bandadas de, 170-171, 173, 236 n.

evaluación, 65-67, 157-158

Bock, tres preguntas para los mandos y, 153

braintrust de Pixar, 103-104, 128, 206

comunicar los aspectos negativos, 154

confianza y, 104

eficaces, indicadores de pertenencia y, 66

EPA de los SEAL, 104, 128, 157-158

equipo de escritores del colegio Ruffing Montessori, 224-225

evaluación emparedada, 92-93, 234 n.

evaluación mágica, 65, 67, 233 n.

modelo de monitorización y, 159

reforzar el propósito y, 184

Rosenthal, experimento y, 175

sentirse seguro y, 153, 206

Upright Citizens Brigade y, 127-128

evaluación mágica, 65, 67, 233 n.

experimento de «¿Le prestarías tu móvil a un desconocido?», 37-38

experimento del consejo, 38

Felps, Will, 21-23, 81, 82

Ferguson, John, 48

firmeza, índice de, 26, 65, 69 n.

escuchar como una cama elástica, 155-156

indicadores de pertenencia y, 28, 35

interacciones y, 191

Fischer, Peter, 38 n.

Fitch, Denny, 98-100, 108

Folds, Jay, 54

Folkman, Joseph, 155-156

formación en gestión de recursos de la tripulación (GRT), 235 n.

Freeman, Tom (seudónimo), 120 y n., 123

French, sir John, 43-44

Frozen, película, 202, 204, 211

Fuerza Delta, 117

futuro, en común con el grupo, 27, 40, 55-56, 57

adelantarse a, 84-85

función cerebral y, 51

narración o historia y, 172-173

propósito y, 172, 176-177, 186

generación experimental de cercanía interpersonal, 106-107 y n.

Gino, Francesco, 49, 86

Ginobili, Manu, 68

Givechi, Roshi, 144-148, 151, 156

«afloramiento» y, 146 y n., 156

módulos de preguntas, 147-148
«el andamio de la cortesía» y, 156-157
Goldberg, Amir, 84 n.
Google, 16, 32-36 y n., 40
  analítica de personal, 153
  desarrollo de AdWords, 32-36, 51, 232 n.
  fórmulas de familiaridad en, 24 n.
  foros de los viernes, 33, 36
  oportunidades para colisionar en, 33
  partidos de hockey, 33, 36
  pertenencia y, 33, 35, 40, 51
  X, 206 n.
Gortat, Marcin, 60
Gramercy Tavern, 105, 152, 189, 192-193
Grant, Adam, 86, 176-177
gratitud, 85-87, 234 n., 235 n.
  estudio de Grant y Gino, 86
Green, Danny, 61
Gross, Bill, 32
grupo, cultura de, 15-17, 16 n., 24-25, 24 n.
  cinco factores mensurables del rendimiento del equipo, 30-31
  evaluación y, 65-67, 92-93, 104, 128, 153-154, 157-158, 175, 184, 206, 224-225, 233 n., 234 n.
  experimento de la manzana podrida, 21-24
  factores del buen desempeño, 15-17, 29, 30-31, 33-36 y n., 65, 74, 77-80, 81-93, 102, 115, 152-160, 171, 176, 212-219
  factores que no contribuyen al éxito, 16, 23, 31, 36

Habilidad 1: Labrar la seguridad, 16, 23-93
Habilidad 2: Compartir la vulnerabilidad, 16, 24, 97-160
Habilidad 3: Definir un propósito, 16, 163-219
  interacción y éxito de, 14, 15, 16, 17, 24, 25-31, 222-226
  lenguaje interno y, 169, 194-195, 199, 200, 207, 216
  liderazgo de las culturas de rendimiento elevado, 16-17, 23, 29, 33, 36, 62-65, 67-69, 73, 74-75, 188-211
  «manzanas sanas», las, y el rendimiento, 22-23, 28
  método Nyquist y, 143-144
  momentos de crisis y, 166-168, 173, 212-214
  pertenencia y, 27-31, 232 n.
  química y, 25-26, 29, 77-78
  selecciones del autor para el estudio, 16 y n.
  sin egoísmo y, 60, 128
  sin éxito, 16 n., 51-58
  velocidad de aprendizaje y, 182-186
  véase también liderazgo; propósito; seguridad; vulnerabilidad
grupos, química de, 25-31, 77-78
Guerra Mundial, Segunda, 117-119
  Corps Franc, 118-119
  equipos de Kauffman en, 119-120
  Línea Maginot, 117, 118

Hannan, Michael, 36 n.
Haynes, Al, 97-102, 108-109, 234 n.
heurística y lemas, 169-170, 198, 216

All-Blacks de Nueva Zelanda y, 199, 216

cultura abundante en heurística, 199-200

equipo de escritores del autor y, 234-235

escuelas KIPP y, 199, 216

IDEO y, 216

moho mucilaginoso y, 197-198

restaurantes de Meyer y, 194-195, 199, 200, 216

San Antonio Spurs y, 216

Zappos y, 216

Himno del odio de Lissauer, 42

Hines, Kevin, 128

historia o narración

como creación de la realidad, 172-173

como perfiladura del comportamiento, 172, 174-177

función cerebral y, 172-173, 175

futuro en común y, 172

Rosenthal, experimento, 174-175

Universidad de Michigan, centro de atención telefónica y, 176-177

Hitler, Adolf, 44 n.

holocracia, 234 n.

hooligans del fútbol, 177, 178-187

Hsieh, Tony, 70-76

contratación de empleados, 80

cultura corporativa y, 71-72

enfoques para la gestión, 233 n.-234 n.

fomentar la pertenencia, 74-75, 80

liderazgo de, 72, 75

muestra de conversación con, 73

propósito del grupo y, 216

Proyecto Centro Urbano, 72-74, 75, 80

Hsu, Maggie, 75-76

Hulse, Edward, 46-47, 48

Humanyze, consultoría, 82

humor, risas, 25, 93

identidad, 16, 35, 232 n.

comportamientos con los que poner el listón y, 217

de Pixar, 212

experimento de WIPRO y, 49-51, 233 n.

lenguaje para reforzar, 159

prioridades del grupo y, 214

propósito principal del grupo y, 195, 212, 217

Tregua de Navidad de 1914, 44, 48

véase también pertenencia

IDEO, compañía de diseño, 24

Givechi en, 144-148

insistir en las expectativas para la cooperación y, 153-154

lemas de, 216

lenguaje para reforzar la cultura, 159

Pequeño libro de IDEO, 154

vuelos (reuniones del equipo al completo), 145

Iger, Bob, 208

Il Gabbiano, restaurante, 67, 68-69

imitación, 26

ImprovOlympic, 124

Inc., revista, sondeo de las prioridades de las empresas, 214

innovación, *véase* creatividad e innovación

inteligencia, 17, 23, 38 n.

interacción

científicos que estudian los cambios personales en, 81-82
curva de Allen y, 78-80, *71*
diseño para, 87-88, 202-203, 222
Disney, estructura creativa y, 211
elaboración del diseño y, 87-88
indicadores de pertenencia y, 27-31, 135
índice de firmeza y, 191
lista de tipos de éxito, 25
maquinaria del trabajo en equipo y, 115
orientación relámpago y, 160
patrones de, grupos de éxito, 14, 15, 16, 17, 24, 25-31, 36, 221-226
Pixar, diseño y estructura creativa, 88, 202-203, 204
pobre, características, 191
química de, 77-78
restauración, negocio, 190-191
sociómetros y, 27, 29
Tregua de Navidad de 1914 y establecimiento de la confianza, 44-48
vulnerabilidad y, 107, 115, 121-122, 128, 132
interdependencia, 132, 136, 159
interrupciones, 25, 27, 82, 156-157
It's Your Ship, de Abrashoff, 90
Ive, Jonathan, 114

James, LeBron, 60, 68
Jobs, Steve, 88, 114, 203, 205, 206 n.
Johnson, Robert Wood, 163
Johnson & Johnson
    credo, el, y propósito de la empresa, 163-165, 168, 173, 177, 196, 214
    envenenamientos por Tylenol, 166-168, 173
Johnson City Cardinals, 84
Jones, Percy, 43
JSO, tropas especiales serbias, 130
juego del toma y daca, 109-110
Junta Nacional de Seguridad del Transporte (JNST), 98, 102, 235 n.

Kauffman, Draper, 117-120, 122-123, 133
Kauffman, James Tempestuoso, 117
Keefauver, Bill, 142
Keller, Thomas, 86, 87
Kennedy, John F., 120, 166
Kerrey, Bob, 189
KIPP, escuelas subvencionadas
    centrarse en el propósito, 169, 170
    comportamientos con los que poner el listón, 219
    fórmulas de familiaridad en, 24 n.
    heurística y lemas para, 170, 199, 216
    mostrar gratitud y, 85
    seguridad en la cultura de, 24
    símbolos mostrados, 169
Kowalski, James, 53
Kroc, Ray, 90
Krzyzewski, Mike, 91
Kumar, Dilip, 51

Lasseter, John, 204, 209, 212
Lederman, Oren, 26
Lee, Peter, 113
lemas, *véase* heurística y lemas
LeMay, Curtis, 52
lenguaje corporal, 22, 27, 66, 134, 190, 205, 225
Levin, Dave, 219

Levy, Stephen, 34
Li, Jeff, 85
liderazgo
  Bock, tres preguntas, 153
  comportamientos con los que
    poner el listón y, 195, 196,
    199, 219, 221
  conexión y, 89
  definir y comunicar las priorida-
    des sin descanso, 199, 213-214
  dejar que el grupo se las apañe
    por sí mismo en los momen-
    tos clave, 160
  en culturas de rendimiento ele-
    vado, 16-17, 24, 33, 36, 62-
    65, 67-69, 73, 75
  evaluación y, 92-93, 154
  expresar la falibilidad, 83, 101,
    107
  formación del equipo y, 133-141
  humildad muscular y, 90-91
  indicadores de pertenencia y, 28
  liderar para la excelencia frente
    a liderar para la creatividad,
    207, 214-216
  «manzanas sanas», las, y propi-
    ciar la seguridad del grupo,
    22-23, 28, 40
  método del faro para definir el
    propósito, 196, 201, 208
  obediencia a la autoridad y, 136,
    207
  para entornos de creatividad ele-
    vada, 201-211
  para entornos de excelencia ele-
    vada, 188-200
  tutorización del autor, 221-236
  vulnerabilidad, hábitos de, 152-
    153
Link Exchange, 71

Lissauer, Ernst: *Himno del odio*, 42
Lockheed, Skunk Works, 206 n.
Lucas, George, 203

Macdonald, Whitney, 104-105
MacMillan, Harold, 42
Maddon, Joe, 154
Mahon, Joe, 74
Maialino, restaurante, 191
Malmstrom, base de las fuerzas aé-
  reas, 55
manzana podrida, experimento de
  la, 21-24, 28, 40
Marci, Carl, 149-151
Markel, Jeanne, 74
Marking, Havana, 131-132
  Smash & Grab, 131
Marks, Sean, 65, 68-69
Mattel, Project Platypus, 206 n.
McDonald's, 90
McRaven, William, 139, 140
Metuki, Nili, 148
Meyer, Danny, 152-153, 191-192
  comportamientos con los que
    poner el listón y, 196, 219
  elaborar el lenguaje, enseñar el
    comportamiento, 192, 193-
    195, 198
  lemas de, 194-195, 198, 199,
    200, 207, 216, 224
  liderar para la excelencia eleva-
    da y, 188-200, 207, 208
  primeros desastres como res-
    taurador y definición del pro-
    pósito principal, 213
  propósito y, 191, 193, 194-195,
    213
  vulnerabilidad como líder, 153
Meyer, Urban, 86
Miami Heat, 67-68, 69 n.

Michaels, Lorne, 123, 124
microeventos, 123, 128
Microsoft, 71
Mikic, Dragan, 130
militar, cultura, 25, 118-119
   Corps Franc, 118-119
   Ejército, Fuerza Delta, 117
   Ejército, Rangers, 116
   equipo de lanzamientos nuclea-
     res, 40, 51-58, 233 n.
   Navy SEAL, 16, 88, 102, 116-
     123, 133-141, 157
   tripulaciones de submarinos nu-
     cleares, 57-58
Mills, Patty, 61
mímica, 27
Minot, base de las fuerzas aéreas,
   52-54
MIT Media Lab, 25, 77, 111, 112,
   113
moho mucilaginoso, 196-198
momentos iniciales, 92
motivación
   canalizar la atención y, 172
   contraste mental y, 172
   narraciones y, 176-177, 237 n.
   propósito y, 177, 196
murmullo, fenómeno del, 170

Navy SEAL, 16, 25, 102
   adiestramientos del helicóptero
     derribado, 140-141
   AF con tronco, 120-122, 138-139
   centrarse en el propósito, 169,
     170
   como supercooperadores, 116-
     123, 236 n.
   crisis de la invasión de Granada,
     212
   «cura de humildad» y, 138

Dam Neck, cuartel general, 133,
   169
Evaluación Posterior a la Acción
   (EPA), 104, 128, 137
factores del buen desempeño,
   117
formación del equipo, 119-123,
   133-141
funcionar sin líder, 160
historia de, 117-120
instalaciones del equipo, e interacción, 88
«jugar a baloncesto de barrio»,
   116-117
Kauffman, programa de adiestramiento, 123
matar a Bin Laden, 116, 138-141
rescatar al capitán Phillips, 116
semana infernal, 119, 134
Sexto Equipo, 116, 133-141
símbolos mostrados, 169, 217
   véase también Cooper, Dave
Negron, Joe, 24
New England Patriots, 59
New York Giants, 91
niño con trastorno de oposición,
   117
notificaciones (mensajes breves),
   63, 99, 100-102
Nyquist, Harry o método Nyquist,
   142-151

O'Neill, J. J., 197
Obama, Barack, 140
Oettingen, Gabriele, 171-172, 236 n.
Ohio State, 86
Oklahoma, ciudad, Monumento
   Conmemorativo Nacional, 92
Oklahoma City Thunder, 61, 91, 92
11 Madison Park, 189-190 y n.

orientación, 160
Overture, 32-34, 36

Page, Larry, 40, 77
    desarrollo de AdWords y, 33
    evaluación y, 65
    liderazgo de, 33, 35
Paine, Neil, 233 n.
    «Gregg Popovich es imposible»,
        59-61
Panteras Rosas, 129-132, 129 n.
Papasifakis, George, 131
Parker, Tony, 60, 68
Pecknold, Rand, 218-219
Pentland, Alex (Sandy), 26-31, 82
pertenencia, 16, 17, 28, 36, 51, 81,
        102-103, 321
    cómo funciona, 39-40
    contratar y, 60, 80, 87
    contribución de todos los miem-
        bros y, 35-36, 57-58, 89-90,
        89 n.
    diseños para, 58, 70-76, 80
    ejemplo de falta de, 40, 51-58
    empatía y, 40, 41-48, 44 n., 48 n.
    establecer relaciones y, 58, 61-
        65, 64 n., 67-69, 85
    evaluación mágica y, 65
    función cerebral y, 16, 40
    idea para, 40
    identidad y, 40, 49-51, 233 n.
    medir los niveles de, 84 n.
    número de Dunbar y, 78 n.
    refuerzo continuo de, 39
    retención de empleados y, 49-51,
        84 n.
    retirar las manzanas podridas,
        87
pertenencia, indicadores de, 27, 29-
        30, 36, 38, 46, 232 n., 234 n.

ausencia de, cultura de grupo,
        55-58
cambios de comportamiento y,
        31, 37, 38, 45, 50, 232 n.
cerebro y, 36-38, 39-40, 48, 51
en evaluación, 66-67
estudio del hospital australiano,
        38
experimento de «¿Le prestarías
        tu móvil a un desconocido?»,
        37-38
experimento de WIPRO, 49-51
experimento del consejo, 36-37,
        38
lo que incluyen, 27
seguridad y, 27-31, 36
tres características básicas de,
        28, 35-36
    véase también compartir el futu-
        ro; conexión; seguridad
Phillips, Richard, 116
Pigmalión, efecto, 237 n.
Pixar
    adquirida por Disney, 209
    braintrust, reuniones, 103, 105,
        158, 206, 210
    Brooklyn, edificio, 202
    Catmull como líder de, 201-208
    cómo se gesta la creatividad en
        (hábitos organizativos), 204-
        208
    comportamientos con los que
        poner el listón en, 219
    contexto de, 203
    crisis y propósito principal de, 212
    diarias, 89, 206
    diseño para la cohesión y la in-
        teracción, 87-89, 202, 203
    éxito de, 201-202
    fórmulas de familiaridad en, 24 n.

heurística y lemas para, 169, 207
identidad y, 212
lenguaje para reforzar la cultura,
    159
orientación inicial en, 91 y n.
propósito y, 169, 212
reglas para la evaluación, 158
sede, 169, 202
símbolos mostrados, 169, 217
Steve Jobs, edificio, 204
Toy Story y, 203, 204, 212
Universidad de Pixar, 206
«poder de la pluma, El», concurso,
    221
Polzer, Jeff, 107-108, 114, 154-155
Popovich, Gregg, 59-65, 64 n., 66-69
«abrazarlos y apretarlos», estilo,
    64-65
dejar que el grupo se las apañe
    por sí mismo, 160
dotes de entrenador, 59-60, 233 n.
Duncan y, 63
establecer relaciones, 58, 62-67
evaluación y, 65, 66-67
gracias y, 85
indicadores de pertenencia y, 66
Presti, Sam, 92
prioridades, 194, 195
creación de heurística y lemas
    sobre, 195, 200
identificar y clasificar, 163-164,
    194, 196, 213-214
insistir en, 214
liderazgo de grupos de excelen-
    cia elevada y, 199
Procter & Gamble, Clay Street,
    206 n.
programa de ciencias y seguridad
    global, Universidad de Prince-
    ton, 56

propósito, 16, 163-219
cambios de comportamiento y,
    168, 172, 174-177, 180-182,
    195-196, 198
cinco tipos de señales enviadas
    en tiempo real para, 184
comportamientos con los que
    poner el listón y, 196, 199,
    217-219
concentrarse en, ejemplos, 169
crisis y, 165-168, 173, 212-214
culturas de éxito y atención a,
    171, 176-177
definición de la identidad y, 195,
    212, 217
determinar lo que importa, 216-
    217
entornos de creatividad elevada,
    187, 201-211, 215
entornos de excelencia elevada,
    187, 188-200, 214-215
entornos de propósito elevado,
    171, 176-187
espiral formidable y, 175
evaluación y refuerzo, 184
heurística y lemas para, 198-200,
    216
ideas para fomentar, 212-219
método del faro para, 196, 201,
    208
motivación y, 185, 196
objetivos y valores comunes, 16,
    36 n., 168, 169, 173, 176, 186
opciones y comportamientos
    como orientación, 163-168,
    174, 177, 196, 214
patrón constante de señales que
    reforzar, 171, 173, 175, 181,
    184-185, 194-195, 198-200
poner a prueba los valores y el

propósito, 163-166, 168, 177, 178-187, 196, 212, 214
prioridades y, 163-164, 194, 195, 196, 199, 200, 214
repetición (insistencia en), 170, 185, 186, 194, 199-200, 214
símbolos y, 169, 204, 217
véase también Johnson & Johnson; Meyer, Danny
proximidad física, 25, 26, 27
curva de Allen, 78-80, 78 n., 79
diseño para la cohesión y la interacción, 87-89, 202-203
Disney y, 209-210
en Google, 35-36
en Pixar, 87-89, 202-203
investigación de Allen sobre los «núcleos de grandes comunicadores», 77-80
Popovich con los jugadores, , 62, 64 y n., 69
Tregua de Navidad de 1914 y, 45
tripulaciones de submarinos nucleares, 57-58

química, *véase* química de grupos
Quinnipiac, Universidad de, equipo de hockey masculino, 217, 218

Rangers, 116
Ratatouille, película, 206
Rayburn, Sam, 28
Records, Bill, 97
Reinhardt, Scott, 104-105
reto de los espaguetis y el malvavisco, 13, 15, 26, 32, 35, 224
riesgo
cooperación y, 15, 114, 115, 123, 156-157, 168
seguridad y, 24

vulnerabilidad y, 24, 168
Rompe Ralph, película, 211
Rosenberg, Jonathan, 35
Rosenthal, Robert, 174-175, 177
Rosenthal, Trevor, 84
Ruffing Montessori, colegio, 221-223

Saint Louis Cardinals, 59, 84
Salgado, Susan Reilly, 195, 196
San Antonio Spurs, 59-65, 67-69 y n.
Buford, director general, 62, 83
Engelland, entrenador auxiliar, 62
equipo visto como familia, 68
heurística y lemas para, 216, 217
indicadores de pertenencia y, 67
jugadores, cambios de comportamiento y, 60-61
jugadores, incorporación y, 60-61
maniobras desinteresadas, 60, 61
momento de mayor cohesión del equipo, 67-69
mostrar gratitud y, 85
pérdida del campeonato ante Miami (2013), 67-68
Popovich, entrenador, y establecimiento de relaciones, 58, 62-65, 66-69
récord de victorias de, 59, 69 n.
símbolos mostrados, 217
Sarac, Nik, 87
Saturday Night Live, 123
Second City, 124
seguridad, 16, 23, 32-36 y n., 168
aprovechar los momentos iniciales, 91-92
ausencia de, en equipos de lanzamientos nucleares, 55-56, 57
comportamiento frente a palabras en comunicar y, 31
contratar y, 61, 80, 87

crear espacios seguros que faciliten las colisiones, 87-88
determinar, 27
divertirse, 93
evaluación y, 65-67, 83, 92-93, 137-138, 153, 206
experimento «¿Le prestarías tu móvil a un desconocido?», 37-38, 40
fomentar la contribución de todos los miembros, 89-90, 89 n., 206
ideas para fomentar la seguridad, 81-93
indicadores de pertenencia y, 27-31, 66
líderes deben invitar a participar a los demás en todo momento y, 83
manifestar la escucha para fomentar, 82
«manzanas podridas», retirar, 87
«manzanas sanas» y, 23
mostrar gratitud y, 85-87
prever las conexiones futuras y, 84-85
«recoger la porquería» (los líderes sirven al grupo) y, 90-91
véase también grupos específicos
seguridad psicológica, 28, 231 n.
Edmondson, estudio de, 28, 81
experimento de WIPRO y, 51
selección sesgada, 16 n.
Sellars, Dick, 164
Shake Shack, 152, 189, 200
Shannon, Claude, 142
Shufro, Lisa, 75
Shutt, Tommy, 218
símbolos, 188, 204, 217
sincronía, 26

Navy SEAL y AF con tronco, 122
postura, expresión y, 82
Skillman, Peter, 13
Smash & Grab, 131
sociometría, 231 n.
curva de Allen, 78-80, *79*
en los centros de atención telefónica de Bank of America, 88
número de Dunbar, 78 n.
predicción y, 29-30
sociómetro, 27, 29, 88
Staad, Allison, 200
Staats, Bradley, 49, 50-51
Stott, Clifford, 179-182
Sundy, Mike, 91
supercooperadores, 116-132
Navy SEAL, 116-123
Panteras Rosas, 129-132, 129 n.
Upright Citizens Brigade, 123-128

Tigres de Arkan, 130
Toy Story, 203, 204, 212
Toyota, sistema Andon de, 89 n.
Tregua de Navidad de 1914, 40, 41-48, 44 n., 48 n., 233 n.
Trench Warfare, Ashworth, 45, 233 n.
Turner, Fred, 90

UCLA, equipo masculino de baloncesto de, 90
Uhlmann, Eric, 60 n.
Union Square Cafe, 112, 152, 188, 192-193, 196
Universidad de Florida, equipo de baloncesto de la, 91
Universidad de Michigan, centro de atención telefónica, 176-177
Up, 91 n., 204
Upright Citizens Brigade, compañía de comediantes, 123-128

alumnado, lista parcial del, 124 n.
centrarse en el propósito, 169
Harold, el, 125-128, 138
series de TV y películas de los
    alumnos de, 24
sesiones de evaluación, 128
símbolos mostrados, 169
vulnerabilidad en la cultura de,
    124
USS *Benfold*, 89-90

Van Bavel, Jay, 40
velocidad de aprendizaje de los
    equipos, 177, 182-186, 235 n.
ventas, índices de interrupción y, 82
vinculación, 16, 45, 131
    véase también conexión
vuelo 232, accidente del, 97-102,
    234 n.
vulnerabilidad, 16, 97-160, 168
    aceptar la incomodidad de, 158-
        159
    asunción de riesgos y, 16, 24,
        113-114, 115, 123, 157
    bucle de vulnerabilidad, 106-115
    conexión auténtica y, 148
    cooperación y, 16, 97-115
    desempeño del grupo y, 113-
        114, 123-128
    fomentar la cooperación en las
        personas, 142-151
    formar buenos equipos y, 133-141
    generación experimental de cer-
        canía interpersonal y, 106-
        107 y n.
    ideas para fomentar hábitos de
        vulnerabilidad grupal, 152-
        160
    juego del toma y daca y, 109-110
    liderazgo y, 83, 101, 152-154

Navy SEAL y AF con tronco, 121
Navy SEAL y EPA, 137-138, 141,
    157
pedir ayuda y, 57, 91, 99, 101,
    102, 105, 107, 108, 112, 113
prácticas que promueven la fran-
    queza para abrirse, 157-158
propiciar la escucha de verdad,
    156-157
véase también cooperación;
    DARPA, desafío de los globos
    rojos de la; confianza

Waber, Ben, 82, 88
Wilson, Samantha, 91 n.
WIPRO, experimento de, 49-51, 92,
    233 n.
Wooden, John, 90
Wu, Lynn, 84 n.

Xerox PARC, 206 n.

Zappos
    centro de atención telefónica, y
        propósito, 216-217 y n.
    contratar para pertenecer, 80, 87
    cultura corporativa, 71, 72
    fórmulas de familiaridad en, 24
    historia de la compañía, 71-72
    Hsieh, director general, y, 70-76,
        216
    Las Vegas, sede, 71-72
    lemas de, 216
    Proyecto Centro Urbano, 72, 74,
        75, 80
    seguridad en, 74
    sistemas y diseño para propiciar
        las relaciones, 58
Zenger, Jack, 155, 156
Zootrópolis, película, 202, 211

Daniel Coyle es autor de libros que han obtenido un enorme reconocimiento, como *Las claves del talento* y *Ganar a cualquier precio: la historia oculta del dopaje en el ciclismo*, además de *El pequeño libro del talento* (Conecta, 2013), un manual que te ayudará a potenciar tus habilidades personales y las de tu organización en ámbitos tan diversos como el deporte, las artes, las matemáticas o los negocios.

danielcoyle.com
twitter.com/danielcoyle